Lutz Kredel (Hrsg.)

Computergestütztes Publizieren im praktischen Einsatz

Erfahrungen und Perspektiven

Mit 87 Abbildungen

Springer-Verlag Berlin Heidelberg NewYork
London Paris Tokyo 1988

Dr.-Ing. Lutz Kredel
Knesebeckstraße 30
1000 Berlin 12

ISBN-13: 978-3-540-19339-5   e-ISBN-13: 978-3-642-73762-6
DOI: 10.1007/ 978-3-642-73762-6

CIP-Kurztitelaufnahme der Deutschen Bibliothek
Computergestütztes Publizieren im praktischen Einsatz:
Erfahrungen u. Perspektiven / Lutz Kredel (Hrsg.).
Berlin ; Heidelberg ; NewYork ; London ; Paris ; Tokyo : Springer, 1988
NE: Kredel, Lutz [Hrsg.]

Die Wiedergabe von Gebrauchsnamen, Handelsnamen, Warenbezeichnungen usw. in diesem Werk berechtigt auch ohne besondere Kennzeichnung nicht zu der Annahme, daß solche Namen im Sinne der Warenzeichen- und Markenschutz-Gesetzgebung als frei zu betrachten wären und daher von jedermann benutzt werden dürften.

Sollte in diesem Werk direkt oder indirekt auf Gesetze, Vorschriften oder Richtlinien (z.B. DIN, VDI, VDE) Bezug genommen oder aus ihnen zitiert worden sein, so kann der Verlag keine Gewähr für Richtigkeit, Vollständigkeit oder Aktualität übernehmen. Es empfiehlt sich, gegebenenfalls für die eigenen Arbeiten die vollständigen Vorschriften oder Richtlinien in der jeweils gültigen Fassung hinzuzuziehen.

2068/3020-543210

Vorwort

Der vorliegende Sammelband gibt zum größten Teil die Beiträge wieder, die auf dem Anwender-Workshop "Praxisanwendungen des computergestützten Publizierens" anläßlich der **BIG**TECH im November 1987 in Berlin gehalten wurden.

Wie der Workshop gezeigt hat und es sich auch in den meisten Beiträgen wiederspiegelt, ist der gesamte Druckvorstufenbereich, von der Erfassung der Texte beim Autor bis hin zur Ganzseitenbelichtung der Druckplatten, ja sogar der Druckausgabe nur einzelner Exemplare über leistungsfähige Laser-Drucksysteme (Stichwort: "Elektronisches Drucken") in Bewegung geraten. Wie die zukünftige Aufgabenverteilung innerhalb der grafischen Industrie aussehen wird, ist mit Sicherheit auch von den weiteren technologischen Entwicklungen und den Anwendererfordernissen abhängig Bereits jetzt ist deutlich zu erkennen, daß das Professionelle Elektronische Publizieren zukünftig um die Komponente einer computergestützten Dokumentenverarbeitung ergänzt werden muß.

Alle Probleme sind auch beim Professionellen Elektronischen Publizieren noch nicht ausgeräumt, so daß es auch noch kein System gibt, mit dem man wirklich alles problemfrei bewältigen kann. Wie der Workshop aber gezeigt hat, wird die Kommunikation zwischen den verschiedenen Systemen allmählich Wirklichkeit.

Die Beiträge stellen den "State of the Art" im Bereich des Professionellen Publizierens, das auch als Computer Aided Publishing (CAP) bezeichnet wird, dar.

Zielsetzung des Workshops war eine Bestandsaufnahme der gegenwärtigen Situation und der sich abzeichnenden Entwicklungstrends. Sowohl die arbeitsorganisatorische als auch technische Intergration bzw. die Integration zwischen Arbeitsabläufen und dem angebotenen Leistungsspektren der Software-Systeme werden in den Beiträgen dargestellt.

Es wird das gesamte Spektrum von professioneller DTP-Software bis hin zu den Problemen bei integrierten Dokumentations- und Publikationsanwendungen angesprochen.

An dieser Stelle soll nicht unerwähnt bleiben, daß uns der Springer-Verlag bei der Erstellung der Druckvorlagen, die alle vollständig auf elektronischem Wege gestaltet wurden, sowohl bei dem Layout als auch bei der Typografie sehr viel Freiheiten gewährt hat. Der Leser kann sich damit gleichzeitig ein Bild machen, welche Qualität heute erreichbar ist. Bei der Zusammenstellung der Texte hat es sich als problematisch herausgestellt, daß fast jeder Autor eine andere Textverarbeitungssoftware zur Erstellung seines Beitrages verwendet hat; die Übernahme der Texte in unsere Textverarbeitung (Microsoft Word) war jedoch auf teilweise großen Umwegen und mit viel Mühe möglich. Wir haben uns bemüht, das von den Autoren vorgegebene Layout so weit wie möglich beizubehalten.

Beim Durcharbeiten der einzelnen Beiträge wird der Leser die Dynamik und die Aufbruchsstimmung innerhalb des grafischen Gewerbes unterschwellig herauslesen können. Bereits beim Workshop war aus den Vorträgen und den sich daran anschließenden Diskussionen zu erkennen, daß auf die gesamte grafische Industrie zukünftig erhebliche Veränderungen zukommen werden.

Für die weitere Diskussion über die Veränderungswirkungen, die von den neuen Technologien für das grafische Gewerbe ausgehen werden, soll dieser Sammelband eine Grundlage darstellen.

Großer Dank gilt Frau Marianne Ludwig, die in unermüdlichem Einsatz für die Textverarbeitung verantwortlich war.

Berlin im Mai 1988   Lutz Kredel

Inhaltsverzeichnis

Das Ende des Leuchttisches - oder DTP auf der Suche nach professionellen Anwendern

Günther Kopp, Letraset, Frankfurt

Professionelles Publizieren mit Desktop Publishing

Die Euphorie der ersten beiden Einführungsjahre hat sich um den Modebegriff "Desktop Publishing - DTP" sehr schnell gelegt. Besonders aufgeweckte Verkäufer der Computerbranche sahen ihre Chance in grenzenlosen Übertreibungen: "Mit DTP kann jede Sektretärin spielend leicht die kompliziertesten Tabellen, Handbücher und Firmendrucksachen nebenbei erstellen!" - diesen und ähnlichen Übertreibungen erlagen viele Anwender der "ersten Stunde".

Spätestens bei der ersten selbst am Bildschirm gestalteten Drucksache kam die Enttäuschung. Das, was aus dem Laser-Drucker herauskam, entsprach wahrhaftig nicht den Erwartungen und die dafür aufgewandte Zeit stand in keinem Verhältnis zum Ergebnis. Als "druckreif" im Sinne von "Druckvorlage" konnten die wenigsten Ergebnisse bezeichnet werden. Abgesehen von den unscharfen Konturen der größeren Überschriften, war die mit den einfachen Laser-Druckern der ersten PostScript-Generation erzielbare Qualität tatsächlich noch mangelhaft. Auch zeigten die DTP-Programme in den Vorversionen erhebliche Schwächen im Ausgleich der Schriftdickten. Diese Mängel sind nur durch die andere Qualitätsauffassung des Desktop Publishing-Erfinderlandes USA erklärlich. Hier ist man offensichtlich nicht so genau beim Wort- und Buchstabenausgleich innerhalb der Zeile. Häufig kann man bei Blocksatz-Spalten von hinten bis zum Zeilenanfang rigoros spationierte Einzelzeilen entdecken, die natürlich aus dem Gesamtbild sofort herausstechen. Beta-Versionen der DTP-Programme hatten noch keinen Menübefehl "Kerning".

Doch es waren nicht so sehr die ästhetischen Schwächen, die viele Erstanwender enttäuschten, sondern es war die Handhabung insgesamt.

Die Bedienerführung gibt bei den gängigsten Computersystemen, wie etwa beim Macintosh von Apple, kaum Anlaß zur Kritik. Auch die heute wohl ausgereiftesten Programme, wie etwa "Pagemaker" oder "Ready,Set,Go!" von Letraset, bieten insgesamt wesentlich mehr gestalterische Möglichkeiten, als die meisten professionellen Satzsysteme und besonders Ready,Set,Go! zeichnet sich durch eine mächtige, integrierte Textverarbeitung aus.

Hemmschuh war bei den typografischen Laien unter den Erstanwendern ganz einfach das mangelnde Vermögen, am Bildschirm erkennen zu können, ob Raumaufteilung, Schriftwahl und Gestaltungselemente harmonierten. Die meisten Computersysteme im DTP-Bereich lassen aus Kapazitätsgründen der Rechner keine "WYSIWYG - What you see is what you get"-Anwendung zu.

Am Bildschirm erkennen weniger geschulte Anwender nur annähernd ähnliche Schriftbilder. In vielen Fällen ist das Bildschirmformat kleiner als die Originalgröße und häufig lassen die Programme keine Ganzseitenbearbeitung, geschweige denn -Betrachtung zu. So mußte der grafisch nicht vorgebildete Anwender sehr viel Zeit am Gerät investieren, um zu einigermaßen brauchbaren Ergebnissen zu gelangen.

Erst mit dem Einsatz der aktuellen Versionen marktgängiger DTP-Programme, wie z.B. Ready,Set,Go! von Letraset, beschäftigten sich auch die bislang in Zurückhaltung bis entschiedener Ablehnung verharrenden Profis mit Desktop Publishing. Für sie ist entscheidend, daß man die DTP-Software nicht nur für das Editieren der einzelnen Seite, sondern für den automatischen Umbruch von vielen gekoppelten Seiten einsetzen kann. Mit dem kürzlich freigegebenen Release 4.0 kann Ready,Set,Go! mit einer völlig neuen Bedienerführung und insgesamt mehr als 80 Verbesserungen gegenüber der Version 3.0 aufwarten. Zu den wichtigsten Verbesserungen gehört das Unterschneiden zu großer Buchstabenabstände - besonders Versalzeilen waren bisher sehr mühsam ausgleichbar - und die automatische deutsche Silbentrennung sowie das umfangreiche Wörterbuch.

Betrachtet man die Struktur der Ready,Set,Go!-Anwender, so findet man erstaunlich viele Grafikstudios, professionelle Satzanstalten, Druckereien, Werbe- und Presseagenturen und Großunternehmen mit eigener Hausdruckerei und angelerntem Fachpersonal unter ihnen. Zwar ist diese Selektion aufgrund der doch noch geringen Verbreitung nicht repräsentativ - einen ersten Trend kann man aus diesem demografischen Bild ableiten.

Bei Letraset ist allerdings zu berücksichtigen, daß sich das Unternehmen mit den konventionellen Grafik-Design-Produkten ohnehin konkurrenzlos über Jahrzehnte bei den professionell arbeitenden Kunden eingeführt hat.

Veränderte Anwender-Strukturen

Längst sind es nicht mehr die "Amateur-Anwender" der ersten Stunde, die sich mit der denkbar schwächsten Hardware-Konfigurationen an Satz- und Gestaltungsaufgaben heranmachen, die früher eine mehr als dreijährige typografische Lehre voraussetzten, sondern heute sind es professionell arbeitende Setzer und Grafiker oder angelernte Fachkräfte, die Desktop Publishing nutzen wollen und zum Teil bereits kommerziell einsetzen. An späterer Stelle wird konkret auf spezifissche Anwendungen eingegangen. Zunächst soll einmal grundsätzlich definiert werden, für welche Anwendungen DTP interessant sein kann.

Stärken und Schwächen von DTP

Es ist vermessen, zu behaupten, daß DTP für alle Arten der Druckvorlagengestaltung geeignet ist. Kriterien sind einerseits der Anspruch an die Ausgabequalität und zum anderen die Kosten/Nutzen-Schere. Eindeutige Einschränkungen verursacht die Ausgabequalität und die noch zu geringe Schriftenauswahl. Die Ausgabequalität wird durch hochauflösende schnelle Laser-Drucker ständig näher an die des professionellen Fotosatzes herangebracht. Ebenso besteht die Entwicklung der Filme für die Druckvorlagen über PostScript-fähige Automaten, wie z.B. der Linotronic 300. Der Schwachpunkt auf dem Gebiet der Scanner zum Einlesen von Bildvorlagen wird ebenfalls in Kürze durch die neue Scannergeneration beseitigt werden, so daß sich die Gesamtqualität an den professionellen Satzstandard annähern kann.

Der finanzielle Aspekt dürfte wesentlich interessanter sein. Desktop Publishing erschließt aufgrund der geringeren Kosten - nicht nur die Installationskosten der Ausstattung ist verglichen mit Satzsystemen in der Basiskonfiguration um ein Vielfaches niedriger, sondern auch die Kosten für Material und Zubehör machen lediglich einen Bruchteil des Fotosatzaufwandes aus - Arbeitsgebiete, die durch den relativ teuren Fotosatz nicht mehr versorgt werden konnten. So wurde z.B. die Produktion von technischen Handbüchern, die ja bekanntlich sehr umfangreich sind und vielfach mit Grafiken und Abbildungen kombiniert werden müssen, aus Kostengründen provisorisch mit verkleinerter Schreibmaschinentype usus. Hier kann der preiswerte PC-Satz spürbar und schnell zu einer wesentlich besseren Qualtität führen, ohne daß sich die Kosten für ein Handbuch erhöhen. Denkbar ist sogar eine erhebliche Reduzierung, wenn zusätzlich mit einem Bild-Design-

Programm, wie z.B. "ImageStudio" von Letraset gearbeitet wird, möglich. Diese zur Zeit noch konkurrenzlose Bild-Editier-Software ermöglicht die integrierte Foto- und Bildvorlagenver- und -bearbeitung, ohne das System verlassen zu müssen und unterstützt heute bereits zu annehmbarer Qualität alle Schwarzweiß-Druckvorlagen. Ein "Mediensprung" - etwa zurück zur fotografischen Verarbeitung - ist nicht mehr erforderlich. Gerade bei technischen Handbüchern kann diese Software erhebliche Kosten sparen helfen.

Gerade das Beispiel der Handbücher hat aufgezeigt, daß der DTP-Einsatz durchaus heute schon Felder besetzt, die nach dem Wechsel vom "heißen" zum "kalten" Satz Anfang der 70er Jahre aus betriebswirtschaftlichen Gründen vernachlässigt werden mußten. Auch der Tabellen- und Preislistensatz ist hier aufzuführen. Auf dem Gebiet der Buch- und Zeitschriftenschriftenproduktion beginnt der Abgrenzungsprozeß äußerst interessant zu werden. Der nachfolgend ausführlich beschriebene Entwicklungsprozeß in Richtung DTP bei einem hart kalkulierenden Verlag soll beispielhaft für diese neuen Einsatzgebiete der elektronischen Druckvorlagenerstellung sein.

Auf dem Gebiet der klassischen Werbemittel hat DTP gegenwärtig und in naher Zukunft wohl kaum eine reelle Chance. Die Werbeagenturen werden weiterhin Anzeigen, Broschüren und Prospekte sowie Plakate über Fotosatz produzieren. Das nicht nur aus Qualitätserwägungen, sondern in erster Linie aus finanziellen. Schließlich erhalten die meisten Agenturen Traffic-Provisionen. Wer will annehmen, daß darauf verzichtet wird? Daß DTP für Werbeagenturen trotzdem interessant ist, beschreibt das Beispiel McCann-Erickson an späterer Stelle.

Genaue Kosten/Nutzen-Analysen kann es für DTP in den unterschiedlichen Einsatzfeldern noch nicht geben, weil sich die professionellen Anwender erst nach langem Zögern mit dem elektronischen Satz beschäftigt haben und die Zahl der vergleichbaren Anwendungen noch zu gering ist. Die Erfahrungen der "Profis" zeigen jedoch schon heute, daß echte Einsparungen möglich sind, wenn die Satzeingabe über einfache Systeme dezentralisiert erfolgt und die spätere Weiterverarbeitung in professionell ausgerüstetem DTP-Satzstudios durchgeführt wird. Wenn dann noch über DFÜ-Modem von Bildschirm zu Bildschirm kommuniziert wird, macht die Kostenschere noch einmal einen Schnitt. Ein gutausgerüsteter DTP-Arbeitsplatz kostet einschließlich der verfügbaren Schriften und der Sondersoftware, wie z.B. ImageStudio weniger als DM 30.000,-. Die professionelle Nachbearbeitung und Belichtung über Linotronic 300 wird zwischen DM 30, und 50,- pro

DIN A4-Seite angegeben. Die Investitionskosten für ein Fotosatzsystem belaufen sich auf ein Vielfaches einer DTP-Ausrüstung.

Die nachfolgende Tabelle zeigt in knapper unverbindlicher Auflistung, wie die Abgrenzung zwischen DTP und Fotosatz verlaufen kann. Die Wertung ist nicht wissenschaftlich abgesichert, ist aber in den Ansätzen von Erfahrungswerten beeinflußt. Auch können sich erhebliche Verschiebungen bei der Erstellung von Akzidenzdruckvorlagen ergeben, wenn wesentlich mehr Grafik-Designer DTP-Programme einsetzen, um etwa Corporate Design-Aufgaben zu bewältigen. Wird professionell belichtet, so sind die Reinzeichnungen durchaus mit Fotosatz-Ergebnissen zu vergleichen.

Einsatzgebiete	DTP	Satz
Akzidenzen	+	+++
Tabellen	+++	+
Technische Handbücher	+++++	o
Bücher	+++	+
Zeitschriften	+++	+
Zeitungen	+	+++[*]
Anzeigen	o	+++
Broschüren	o	+++
Prospekte	o	+++
Handzettel	+++	o
Plakate	o	+++
Kataloge	++	++

[*] DTP hat bei Formaten über A4 hinaus noch Einschränkungen - bei der Zeitungsherstellung sind zudem Publishing-Systeme weitgehend im Einsatz, so daß eine nennenswerte DTP-Aktivität bei der Zeitungsherstellung in absehbarer Zeit nicht zu erwarten ist.

Einziger Engpaß: Das noch unbefriedigende Schriftangebot. Ein Designer kann sich kaum mit einem Dutzend Schriftcharaktere zufrieden geben. Die absehbare Entwicklung und die ständig neuen, in PostScript verfügbaren Schriften, lassen hoffen, daß auch dieser Nachteil in absehbarer Zeit beseitigt ist.

Beispiele für professionelle Anwendungen

Aus der großen Zahl professioneller Ready,Set,Go!-Anwender werden nachfolgend vier exemplarische Anwendungen beschrieben. Das Satzstudio mit fast ausschließlicher DTP-Produktion, der Verlag mit DTP-Erfassungs- und Korrekturterminals, eine Werbeagentur mit DTP-Layout-Design und DTP-Anwendungen für Präsentationsvorlagen und eine PR-Agentur mit DTP-Produktion von Kundenzeitschriften und Einladungsfoldern.

Alle vier Anwender benutzen Ready,Set,Go! und teilweise ImageStudio von Letraset. Sie sind mit Schriften von Adobe und ITC ausgerüstet. Als Hardwaregrundlage werden Apple Macintosh-Computer in unterschiedlicher Konfigurierung eingesetzt. Die Entscheidungswege für Desktop Publishing und zum Einsatz von Ready,Set,Go! waren bei allen Anwendern unterschiedlich.

Das DTP-Satzstudio - Femoset GmbH Wiesbaden

Am Anfang stand die Vision einer ganz besonderen Zeitschrift. Fernando Monasterio hatte 1978 die Vorstellung, einer Zeitschrift mit besonderer Zielgruppenansprache: Kombiniert mit redaktionellem Service wollte er eine Zeitschrift für gehobene Gebrauchtgegenstände herausbringen. Das war sein Start in die Selbständigkeit. Mit einer Linotronic-Fotosatzanlage ausgestattet, suchte er nach einer Auslastung, um die hohen Kosten zu drücken. So kam er mit dem Gabler Verlag ins Geschäft. In den Folgejahren rüstete er seinen Satzbetrieb professionell aus und produzierte schon bald die Mehrzahl der Zeitschriften und Bücher des Gabler-Verlages. Hinzu kamen zahlreiche Kunden aus Werbeagenturen und Industrieunternehmen.

Die Satzpreisentwicklung förderte neue Wege

Monasterios Interesse an der neuen Möglichkeit der elektronischen Satzgestaltung wurde Ende 1986 durch die einsetzende Werbung für Desktop Publishing geweckt.

Er informierte sich und ließ sich auf der CeBIT 1987 die verschiedenen Programme wie PageMaker, Ventura und andere vorführen. Als Profi der Zeitschriftensatzproduktion erkannte er sehr schnell, daß die meisten DTP-Programme nicht seiner

Erwartung entsprachen. Am meisten störte ihn, daß die angebotenen Programme hinsichtlich der Satzgestaltung und der integrierten Textverarbeitung sowie der Benutzerführung nur begrenzte Möglichkeiten aufzeigten. Pagemaker konnte damals nur den isolierten Seitenumbruch - für umfangreichere Werke eine Behinderung.

Per Zufall kam er mit Letraset ins Gespräch und ließ sich Ready,Set,Go! vorführen und überzeugen. Femoset rüstete sehr schnell zunächst einen DTP-Arbeitsplatz mit einem Macintosh II und einer 40 MB Festplatte aus und testete die Kommunikationsmöglichkeiten und Schnittstellen zu den vorhandenen Satzsystemen. Ab August 1987 wurde ein Zeitschriftentitel parallel zum konventionellen Satz auf DTP erstellt. So konnte man vergleichen und Schwachstellen herausfinden.

Tatsächlich zeigte der Qualitätsvergleich zwischen den beiden Editiermethoden noch Schwächen bei DTP: Die automatische Silbentrennung war zu diesem Zeitpunkt noch mangelhaft und der Buchstabenausgleich war in manchen Zeilen katastrophal. Das Unterschneiden der Dickten war mühsam und die Überschriften konnte man nicht mit dem Fotosatz vergleichen. Das Desktop Publishing-Produkt zeigte allerdings einige ganz entscheidende Vorteile:

- Der automatische Umbruch mit formatierten Seitenrastern
  der gesamten Zeitschrift. Also durchgängige Verarbeitung
  und blitzschnelle Korrektur- möglichkeit bis kurz vor der
  Druckmontage.

- Einsparung erheblicher Kosten im Materialbereich. Der
  Aufwand an Fotopapier für die Korrekturphase ließ sich
  durch den Laser-Drucker völlig reduzieren.

- Erhebliche Zeitersparnis durch Wegfall des Klebeum-
  bruches am Leuchttisch. Die druckreifen Seiten wurden
  komplett belichtet. Lediglich die Fotolithos müssen noch
  montiert werden.

Nach Abschluß des Testlaufes und rasch erfolgenden Verbesserungen an der Software von Ready,Set,Go! Version 3.0 sowie der sofortigen Test-Anwendung zunächst der englischen Version des erheblich "getunten" Nachfolgeprogrammes "Ready,Set,Go! 4.0", konnte man bei Femoset nach und nach alle periodisch erscheinenden Objekte auf DTP-Produktion umstellen. Insgesamt werden jetzt zwölf Zeitschriften an vier DTP-Plätzen - jeweils Mac II mit 40 MB Festplatte, in Apple-Talk vernetzt und mit 19-Zoll-Großbildschirm ausgestattet - produziert. Die Linotronic 300 wird für die Satzproduktion von Akzidenzen und natürlich zur

Belichtung der DTP-Produkte eingesetzt. Die technische Qualität der durch die Linotronic 300 mit ihrer Auflösung von 2450 dpi belichteten Satzfilme läßt sich kaum noch von Fotosatz unterscheiden. Der typografisch ausgebildete Kritiker wird allerdings in den Schriftbildern und hier insbesondere anhand der Schriftlinienführung und der Dickten immer noch Fotosatz- von DTP-Produkten unterscheiden können.

Femoset plant jetzt, die Redaktionen seiner Hauptauftraggeber mit DTP-Erfassungsplätzen auszustatten. An diesen Bildschirmarbeitsplätzen sollen die Texte von den Redaktionssschreibkräften eingegeben werden und die späteren Autorkorrekturen an den fertig editierten Seiten direkt im Beisein der verantwortlichen Redakteure vorgenommen werden. So entsteht durch Desktop Publishing wieder die klassische Umbruch-Situation, wie einst mit der Mettage in den Zeitungsbetrieben. Aktuelle "Schiebungen" sind genauso wie im Bleisatz wieder möglich.

Femoset will in der weiteren Stufe die Kunden auf der Redaktionsseite über ein 1.200 baud-Modem "Online" bedienen. Die Diskette wird dann nicht mehr "zu Fuß" transportiert, sondern dient lediglich noch zum Sichern. Das spart erhebliche Zeit und damit natürlich wieder Produktionskosten.

Auf die Frage, ob er keine Angst davor habe, daß die Satz- und Umbrucharbeit zukünftig von den Redaktionen selbst durchgeführt wird, antwortet Fernando Monasterio: "Für uns kann eine DTP-Mitarbeit der Redakteure nur hilfreich sein. Kein Redakteur hat die Zeit, seine Zeitschrift von vorn bis hinten selbst zu erstellen. Wenn die Redakteure bereits bei der Texterstellung bestimmte Gestaltungswünsche einfließen lassen, entfällt höchstens ein wenig Layouter-Arbeit. Für Femoset bleibt mehr als genug Arbeit an den einzelnen Objekten bis zur Druckreife. Je schneller wir mit einem Titel fertigwerden, desto mehr Kapazität wird für andere Aufträge frei. Desktop Publishing gibt unserem Betrieb bereits heute einen wesentlich höheren Produktivitätsgrad bei gleicher Mitarbeiterzahl. Die monatlichen Kosteneinsparungen allein auf dem Gebiet des Fotomaterials sind für mich jedoch eines der Hauptargumente für DTP-Produktion im Satzbetrieb. Vor Einführung der neuen Umbruch-Elektronik hatten wir einen monatlichen Kostensatz von etwa DM 6.000,- an Fotopapier und Filmaterial. Heute kommen wir allein durch den Einsatz des Laser-Druckers nur noch auf durchschnittlich DM 1.000,- bis 1.500,- bei höherem Ausstoß". Diesem Argument ist nichts hinzuzufügen.

Der Verlag - Dr. Th. Gabler Verlag, Wiesbaden

Der Wunsch, Druckvorlagen für Zeitschriften und Bücher schneller und gleichzeitig kostengünstiger erstellen zu können, wird von jedem Verleger gehegt. Auf der Suche nach preiswerteren Möglichkeiten der Druckvorlagenerstellung hat der betriebswirtschaftwissenschaftlich ausgerichtete Verlag, die Dr. Th. Gabler GmbH - seit 1977 dem Medienkonzern Bertelsmann zugehörig - eigene Erfahrungen mit Desktop Publishing gesammelt.

Nach den ersten praktischen Testläufen mit anderen Programmen entschied man sich bei Gabler in Abstimmung mit dem Lohnsatzstudio Femoset für Ready,Set,Go! von Letraset. Während einer vorher definierten Testphase von einigen Monaten Echtlauf bei gleichzeitiger Absicherung durch parallele Produktion im Fotosatz und den konventionellen Klebeumbruch am Leuchttisch - schließlich konnte sich der Verlag bei laufender Herausgabe der Monatstitel keinen Ausfall erlauben - wurde geprüft, ob die schrittweise Übernahme aller Titel in die neue Technik möglich ist.

Eine echte Zeit- und Kostenersparnis war natürlich bei Gabler in der Testlaufzeit noch nicht zu registrieren. Dazu Reinhard van den Hövel, Herstellungsleiter des Verlages: "Der Begriff 'What you know is what you get' in Abwandlung zu 'WYSIWYG' gilt für DTP in besonderem Maße. Jeder muß zunächst die eigenen Fehler machen, um dann zu wissen, wie es richtig geht. Heute produzieren wir mehr als 10 Titel monatlich mit Hilfe des DTP-Programmes Ready,Set,Go! und nach dem ersten Erfolg mit der Herstellung des Buches 'Spitzentechnik in Deutschland' von Georg Küffner, das wir gemeinsam mit dem FAZ Verlag in weniger als zwei Wochen herstellten, werden wir die meisten Druckvorlagen für Bücher über DTP laufen lassen. Zwei weitere Titel sind bereits auf dem Wege in das DTP-Satzstudio". Dabei ist gerade der Enstehungsgang dieses Buches selbst ein echtes Produkt der Spitzentechnik auf dem Wege zur total elektronischen Druckvorstufe. Das fast 400 Seiten umfassende Werk wurde aus Texten zusammengestellt, die auf dem ATEX-Redaktionssystem der Frankfurter Allgemeinen Zeitung erfaßt waren. Auf Disketten gespeichert, wurden sie im Gabler Verlag zunächst auf einem MS-DOS-Rechner technisch bearbeitet. In diesem speziellen Falle mußten die ursprünglichen, zur Zeitungsherstellung implementierten Satzcodes herausgenommen werden. Anschließend konnten die Texte ohne Neuerfassung über die Kommunikations-Schnittstelle TOPS auf Ready,Set,Go! des Macintosh II-Rechners geladen werden. Der Seitenumbruch in das Buchformat war jetzt nur noch eine reine Korrektur- und Fleißaufgabe. Das DTP-Programm übernahm den automatischen Umbruch aller Seiten nach formatierten und global verbunden Stylesheets. Belichtet wurde über PostScript auf die Linotronic 300 von Linotype.

Über die erforderliche Technik, um derartige Werke in der Druckvorstufe voll-elektronisch bis zur Druckplattenproduktion führen zu können, sollte man sich allerdings keinerlei Illusionen hingeben. Reinhard van den Hövel dazu: "Mit einem einfachen System und einer Kapazität von 1 MB kommt man allerdings nicht weit. Erforderlich sind mindestens 2 MB RAM Speicherkapazität, um Mengensatz zu bewältigen. Trotzdem empfiehlt es sich, die einzelnen Jobs nicht allzu groß auszulegen. Wir haben die Erfahrung gemacht, daß immer ein Buchkapitel oder maximal bis zu 30 Seiten leicht zu verarbeiten sind. Theoretisch kann man mit Ready,Set,Go! das ganze Werk von über 400 Seiten in einem Job editieren, nur muß man dann bei Korrekturen entsprechend lange Bearbeitungszeiten am Bildschirm in Kauf nehmen".

Der Gabler Verlag hat mittlerweile zwei Systeme mit 19-Zoll-Bildschirmen zur Texteingabe in den Redaktionen installiert. Die anfänglichen Akzeptanzschwierig-keiten sind behoben. Satz- und Autorkorrekturen werden teilweise direkt von den Redakteuren vorgenommen. Den technischen Umbruch überläßt der Gabler Verlag allerdings aus betriebswirtschaftlicher Überlegung heraus dem professionell eingerichteten Satzstudio - in diesem Falle der Femoset GmbH.

Auf die Frage nach der Zukunft der Druckvorlagenherstellung, weiß Reinhard van den Hövel zu berichten: "Ready,Set,Go! 4.0 weist erhebliche Verbesserungen gegenüber der Version 3.0 auf. Das Kerning wurde erleichtert, die automatische Silbentrennung ist mittlerweile gut, die Bedienerführung wurde ganz erheblich verbessert. Besonders hervorzuheben ist das Dictionary und die Möglichkeit, einen eigenen Thesaurus anlegen zu können. Das ist besonders für die redaktionelle Arbeit in Spezialgebieten wichtig. Wir konnten uns damit bereits ein betriebswirtschaftliches Wörterbuch anlegen. Dieser "Gabler-Thesaurus" wächst automatisch mit", antwortete Reinhard van den Hövel auf die Frage nach den weiteren Plänen des Gabler Verlages. "Für die redaktionelle Arbeit ist integrierte Textverarbeitung unerläßlich. Ready,Set,Go! hat alle unsere Erwartungen erfüllt. Wir werden die weitere elektronische Entwicklung sehr genau beobachten. Letraset ist mit dem neuen Programm 'ImageStudio' ein echter Schritt vorwärts gelungen. Mit diesem Foto- und Bildvorlagen-Programm können wir als ideale Ergänzung zu Ready,Set,Go! zukünftig Schwarzweißfotos und Halbtonabbildungen bis zum 30%-Raster verarbeiten. Sobald die Scanner besser werden, können feinere Raster eingezogen werden".

Der Gabler Verlag produziert zur Zeit zwei Werke unter Einbeziehung des elektronischen Bild-Design-Programmes "ImageStudio". Eingescannte Schwarzweißfoto- und Bildvorlagen können mit diesem Programm von Letraset am Bildschirm retuschiert, formatiert und in den Details verändert werden. Ein umfangreicher Grauwerteraster ermöglicht qualitative Verbesserungen der Vorlagen, die über den Weg der konventionellen Laborbearbeitung nicht oder nur zu geringen Anteilen möglich sind.
Das nachfolgende Foto einer aktuellen Bearbeitung zeigt einen Teil der Möglichkeiten, die Image-Studio leistet. Das Kollosseum heute und wie es elektronisch nachkonstruiert hätte damals aussehen können.

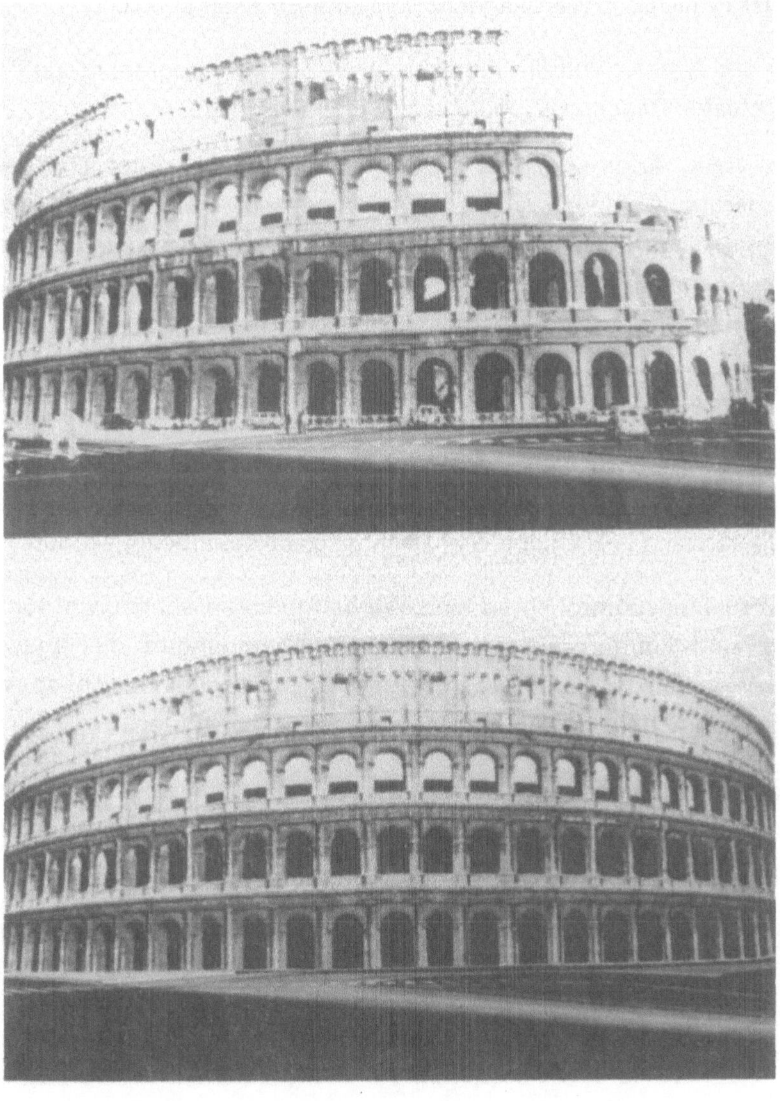

Es ist durchaus noch möglich, zusätzlich das römische Straßenbild mit Menschen in historischen Gewändern aus dieser Zeit am Bildschirm einzumontieren, so daß ein völlig neues Bild entsteht, das wiederum druckreif in das DTP-Programm portiert werden kann. Hier wird es in die fertige Seite, ohne "Mediensprung" zurück zur Klebmontage am Leuchttisch, eingefügt.

Die Werbeagentur - McCann-Erickson, Frankfurt

Über die unterschiedlichen Anwendungs- und Einsatzmöglichkeiten von Desktop Publishing wurde eingangs bereits ausführlich gesprochen. DTP im professionellen Einsatz bei Werbeagenturen ist nur mit Einschränkungen möglich. Das wird am Beispiel der Frankfurter Werbeagentur McCann-Erickson deutlich.

Im Atelier der Agentur wurden zunächst zwei Softwareprogramme auf "Herz" und "Nieren" getestet: Pagemaker und Ready,Set,Go!.

Für Uwe Vock, Artdirektor bei McCann-Erickson, bedeutet DTP eine echte Herausforderung. Computer sind ihm kein unbekanntes Feld. Privat nutzt er einen Commodore Amiga 2000 und befindet sich im Experimentierstadium in Richtung Computer Animation. Er weiß, daß er entsprechend gute Softwareprogramme benötigt, um zu akzeptablen Ergebnissen zu kommen.

Bei McCann-Erickson wurden die Weichen für die DTP-Zukunft deshalb bereits heute gestellt; mitausschlaggebend war sicherlich das persönliche Computer-Engagement von Uwe Vock. Allerdings, so befürchtet er, wird man in den Werbeagenturen die Berechnungsgrundlagen überdenken müssen, sollte tatsächlich verstärkt in Richtung Reinzeichnungssatz gearbeitet werden.

Als Dienstleistungsunternehmen sind Werbeagenturen schließlich nur Mittler für den Satz und können auf die Satzstudio-Rechnungen die agenturübliche Trafficprovision aufschlagen. Uwe Vock ist skeptisch. Er glaubt nicht so recht daran, daß die großen Agenturen von dieser Praxis abrücken werden.

Denn sollte DTP eines Tages dazu führen, daß der gesamte Satz in Reinzeichnungsqualität inhouse hergestellt wird, müßte eine neue Berechnungsgrundlage gefunden werden.

Noch ist das allerdings ferne Zukunft, denn bei McCann-Erickson wird zunächst einmal intensiv getestet und am System "trainiert". Und zwar mit eindeutigem Schwerpunkt auf Anwendungsmöglichkeiten außerhalb der Reinzeichnungsproduktion.

Seit sechs Monaten arbeitet die Mannschaft um Uwe Vock mit "Ready,Set,Go!" am Doppelseitenbildschirm des Macintosh II. Ein Scanner und ein Laser-Drucker gehören ebenfalls zur Ausstattung des elektronischen "Ateliers" in der Werbeagentur. Allein die Zeitersparnis beim Layouten erwirtschaftet nach Meinung des Artdirektors bereits in zwei Monaten guter Nutzung die Jahresbetriebskosten.

Die Frage, ob denn die Umstellung und das Erlernen der elektronischen Befehle schwierig war, wird von den Designern einstimmig verneint. Das Ready,Set,Go!-Handbuch sei leicht verständlich aufgebaut und der direkte Draht zu Letraset habe es möglich gemacht, sehr schnell brauchbare Ergebnisse abzuliefern.

So wurde das Corporate Identity Manual (nachfolgend eine Abbildung daraus) für die Deutsche Bundesbahn komplett am Bildschirm erstellt. Bei den Gestaltungsrichtlinien für "Die neue Bahn" handelte es sich um ein internes Papier in kleiner Auflage. Die DTP-Qualität des Laser-Druckers reichte völlig aus.

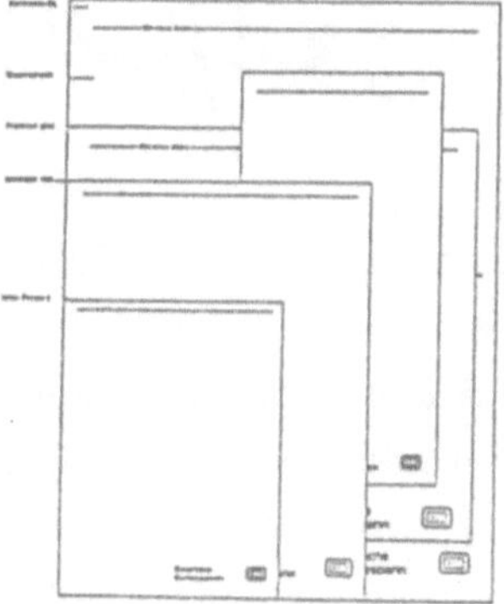

Anders bei Anzeigen. Hier herrscht in der Agentur die Meinung vor, daß lediglich für Layoutzwecke mit DTP gearbeitet werden könne. Allerdings mit erheblichem Zeitgewinn gegenüber der konventionellen Scribble- und Satztechnik. Korrekturen - das haben die McCann-Erickson-Designer sehr schnell erkannt - lassen sich blitzschnell und kostengering ausarbeiten. Sowohl hinsichtlich der rein typografischen Lösung - das zeigt das nachfolgende Beispiel der Ameropa-Kampagne - als auch die freien Gestaltungselemente - das wird besonders bei den nachfolgenden Sportiv-Variationen deutlich - ist DTP sinnvoll einzusetzen.

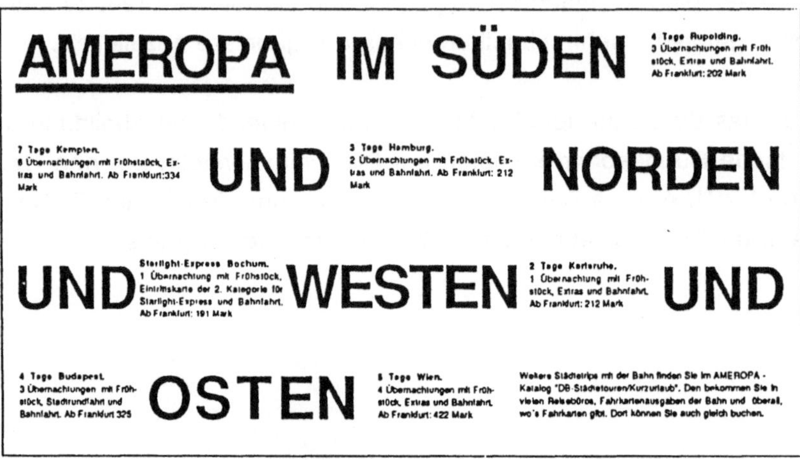

Für alle Reinzeichnungen wird nach wie vor das Satzstudio bemüht. "Das wird sich erst ändern, wenn die digitalisierten Schriften in Auswahl und Qualität mit dem Standard der professionellen Satzstudios gleichziehen", so Uwe Vock über den gegenwärtigen Stand der DTP-Technologie. "Allerdings muß die heute verfügbare DTP-Software auch noch verbessert werden. Das gilt hinsichtlich der Unterschneidungsmöglichkeiten und des einfachen Kernings. Es sollte ähnlich wie im früheren Bleisatz mit Bruchwerten von Punkten gearbeitet werden können und beim Spationieren nicht lediglich in ganzen Punkten. Das genügt noch nicht. Auch sollte man mit jedem Programm am Bildschirm bereits nach der 'WYSIWYG'-Methode 1 : 1 arbeiten können".

Bei McCann-Erickson will man in den nächsten Monaten DTP verstärkt für die Aufbereitung der Präsentationsfolder und -Texte sowie Slides für den Kontaktbereich aufbereiten. Overheadvorlagen, Charts und Konzeptpapiere sollen so schnell, preiswert und mit professionellem "Outfit" produziert werden. Erste Tests gemeinsam mit einem Beratungsteam der Agentur verliefen erfolgreich.

Sicherlich werden die Werbeagenturen diesen Bereich stärker mit DTP-Satz bedienen, als den der klassischen Werbemittel. Entscheidend - und das haben die Gespräche mit den Agenturleuten gezeigt - ist die Professionalität und Qualität der Software und des Schriftangebotes. Das Beispiel der McCann-Erickson kann allerdings nicht stellvertretend für alle Großagenturen gelten. Motor für DTP ist hier ein Artdirektor, der privat sehr viel Computererfahrung gesammelt hat und keine "Hemmschwelle" vor der modernen Elektronik zu überwinden hatte:

Die PR-Agentur - Redaktionsbureau Max Uwe Ferck, Frankfurt

Das vierte Beispiel professioneller Anwendung von DTP-Software zeigt deutlich, daß gerade auf dem Gebiet redaktioneller Arbeit mit Ready,Set,Go! erstaunliche Ergebnisse erzielt werden können.

Das Redaktionsbureau Max Uwe Ferck arbeitet als PR-Agentur für eine große Anzahl kleiner und mittlerer Unternehmen der Computerbranche. Hauptarbeitsgebiet ist die Beratung und die Entwicklung von PR-Aktionen. Damit verbunden ist sehr viel Textarbeit. Presseinformationen müssen tagtäglich getextet und gestaltet werden. Fachbeiträge der Kunden für diverse Zeitungen und Zeitschriften müssen geschrieben oder überarbeitet werden. Einladungen zu Pressekonferenzen sind zu gestalten und auszusenden. Schließlich betreut und produziert das Redaktionsbureau eine Anzahl von Firmenzeitschriften im Full-Service.

Gerade dieser Bereich war es, der aus der Sicht des Inhabers, Max Uwe Ferck, erheblich klemmte: "Die redaktionelle, also die reine Textarbeit, macht sicherlich noch kein DTP-Programm erforderlich. Eine gute Textverarbeitung, wie z.B. unser Wang-Textsystem, bietet ausreichend Kapazität und Speicherplatz, um größere Mengen rationell zu bearbeiten. Der entscheidende Punkt ist im Zeit- und Kostenaufwand beim Umbruch und in der Produktion der Firmenpublikationen zu sehen. Eine Firmenzeitung oder -Zeitschrift soll in der Regel möglichst wenig kosten, weil sie neben der klassischen Werbung und dem Broschürenaufkommen der Unternehmen als "Add-On-Produkt" gesehen wird. Und das noch nicht einmal zu Unrecht. Schließlich werden die Firmenpublikationen - auch wenn sie gut gemacht sind - ausschließlich zur passiven Information abgegeben und sind selten als aktive Verkaufshilfsmittel im Einsatz. Tatsächlich haben die meisten Unternehmen aber den starken Wunsch, sich mit Hilfe einer eigenen Zeitung oder Zeitschrift darzustellen".

Das Redaktionsbureau produzierte bereits vor dem Einsatz von Ready,Set,Go! auf konventionelle Weise drei Firmenopublikationen. Der Aufwand und die Kosten stehen jedoch nur selten in Überseinstimmung mit den Vorstellungen der Kunden. Dazu Max Uwe Ferck: "Ich habe bisher versucht, die Produktionswünsche und die Erscheinungsfrequenz der von uns betreuten Firmenpublikationen so niedrig wie möglich zu halten. Schon im Interesse der Mandanten. Mit dem Einsatz des DTP-Systems ist das jedoch nicht mehr erforderlich. Als Beispiel möchte ich die 32-seitige Firmenzeitschrift 'FORUM' meines Beratungskunden McDonnell Douglas oder die 12-seitige Zeitung "G&P-POST" meines Beratungskunden Garmhausen & Partner anführen. Das MDD-Forum hat vor der Umstellung auf DTP einen Fremdkosten-Faktor für Satz und Umbruch sowie Litho von DM 20.000,- bis DM 30.000,- verursacht. Auf diese hohen Kosten konnten wir als PR-Agentur keinen angemessenen Satz für die Vorbereitung und Umbruchgestaltung aufschlagen, da wir auf monatlicher Pauschalbasis arbeiten. Die investierten Stunden für Rohlayout, Klebeumbruch der Fahnen und Schlußredaktion konnten wir nur zu einem geringen Anteil in Rechnung stellen. Mit DTP erstellen wir den Satz komplett selbst und können dafür durchaus angemessene Kosten ansetzen".

Die PR-Agentur Redaktionsbureau Max Uwe Ferck hat inzwischen einen Apple Macintosh II-DTP-Arbeitsplatz mit 40 MB Festplatte und Laser-Drucker installiert. Zum Einsatz kommen Ready,Set,Go! als Editierprogramm und ImageStudio als Bild-Designprogramm. Neben den Standard-Charakteren sind Helvetica light und black sowie Garamond und Garamond Italic in allen Stärken geladen. Sobald es der Etat zuläßt, sollen weitere Schriften eingekauft werden. Ein hochauflösender Scanner der neuen Generation soll demnächst angeschafft werden.

Über das Erlernen der DTP-Software sagt Max Uwe Ferck: "Ich bin ein notorischer Nichtleser von Handbüchern. Nach einigem Ausprobieren ging es ganz gut. Allerdings kann ich mich immer noch nicht an die Maus und an die primitive Symbolführung des Menüs gewöhnen. In den letzten Jahren habe ich ausschließlich mit Basic, Assembler und MS-DOS als Computersprachen zu tun gehabt, so daß der Schritt in die sicher sinnvolle 'Mickey-Mouse'-Führung persönlich schwer fällt. Meine Mitarbeiter sind weniger vorbelastet und haben diese Aversion nicht. Das Editieren und Layouten am Bildschirm mit DTP erinnert mich sehr stark an meine Lehrzeit. Vor dem Redaktionsvolontariat habe ich eine ordentliche Schriftsetzerlehre absolviert. Auch beim Akzidenzsatz mit Blei war sehr viel Vorstellungskraft und Raumgefühl erforderlich, um eine ansprechende Gestaltung der Seiten zu erzielen. Das 'WYSIWYG'-Wunschdenken vieler nicht typografisch ausgebildeter Anwender wird daher auch nicht zu besseren Ergebnissen führen. Ich arbeite sehr gern mit dem DTP-Bildschirm und ertappe mich häufig bei Spielereien, wenn ich Pressmitteilungen auf dem Macintosh texte. Für die offizielle Aussendung dieser Pressetexte eignet sich die professionell gestaltete Form nicht. Bewußt wählen wir dann die Schreibmaschinentype Courier, um den Manuskriptcharakter nicht zu verlieren. Gestaltete Presseinformationen - etwa in einer Satzschrift - werden wir wohl erst in zehn Jahren heraussenden können, wenn jeder mit DTP arbeitet und bei den Kollegen in den Redaktionen keine Vorbehalte gegenüber dem bereits 'gedruckten' Text mehr bestehen!".

Das Redaktionsbureau produziert mittlerweile bereits fünf Firmenzeitschriften auf DTP. Die Belichtung der fertigen Seiten wird in Lohnauftrag an ein Satzstudio mit einer Linotronic 300 gegeben. Die tatsächliche Zeitersparnis ist für die PR-Agentur der wichtigste Faktor. Die Mitarbeiter von Max Uwe Ferck geben ihre Texte direkt formatiert in das System. Umbrechen Seite für Seite und können den Auftraggebern bei ihren Kunden fertige Seiten zur Imprimatur vorlegen. Und das geschieht ohne Klebeumbruch und Leuchttisch. . .

Desktop Publishing - Möglichkeiten und Grenzen

Bernd Bitzer, Leinfelden/Echterdingen

Als Chefredakteur des Publishing Partner - einer Desktop Publishing-Zeitschrift - möchte ich Sie gleich zu Anfang ein wenig schockieren: diese Zeitschrift, übrigens Europas Größte zum Thema DTP - ist deshalb so gut, weil sie nicht nur mit den Mitteln des Desktop Publishing hergestellt wurde.

Das hat gute Gründe. Der Untertitel "Magazin für professionelles Desktop Publishing" enthält gleich mehrere davon: professionell heißt für uns zunächst, neben den Chancen einer zweifellos innovativen Entwicklung auch die Grenzen im wirtschaftlichen Einsatz zu erkennen. Ein Hilfsmittel, das mehr Investition erfordert, als es an Ertrag liefert, ist keines. Ganz gleich, ob diese Investition finanziell, personell oder in Form von stundenlanger Büffelei über kiloschweren Handbüchern erfolgt.

Professionell publizieren ist aber auch immer eine Gratwanderung zwischen optimaler Qualität des Endprodukts und den gleichzeitig geringstmöglichen Kosten.

Und ausgerechnet auf diesem schmalen Pfad weichen Befürworter wie Kritiker der Desktop Publishing-Idee am weitesten vom logischen Weg ab - die einen sehen keine Gefahr für die langgehegten Qualitätsansprüche des ehrwürdigen Druckhandwerks, die anderen behaupten schon seit zwei Jahren steif und fest, jetzt endlich eine komplette Druckerei auf dem Schreibtisch zu haben. Beides ist falsch.

Desktop Publishing ist kein Ersatz für die Satzanstalt, den Reprobetrieb, die Druckerei, solange ganze Zeitschriften produziert werden sollen. Gemeint sind aufwendig gestaltete Druckwerke mit 100 Seiten, viel Farbe, noch mehr Fotos und Abbildungen und einer mindestens fünfstelligen Auflage. Machbar ist das zwar - allerdings mit Abstrichen in den Gestaltungsmöglichkeiten und der Typografie. Aber auch nur, solange sich die Produktion auf die Herstellung der Textfilme beschränkt.

Farbbilder verarbeitet derzeit noch kein Desktop Publishing-System, sie muß die Reproanstalt nachträglich einkopieren. Schwarz/Weiß-Material kann zwar mit Scannern eingelesen und am Bildschirm bearbeitet werden. Dennoch ist die Druckqualität noch nicht einmal mit dem vergleichbar, was Sie heute in durchschnittlichen

Tageszeitungen zu sehen bekommen. Für die 68 Seiten des Publishing Partner, mit einem Farbanteil von 50% und etlichen Layout-Spielereien, hieß deshalb die Entscheidung: Keine Chance für DTP.

Trotzdem oder gerade deswegen entsteht jede Seite des Publishing Partner auf einem Computer - einem Scitex-Layoutsystem. Er kostet knapp 4,5 Millionen DM, jede Stunde Arbeit am Bildschirm mit einem Menschen, der den Führerschein für die gewaltige Maschine hat, schlägt mit rund 500 DM zu Buche. Auch das ist Desktop Publishing. Aber nur für den etwas größeren Schreibtisch ...

Dieser Aufwand ist in den meisten Fällen natürlich nicht notwendig. Außer dicken Zeitschriften gibt es ja auch noch dünne Preislisten, die ständig aktualisiert werden müssen, Broschüren mit einfacher, aber wirkungsvoller Aufmachung, Präsentationsunterlagen, die am nächsten Tag unbedingt fertig werden müssen. Kein Schnelldrucker der Welt liefert Ihnen am selbst Tag zehn gestochen scharfe Exemplare eines ideenschweren Manuskripts, dessen letzte Worte Sie morgens um fünf Uhr in die Tasten gehämmert haben.

Das kann nur Desktop Publishing

In Verbindung mit Satz- und Reproanstalten, die aus selbstgezimmerten Bildschirminformationen mittels Laserbelichter fertige Druckfilme zaubern, steht selbst der DTP-Massenauflage nichts mehr im Wege. Einige Betriebe haben den Zahn der Zeit bereits erkannt, der am Druckgewerbe nagt und fertigen Teilaufträge auf eigenen DTP-Anlagen. Die fertigen Filme werden im Hause weiterbearbeitet, mit Bildern komplettiert und gedruckt. Pionier auf diesem Gebiet ist Peter Schwarz, Geschäftsführer der SCS Schwarz GmbH in Stuttgart und Herausgeber des Publishing Partner. Er hat die Folgen des Desktop Publishing auf eine einfache Formel gebracht: Man muß diese neuen Techniken anwenden. Denn wenn ich es nicht mache - dann tut es ein anderer. Und irgendwann bekommt man den Auftrag nicht mehr.

Das alles ist nur eine Frage der Zeit. Jeden Monat kommen neue Programme auf den Markt, die vorhandene DTP-Systeme leistungsfähiger, professioneller nutzbar machen. Schrägsatz, Kerning, Formsatz, Silbentrennung - bis vor einem Jahr noch Stolpersteine am Bildschirm - gehören heute zum Standard der Layoutprogramme. Schnelligkeit ist gefragt, besondes beim Bildschirmaufbau nach Änderungen, aber auch beim Ausdruck via Laserdrucker. Da sind die Hardware-Entwickler gefordert, die immer schnellere und leistungsfähigere Chips und Computer entwickeln und dabei ein immenses Tempo vorlegen.

Verglichen mit der Entwicklungsgeschwindigkeit beim Auto zeigt sich erst, wie schnell: vom schmächtigen Benz-Motorwagen um 1886 zum Formel 1-Renner vergingen ganze 100 Jahre. Auf Computertempo umgerechnet wäre Bertha Benz also kaum eine Woche später im 400 PS-Porsche über Land gebraust...

Was heute noch Beschränkung heißt, ist morgen schon kein Thema mehr. Was uns Zeitschriftenmachern gar nicht so recht ist: noch brauchen wir ein wenig Zeit, um aus einem Häuflein Manuskripte und Fotos fertige Druckerzeugnisse herzustellen. Jede Methode, die dabei Zeit sparen hilft, ist Geld wert. So produzieren wir seit kurzem die Publishing Partner-Softwareübersicht und einige ausgewählte Anzeigenseiten auf einem Apple Macintosh-DTP-System. Das ist in diesem Fall sinnvoll, weil ständige Ergänzungen und Korrekturen in jeder Ausgabe schneller und kostengünstiger am DTP-Bildschirm eingebracht werden können.

Sämtliche Text werden entweder direkt ins Layoutprogramm geschrieben oder zunächst in einer Textverarbeitung erfaßt, dann im Layout plaziert. Die Farbbalken sind noch nicht farbig auf dem Bildschirm sichtbar; neueste DTP-Programme legen diese Farbinformation auf eine, zwei, drei oder vier "Folien" für jede benötigte Farbe ab. Die "Folien" lassen sich einzeln, aber auch alle gemeinsam auf dem Bilschirm bringen. Jede dieser Folien kann hinterher einzeln als Farbfilm belichtet werden - selbst Vierfarbdruck ist so kein Problem. Eine Zukunftsvision freilich bleibt noch die Addition einzelner Farbauszüge auf dem Bildschirm zum fertigen Farblayout. Aber wer weiß, wie schnell auch das Realität wird.

Realität ist schon die Produktionszeit des Einlegeblatts. Konzeption, Text und Layout dauerten knapp fünfzehn Minuten, der Schnelldrucker hatte eine halbe Stunde später den Satzfilm und konnte noch am selben Tag die bestellten 5000 Stück ausliefern.

Zeit ist Geld

Und Geld ist gerade im Bereich Desktop Publishing der Punkt, an dem Wunschvorstellungen und Tatsachen knallhart aufeinanderprallen: da steht neben der 40.000 DM-Anlage auch die Kombination eines Billiganbieters für knappe 6.000 DM inklusive Laserdrucker zur Auswahl. Da führen Programme für Home-Computer genauso den Namen Desktop Publishing und sehen - der Laie wundert sich - auf den ersten Blick nicht viel anders auf dem Bildschirm aus, als weit teuere Produkte.

Der gravierendste Unterschied steckt im Begriff WYSIWYG, den die immer etwas schnelleren Amerikaner erfunden haben:"What you see is what you get". Für nicht Anglophone heißt das soviel wie: " Was man sieht, bekommt man auch." Und das ist bei keinem Billigsystem auch nur annähernd wahr.

Was nützt der DTP-Zeitvorteil, wenn die Überschrift am Bildschirm exakt über dem Vorspann sitzt, beim Ausdruck aber vier Millimeter übersteht. Dann bleibt nur Korrigieren, Ausdrucken, nochmal korrigieren und so fort. Aus und vorbei ist es mit der gesparten Zeit. Das gesparte Geld wirft der Laserdrucker Blatt um Blatt in den Papierkorb. Hundertprozentig exaktes Arbeiten ist also die Voraussetzung für professionelle DTP-Anwendungen. Und da schnurrt der Kreis der potentiellen Soft- und Hardware-Anbieter, der wirklich brauchbaren Systeme blitzschnell zusammen.

Immer noch entscheidend bleibt, was hinterher tatsächlich herauskommen soll. Wenn ein einigermaßen in Form gebrachtes Flugblatt reicht, ist eine teure DTP-Anlage rausgeworfenes Geld. Wenn es aber etwas mehr sein soll, ist gerade in Sachen Desktop Publishing jede Mark gut investiert.

Die wichtigsten Entscheidungen sind nicht nur beim Kauf, sondern vor jedem Einsatz einer Desktop-Publishing-Anlage zu treffen. Entscheiden: Was ist vorhanden? Und was soll geleistet werden?

Im Gegensatz zum Sezter, der tagtäglich mit den Fähigkeiten und Grenzen seiner Satzmaschine konfrontiert wird, kennt der DTP-Anwender in den seltensten Fällen genau die Eigenschaften und Eigenarten seines Systems. Die Vielzahl der erhältlichen Programme - an sich äußerst positiv - erhöht das Risiko doppelter und dreifacher Arbeit. Die ist nämlich unweigerlich notwendig, wenn das anfangs gewählte Programm schließlich doch nicht zum erwünschten Ergebnis führt. Dann heißt es: Alles noch mal von vorn!

In den meisten Fällen läßt sich der spätere Arbeitsbereich aber recht genau festlegen. Die erforderliche Hardware-Konfiguration, die notwendige Programmauswahl wird von erfahrenen Fachleuten zusammengestellt: ausführliche Schulungen helfen den Anwendern, mit der neuen Technik zurechtzukommen. Das geht schneller, als man das von Computern gewöhnt ist. "Grafikorientierte Benutzeroberfläche" hat man die simple Erkenntnis getauft, daß Menschen mit einfachen Bildsymbolen leichter zurechtkommen, als mit wirren Formelmonstern. Ein Vergleich mit herkömmlicher Produktionstechnik zeigt, was sich wie verändert hat.

Ein kleines Beispiel aus der Praxis

Der aktuelle Prospekt mit den neuen Preisen der Firma Meier steht an. Sachbearbeiter Schröder setzt sich mit einem Grafiker zusammen, der den ungefähren Platzbedarf festlegt und die Gestaltung grob vorskizziert. Schröder jongliert derweil mit Bildern und Zahlenkolonnen, rennt danach wieder zum Grafiker, der beides ansprechend zusammenbringen soll. Sobald das "Layout" steht, rennt der Grafiker - diesmal zum Setzer, der aus Schreibmaschinenlettern saubere Satzbuchstaben macht. Die gehem vom Setzer zurück zum Graiker, der die Satzfilme auf das benötigte Format zusammenschneidet und zwangsläufig ändern muß - Schröder hat die Mehrwertsteuer vergessen. Jetzt ist der Drucker an der Reihe. Er bringt die ganze Vorarbeit endlich zu Papier. Doch da fällt Schröders Boss noch eine kleine, aber unbedingt notwendige Änderung ein - und das Ganze geht vor vorne los...

Mit Desktop Publishing läuft die Geburt von Sachbearbeiter Schröders Preisliste dann so: Schröder schiebt zwei Disketten in den Computer oder startet die Festplatte, einen leistungsfähigen Massenspeicher. Der Programmstart kostet ihn nur ein müdes Doppelklicken. Dann gibt er den Seitenumfang und das Format seines Prospektes an. Ein weißes Blatt erscheint auf dem Bildschirm, auf dem Schröder nun ganz nach Belieben Überschriften eintippen, Linien einziehen, Bilder verschieben oder Spaltensatz einplanen kann. Ohne komplizierte Tastenbefehle, mit einfachen "Anklicken" von Menüpunkten mit der "Maus" - einer kleinen Zigarettenschachtel mit Taste und eingebauter, rollender Kugel, die Bewegungen der Hand simultan auf den Computerschirm überträgt.

Ein Tastenklick an der richtigen Stelle sagt dem Rechner, was er wie zu tun hat. "Klick" auf ein Seitensymbol mit der Nummer zwei blättert beispielsweise auf diese Seite zwei. "Klick" auf "50 Prozent verkleinern" macht eben dies. Genauso werden auch verschiedene Zeichensätze angeklickt, Texte verschoben und Ergebnisse gespeichert. Auf eine Diskette paßt eine komplette zwangzigseitige Zeitung mit Bildern, Headlines, Stichzeilen, die natürlich auch nachträglich geändert werden können; auch Tage, Monate oder Jahrzehnte später. So kann Sachbearbeiter Schröder seinen Prospekt komplett am Bildschirm zusammenstellen, jederzeit ändern oder noch eine Seite dazunehmen.

Ist die "Publikation" fertig, kommt der "Drucker" ins Spiel, diesmal der elektronische. Theoretisch schafft es auch ein gebräuchlicher Matrixdrucker, die fertigen Seiten auszugeben. Damit sind allerdings kaum größere Stückzahlen möglich, da eine DIN A4-Seite mindestens eine Minute bearbeitet wird. Auch das Schriftbild - viele kleine Punkte erzeugen Buchstaben und Bilder - überzeugt nicht unbedingt.

Überzeugender ist schon der Preis: zwischen 1.000 und 2.500 DM kostet ein passendes Gerät. 14.000 DM muß man dagegen für den "LaserWriter" von Apple anlegen, den meistgekauften DTP-Laserdrucker. Doch damit ist die Kombination perfekt. Im eigenen Speicher des LaserWriter-Druckers sind nämlich die Informationen für eigene Zeichensätze gespeichert, die vom echten Satzfilm nur durch die schlechtere Auflösung zu unterscheiden sind.

Viel schneller ist er auch. Statt mechanischer Nadeln huschen Laserstrahlen übers Papier, zeichnen blitzschnell Buchstaben, Bilder oder Grafiken, die dann, ähnlich wie beim Fotokopieren, mit Tonerpulver auf das Papier gebracht werden.

Rund zwanzig Sekunden braucht er für ein vollbeschriebenes DIN A4-Blatt und macht so auch höhere Auflagen möglich. Allerdings nicht unbeschränkt. Sobald die Stückzahl drei und mehr Stellen erreicht, ist beim derzeitigen Preisgefüge Vorsicht angeraten - da arbeitet der Schnelldrucker um die Ecke billiger.

Die nächste erhebliche Qualitätssteigerung bringt die Satzbelichtung: rund 40 DM kostet das Belichten einer DIN A4-Seite im Durchschnitt bei wesentlich verbesserter Auflösung, also größerer Detailschärfe. Das ist vergleichsweise günstig: die komplette Belichteranlage mit Entwckler kommt auf knapp 100.000 DM.

Verschiedene Firmen bieten heute schon Desktop-Publishing-Belichtungen und Ausdrucke als Dienstleistung an. Der Kunde puzzelt seine Publikation auf dem Bildschirm zusammen, speichert die Daten auf einer Diskette und marschiert dann zum "Print-Shop". Dort steht ein weiterer Computer, verbunden mit einem Laserdrucker oder einer Linotype-Satzmaschine. Papierabzug in Laserqualität oder gleich den fertigen Satzfilm? Nur eine Preisfrage. Sicher aber für viele eine überlegenswerte Alternative. SCS-Geschäftsführer, Peter Schwarz sieht darin neue Möglichkeiten, aber auch Gefahren:

"Das kann eine Gefahr oder eine Chance für die Druckindustrie sein. Wir verlieren einen Marktanteil, der zwischen 30 und 40 % liegen wird. Wenn man's positiv sieht -

und das sollte man als Unternehmer immer - heißt das: wieso nutzen wir mit unserem Fachwissen die Geräte nicht selbst? Damit öffnen wir einen Markt, der bisher für uns noch gar nicht vorhanden war."

Wir alle haben die Chance, neue Märkte zu erschließen, neue Technik einfacher zu nutzen und sinnvoll anzuwenden. Warum tun wir es nicht ..

Integrierte CAP-Lösungen zur kooperativen Aufgabenabwicklung beim technischen Design, in der Werbeabteilung und in der Druckerei

Gerda Figge, Weeze

Den Ausführungen sei vorausgeschickt, daß die Grafiken in dem Text elektronisch auf dem Siemens Bürosystem 5800 erstellt wurden - und zwar ohne eine einzige manuelle Montage, denn

> **Computer-Aided-Publishing**
> oder
> **computergestütztes Publizieren**

ist unsere Praxis.

Was sind nun die Merkmale eines integrierten Computer-Aided-Publishing?

Integrierte CAP-Lösung bedeutet für uns, alle Komponenten eines CAP-Projektes so zusammenzufassen, daß folgende Kriterien erfüllt sind:

1. **Alle** zu einem Projekt gehörenden Daten sind **organisatorisch** zusammengefaßt.
2. **Alle** Daten stehen an einer **einheitlichen** Benutzerschnittstelle zur Verfügung.
3. **Alle** am Projekt Beteiligten erhalten **alle** für sie wichtigen Daten **sofort** und in **aktueller** Form.

Diese Forderungen können nur durch den Einsatz eines integrierten EDV-Systems erfüllt werden. Um zu einer **wirklichen** und **effektiven** Integration zu kommen, muß ein solches EDV-System bestimmte Leistungsmerkmale aufweisen:

1. Die Möglichkeit, **alle** anfallenden Daten in Form von
   - Texten,
   - Bildern,
   - Formularen oder
   - Spreadsheets

   in **einem** System zu bearbeiten.

2. Der Einsatz **einer** Bedieneroberfläche (in unserem Falle die Viewpoint-Software der Siemens-Bürdokommunikationssysteme 5800), die
   - Textverarbeitung,
   - Bildverarbeitung und
   - Organisationsmittel

   dem Benutzer **gleichzeitig** und **gleichartig** zur Verfügung stellt.

3. Die Vernetzung aller Arbeitsplätze.

Worin besteht nun diese Integration eines CAP-Projektes und - wie ist sie auf den verschiedenen Ebenen realisiert?

Alle zu einem Projekt gehörenden Informationen werden in einem elektronischen "Ablageraum" zusammengefaßt. Zu diesen Informationen gehören neben Texten, Grafiken und Bildern einer Dokumentation auch Planungsdaten, die zugehörige Korrespondenz, Anweisungen an die Druckereiabteilung usw.

Damit enthält der "Ablageraum" wiederum überschaubare Einheiten, die man sich als "Aktenschränke" vorstellen kann, nämlich
   - Projektorganisation.
   - Druckereidaten,
   - Grafiken,
   - Texte,
   - Bilder.

Jeder dieser Aktenschränke enthält weitere Ebenen. Auf der nächst-niedrigeren Ebene sind beispielsweise alle mit dem Dokumentations**text** zusammenhängenden Informationen in einem virtuellen "Ordner" zusammengefaßt.

Neben der eigentlichen Textmasse gehören hierzu
   - Format-Richtlinien,
   - Wortdefinitionen des Auftraggebers,
   - Stichwortverzeichnis,
   - Glossar usw.

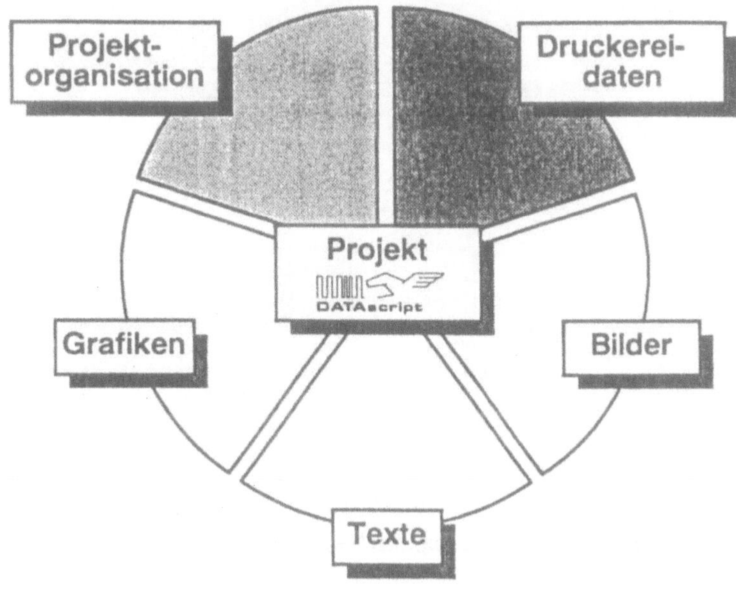

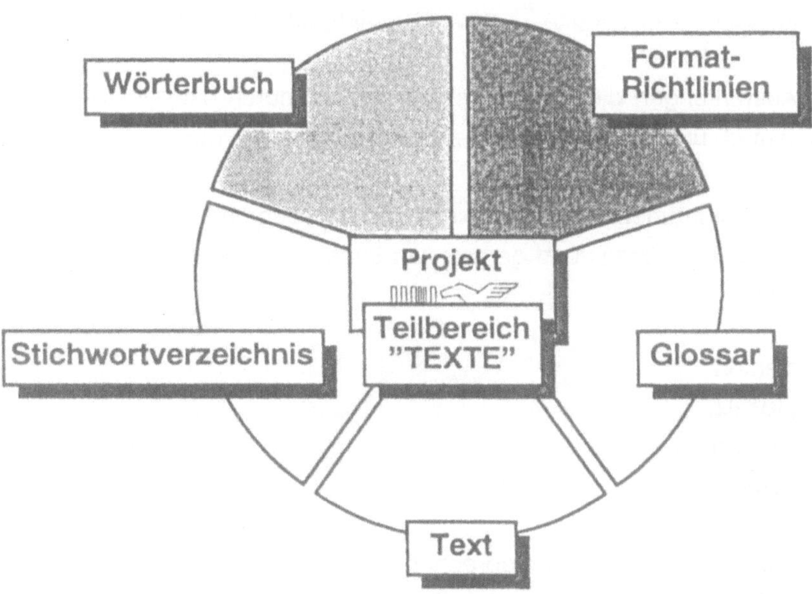

Abbildung 1: Mögliche Ablageorganisation

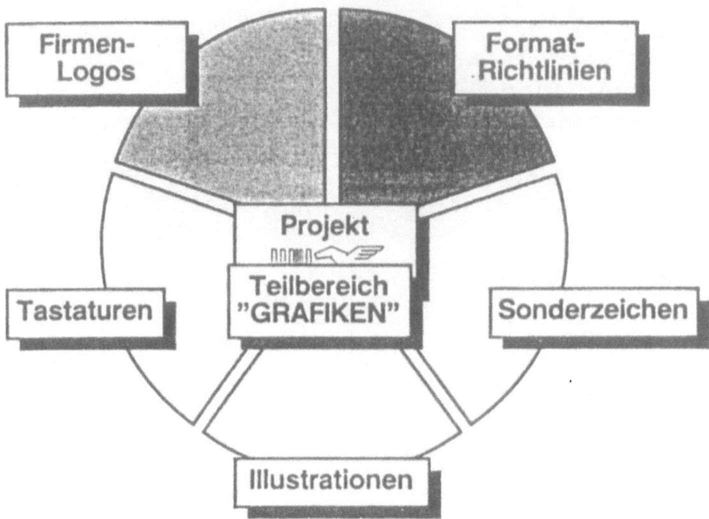

Abbildung 2: Aufbau des Teilbereiches "Grafiken"

Entsprechendes gilt für **alle** Teilbereiche des Projektes, hier zum Beispiel die Grafiken und kann sich auch in noch tiefer liegenden Ebenen wiederholen. Damit sind die organisatorischen Grundlagen für das computergestützte Publizieren gelegt.

Welche Auswirkungen dies für die Praxis hat, soll durch die nachfolgenden Ausführungen deutlich und durch die Beispiele auch sichtbar werden.

Bei diesen Ausführungen sollte das wesentliche Augenmerk auf die elektronische Verknüpfung von Text, Grafik und gerasterten Bildern zu einem vollständigen Dokument gelegt werden.

Den Elementen

- Fotosatz,
- Reinzeichnung und
- Rasterfoto

beim manuellen Seitenlayout entsprechen bei der Montage am Bildschirm

- der **Text** in verschiedenen Schriftarten und -größen
- die **Vektorgrafik** und
- die **Bitmap-Grafik**.

Diese Elemente werden unabhängig voneinander an verschiedenen Arbeitsplätzen erzeugt, befinden sich aber - wie bereits erwähnt - in ihren aktuellen Versionen in einer

gemeinsamen organisatorischen Einheit, dem "Aktenraum" bzw. den "Aktenschränken".

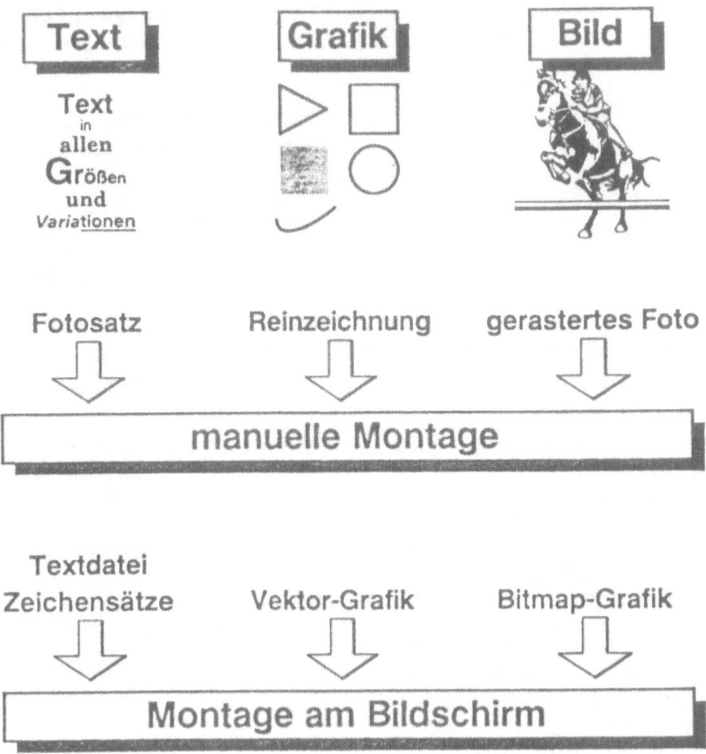

Abbildung 3: Hierarchischer bzw. paralleler Ablauf der Tätigkeiten

Aus den Aktenschränken heraus können die unabhängigen Elemente jederzeit im Seitenlayout elektronisch zu einer Einheit zusammengefügt werden. Die nachfolgende Abbildung zeigt nur einige Möglichkeiten der Freiheiten beim elektronischen Layout.

Die Seitenmontage kann an jedem Bildschirm des Arbeitsplatzes erfolgen. Sie ist also nicht an einem bestimmten Arbeitsplatz gebunden.

Die elektronische Montage erfolgt
- sofort
- ohne Mittler
- und damit ohne Qualitäts- und Zeitverlust.

Was sind die Begriffe System, Organismus, Ganzheitlichkeit und Netzwerk zu leisten imstande?

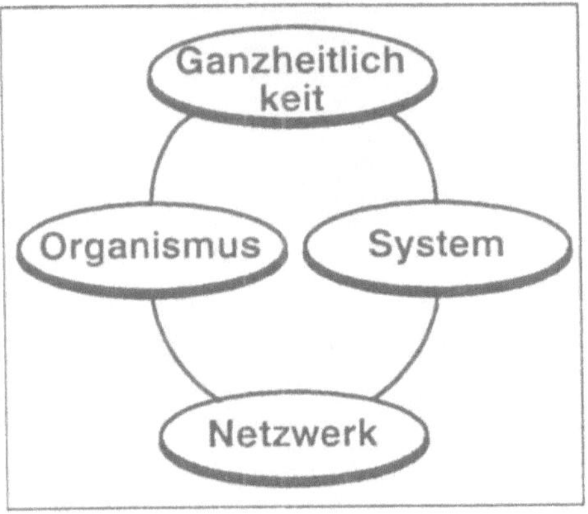

In einem System ist jeder Punkt mit vielen anderen vernetzt. Der Mensch etwa besteht nicht nur aus Organen und physiologischen Funktionen, sondern auch aus der Seele. Wenn ein Arzt nur auf eine Variable dieses Systems Einfluß nimmt, beeinflußt er immer auch alle anderen. Er muß deshalb immer das Ganze im Auge haben, muß ganzheitlich handeln und behandeln. Das ist gar nicht einfach. Ein Arzt muß sich bei heilenden Eingriffen auf einen oder mehrere, jedenfalls genau bestimmbare Punkte konzentrieren. Wenn er Medikamente verabreicht, muß er die Dosis bestimmen, wenn er operiert, muß er wissen, wo und wie, und welches Betäubungsmittel er einsetzt. Wenn er psychotherapeutische Maßnahmen ergreift, muß er wissen, welche und in welcher Intensität.

Gute Ärzte wissen, wie wenig sie heute über das System des menschlichen Organismus wissen. Sie verlassen sich auf ihre Intuition, weil sie nichts Besseres haben.

Will man die Komplexität eines Systems wie das des menschlichen Organismus aber in einem Modell abbilden, muß man ein riesiges Gleichungssystem konstruieren, das wiederum nur von ebensolchen Computern bewältigt werden kann.

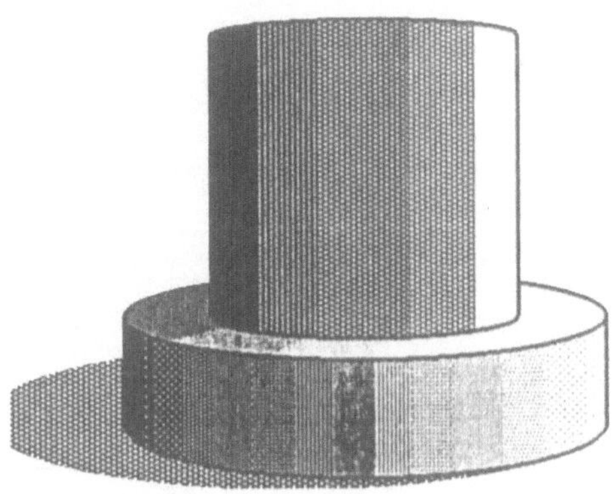

Wer der Vernetzung das Wort redet, muß ohnehin Computernetzwerke bejahen, ebenso wie eine möglichst lückenlose, maschinenlesbare Information über die Gesellschaft und ihre Mitglieder.

Abbildung 4: Beispiel für die Integration der einzelnen Layout-Komponenten

Die Layout-Komponenten

- Text,
- Grafik und
- Bild

sind auch nach ihrer Zusammenfügung jederzeit als Einzelelemente manipulierbar.

Welche neuen Freiheiten sich hierdurch für den Seitenumbruch ergeben, zeigt nachfolgende Gegenüberstellung.

	Manuelle Montage	Montage am Bildschirm
Text	Verschieben Drehen Kürzen	Verschieben Ändern von -Schriftart -Schriftgröße -Zeilenabstand -Textformat -Textblock
Grafik	Verschieben Drehen Beschneiden	Verschieben Vergrößern Verkleinern Dehnen/Stauchen Ändern von -Strichstärken -Rastern -Details
Bild	Verschieben Drehen Beschneiden	Verschieben Drehen Vergrößern Verkleinern Dehnen/Stauchen Verzerren Ändern von -Rastern -Bilddetails

Alle Manipulationsmöglichkeiten sind - wie bereits erwähnt - auch nach erfolgtem Seitenumbruch noch vorhanden.

Die Tatsache, daß alle Änderungen von Text, Grafik oder Bild auch am Bildschirm nachvollzogen oder besser **vor**geführt werden, bringt neben mehr Schnelligkeit und Flexibilität auch grundsätzliche Vorteile:

- Der Text kann beliebig verschoben und neu angeordnet werden.
- Schriftart, Schriftgröße, Zeilenabstand, Textformat, Textblöcke sind jederzeit änderbar.
- Grafiken können jederzeit verschoben, vergrößert, verkleinert, gedehnt, gestaucht werden.

- Strichstärken, Raster, Details können jederzeit geändert werden
- Bilder können jederzeit verschoben, vergrößert, verkleinert, gedehnt, gestaucht werden.
- Raster und Bilddetails können geändert werden.

Welche gestalterischen Möglichkeiten das computergestützte Publizieren für die Werbeabteilung, den Design-Bereich und die Druckerei bietet, kann mit den folgenden Beispielen nur angerissen werden.

Gestaltung von Overhead-Folien

Aus standardmäßig vorhandenen grafischen Elementen lassen sich auf einfachste Weise Präsentationsgrafiken, Schulungsunterlagen u.a. erstellen.

Eine Folie wie die nebenstehenden läßt sich beispielsweise innerhalb von wenigen Minuten von einem geübten Mitarbeiter am Bildschirm konstruieren und - was wesentlich ist - sofort über den Laser-Drucker auf eine Overhead-Folie ausgeben.

Hier bieten CAP-Systeme echte Erleichterungen für "Schnellschüsse".
- Wie oft muß buchstäblich in "letzter Sekunde" vor der Präsentation eines neuen Produktes noch das Präsentationsmaterial erstellt werden!
- Wie oft liegen erst in letzter Minute die technischen Details für ein präsentierendes Produkt vor!
- Wie oft fällt erst in letzter Minute "der Groschen", daß aus Marketinggründen ein anderes Detail eines Produktes hervorgehoben werden soll!

CAP-Systeme ermöglichen durch
    - den Zugriff auf Grafikelemente aus Datenbanken,
    - die vielfältigen Gestaltungsmöglichkeiten,
    - die sofortige Verfügbarkeit,
    - die unmittelbare Ausgabe auf dem gewünschten Material,

jederzeit die Erledigung von "In-letzter-Minute"-Aufträgen. Dabei können nicht nur Textelemente berücksichtigt werden. Auch Grafikelemente, die einmal konstruiert aus Datenbanken abgerufen werden, können schnell, ohne Hilfsmittel, auf elektronischem Wege montiert werden.

Gestaltung von Anzeigen, Werbeblättern

Vielfältige Gestaltungsmöglichkeiten tun sich erst bei der Gestaltung von Werbeanzeigen auf! Durch die unmittelbare Verfügbarkeit von Grafik-, Bild- sowie Textbausteinen in der Datenbank und die elektronische Montage am Bildschirm im echten

Wysiwyg-Verfahren

ergeben sich ungeahnte Gestaltungsmöglichkeiten und das unmittelbar, sofort!

Werbekampagnen

Ein weiteres Beispiel für die Anwendung von CAP-Systemen im Werbebereich ist die Gestaltung ganzer Werbekampagnen. Ein einmal mit dem Auftraggeber abgestimmtes Motiv kann in seinen vielfältigsten Erscheinungsformen für ganze Werbekampagnen benutzt werden. Nehmen wir als Beispiel hierzu die elektronisch gestalteten Spielkarten.

Ein Grand mit Vieren:

Die einzelnen Elemente der Grafik einschließlich des Firmenlogos wurden einmal gestaltet und in der Datenbank abgelegt.

Von dort wurden sie in den unterschiedlichen Anwendungen abgerufen.

Sie wurden:

- dupliziert,
- gedreht,
- modifiziert,
- vergrößert,
- verkleinert.

Kreativ-Design

Betrachten wir nun den Bereich des Kreativ-Designs. Gerade in diesem Bereich stoßen CAP-Systeme häufig noch auf wenig Gegenliebe, ja sogar auf strickte Ablehnung durch die Grafik-Designer. Oft ist die Rede von "kreativitätshemmend", ja sogar von "ideentötend". Ganz zu Unrecht - wie wir meinen. Betrachten Sie das CAP-System einfach als Ihr Hilfsmittel - wie den Zeichenstift und Papier!

Nehmen Sie den Bildschirm, den Lichtgriffel, die Maus - das ganze System - als Ihre Helfer!

Ihre Hilfsmittel lassen Sie Tausende von Ideen produzieren!

Jede kann elektronisch gespeichert werden.

Und die Idee ist reproduzierbar: so oft Sie wollen, so viel Sie wollen!

Entwurf von Titelbildern

Ein weiteres Beispiel für den Einsatz von CAP-Systemen im Design ist der Entwurf von Titelbildern für Prospekte oder Handbücher.

Nehmen wir folgende Aufgabenstellung aus der Praxis: Es sollte ein Titelblatt für ein Aktionspaket entworfen werden, nämlich:

Das mobile Mini-Büro,

bestehend aus einem netzunabhängigen tragbaren Computer einschließlich einer Software, die diesen Computer zum mobilen Mini-Büro macht (Textverarbeitung, Adreßverwaltung, Rechenmöglichkeiten usw). Gemeinsam mit dem Auftraggeber wurden am Bildschirm die einzelnen Komponenten,.
- Hintergrund,
- Computer,
- Schrift,

aus der Datenbank abgerufen und am Bildschirm durch Verschieben, Vergrößern, Verkleinern, Umstellen usw. so lange montiert, bis der Entwurf die Zustimmung aller Beteiligten fand.

Die obenstehende Grafik wurde nun als Vorgabe an eine Litho-Anstalt gegeben, die einen Farb-Titel aus der Vorlage gestaltete.

Das Ergebnis sehen Sie hier in einer Schwarz/weiß-Reproduktion.

TOSHIBA T1000

Das mobile Mini-Büro

Aus der eindeutigen Vorlage entstand ein ansprechender Titel. Das lange Hin und Her zwischen Auftraggeber, Designer und Litho-Anstalt entfiel voll und ganz.

Abschließend sei nun noch auf einige Techniken beim Design eingegangen, bei denen CAP-Systeme Problempunkte des bisherigen manuellen Designs eliminieren:

Ein häufiger Problempunkt in der Praxis ist das richtige Übereinandersetzen von
- Bild im Hintergrund und
- Text im Vordergrund.

Stellte man bei der manuellen Montage fest, daß der Text im schwarzen Hintergrund unterging, war ein neuer Fotosatz oder ein neu beschnittenes Bild fällig.

Solche Fehler sind am Bildschirm sehr leicht korrigierbar, etwa indem man für den Hintergrund eine passende Graustufe wählt und einige Modifikationen im Bild vornimmt.

Auch ein Form- und Kontursatz sind beim Computer-Aided-Publishing wesentlich besser zu kontrollieren und zu modifizieren:

Welche Vorteile bringt uns nun der Einsatz von CAP-Systemen?

Die vollständige Zusammenfassung aller CAP-Elemente zu einer integrierten CAP-Lösung ergab für uns folgende Systemvorteile, die teils bereits als Zielvorgaben definiert waren, zum Teil aber auch erst bei der Einführung der integrierten Lösung sichtbar wurden:

- Variation
Die unendliche und bedingungslose Variierbarkeit aller Elemente einer Publikation bis zur Ausgabe der Druckvorlage ermutigt zu Variationen des Erscheinungsbildes und führt schließlich zu einer optimalen Gestaltung und Integration von Text und Bild.

- Reproduktion
Da alle Eigenschaften eines Dokuments voneinander getrennt ansprechbar sind, werden von Änderungen ausschließlich die gewünschten Details betroffen.

Eine Publikation "leidet" nicht unter vielfachen Änderungen wie
-        Verlust von Textpassagen,

- Nachlassen der Bildqualität,
- Verlust der Übereinstimmung zwischen Text und Inhaltsverzeichnis

sondern bleibt auch nach mehreren Updates sauber und präzise.

- Kontrolle

Der optimale Entwurf am Bildschirm bzw. die Ausgabe des Laserdruckers oder Laserbelichters ist die endgültige Druckvorlage. Weitere Bearbeitungen in Satz- oder Layoutabteilungen sind überflüssig. Nachträgliche unbeabsichtigte Änderungen kommen somit nicht mehr vor. Durch die Zusammenfassung **aller** Projektteile in **einer** Einheit hat der Projektleiter **jederzeit** vollständig Überblick und damit Kontrolle über den aktuellen Stand des Projekts.

- Organisation

Die bereits vorgegebene Organisationsstruktur der Viewpoint-Software erzwingt eine Anpassung der betrieblichen Organisationsstruktur. Das wurde jedoch nicht als Nachteil empfunden, sondern als Anstoß für eine sinnvolle Neuorganisation. Dadurch wird ein geordnetes Arbeiten und überwichtliches Archivieren gezwungenermaßen praktiziert. Die prinzipielle Zugriffsmöglichkeit aller Arbeitsplätze auf alle Daten und Anwendungen vermeidet Doppelarbeit und ineffektive Sucherei.

- Präzision

Der Computer kann nichts schief montieren, was gerade werden soll. Die inherente Genauigkeit der elektronischen Bild- und Textelemente und ein Fangraster für die Montage am Bildschirm erlauben eine visuelle Präzisierung, die manuell kaum erreichbar ist.

Auch bei der Einhaltung von Terminen, Stückzahlen und nachträglichen Änderungen erhöht die verbesserte Projektübersicht die Genauigkeit der ausgeführten Arbeiten.

- Konzentration

Da alle CAP-Ressourcen an jedem Arbeitsplatz zur Verfügung stehen, werden Zeit, Wege und Kosten gespart. Nicht der Mitarbeiter läuft seinen Projektunterlagen hinterher, sondern diese ihm - und zwar mit der Geschwindigkeit des Ethernet (10 Mbit/s). Da jeder am Projekt Beteiligte auch die Arbeit der anderen einsehen kann, werden Fehlentwicklungen und zeifache Arbeit früh erkannt bzw. vermieden.

Zukünftige Entwicklungen im CAP

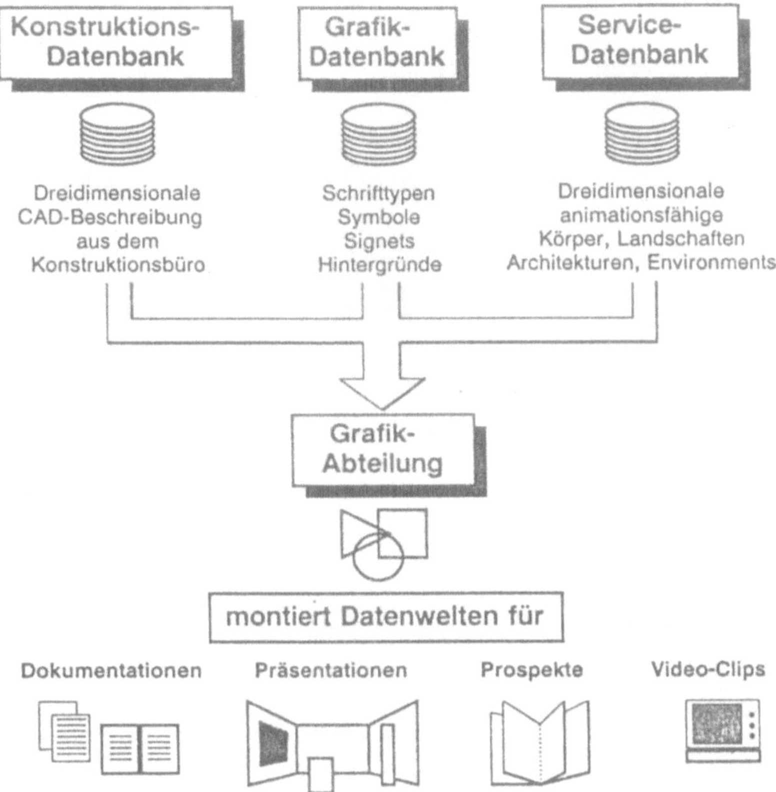

Abschließend sei noch ein kurzer Ausblick auf zukünftige Aspekte des CAP gegeben, um aufzuzeigen, wie rasant die Entwicklung weitergehen wird und welche Möglichkeiten die Zukunft bietet. Zur Zeit haben wir als Dienstleistungsunternehmen nur einen geringen Zugriff auf Informationen, die beim Auftraggeber im Hinblick auf unser Projekt bereits vorliegen. Wir besitzen jedoch beispielsweise bereits eine eigene Grafik- und Symbol-Datenbank, aus der wir Varianten für Projekte verschiedener Auftraggeber entnehmen. Die Entwicklung geht dahin, daß wir uns als Produzenten technischer Dokumentation die Daten der CAD-Abteilung des Auftraggebers als Grundlage unserer eigenen Arbeit auf dem elektronischen Wege übergeben lassen, um hieraus etwa Ansichten und Explosionszeichnungen zu generieren. In den USA existieren bereits Datenbanken, die sich auf die Vermarktung von animationsfähigen 3D-Strukturen (menschliche Körper, Landschaften, Architekturen) spezialisiert haben. Aus diesen Quellen werden sich in Zukunft immer mehr Teilbereiche des CAP speisen.

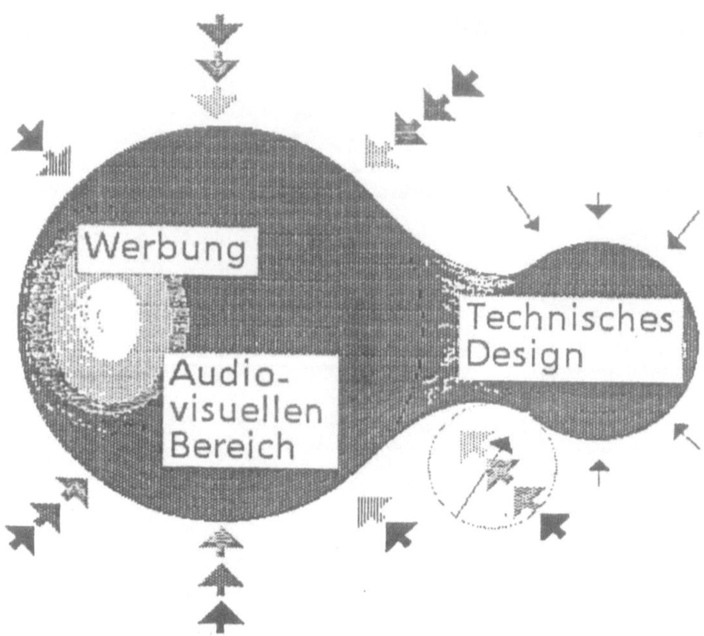

Über die gemeinsame Daten-Grundlage werden
- Technisches Design,
- Werbung,
- und der audiovisuelle Bereich

zusammenwachsen und nur noch an fließenden Grenzen zu unterscheiden sein.

Wie verbessern sich nun die Marktchancen eines CAP-Betriebes?

Durch die Einführung des integrierten Computer-Aided-Publishing wurde bei uns
- die Zeit zwischen Auftragsannahme und Lieferung der fertigen Dokumentation wesentlich verringert,
- die Effektivität der Mitarbeiter gesteigert,
- die Kosten vergleichbarer Dokumentationen gesenkt,
- ein vorher nicht gekanntes Niveau an Präzision und Flexibilität erreicht, das von unseren Kunden begeistert zur Kenntnis genommen wird.

Diese sehr positive Entwicklung unseres Unternehmens macht es uns zur Pflicht, auch in Zukunft zu den Vorreitern bei der Realisierung von CAP-Lösungen zu gehören.

Schwachstellen bei Publikationssystemen

Uwe Pape, Berlin

Unter Publikationssystemen verstehen wir in diesem Beitrag Systeme des Electronic Publishing, insbesondere Desktop Publishing Systeme. Die Grenzen zwischen diesen Klassen sind fließend und im folgenden von untergeordneter Bedeutung, weil die im einzelnen angesprochenen Schwächen in beiden Bereichen bestehen und nur unterschiedlich stark ausgeprägt sind.

Publikationssysteme sind Arbeitsplatzrechner mit einer besonderen Harware- und Software-Ausstattung zur Herstellung von Druckvorlagen. Sie entstanden aus konventionellen Rechnern durch Anpassung der Hardware an die Anforderungen der Drucktechnik und Entwicklung spezieller Software für das Bearbeiten von Texten und Graphiken.

Selbst ausgereifte Publikationssysteme sind noch mit Schwachstellen behaftet. Es gibt kein System, mit dem man alles machen kann. Im folgenden werden daher die wichtigsten Mängel und Schwächen der heute angebotenen Systeme näher betrachtet.

1. Hardware

Eingabemedien

Das für die Eingabe von Texten wichtigste Medium ist die **Tastatur.** Hier hat es in den letzten Jahren zahlreiche ergonomische Untersuchungen gegeben, die eine Anpassung der Tastaturen an die Haltung des menschlichen Körpers, vor allem an die der Arme, Hände und Finger, zur Folge hatte. Systeme der Bürokommunikation sind heute so weit ausgereift, daß genügend benutzerfreundliche Alternativen zur Auswahl stehen. Einige Tastaturen sind der Armbewegung so weit angepaßt, daß Funktionstasten und Ziffernblock nicht mehr in einer Linie mit der klassischen Schreibmaschinentastatur liegen.

Tastaturen von Fotosatzanlagen enthalten eine Vielzahl von **Funktionstasten,** die unverständlich sind, wenn man nicht mit der Bedienung derartiger Anlagen vertraut ist. Angeregt durch DTP mit wenigen Funktionstasten und einer sehr extensiven Mehrfachbelegung einzelner Tasten ist eine funktionelle Vereinfachung von Tastaturen und Satzbefehlssprachen bei Fotosatzanlagen zu erwarten. MOSAIC von Compugraphic ist ein interessantes Beispiel im Mittelfeld zwischen DTP und Fotosatz, mit dem System- und Job-Management einfach gesteuert werden können.

Eingabestationen im DTP-Bereich sind heute in der Regel mit einer **Maus** ausgerüstet. Sie dient der vereinfachten Ansteuerung von Menu-Komponenten, Textteilen und Bildelementen. In der grafischen Verarbeitung ist dieses Instrument unentbehrlich, in der Textverarbeitung sind ergonomische Schwächen nicht zu leugnen, weil gut angeordnete Funktionstasten (neben und nicht über der zentralen Tastatur) und Cursortasten für Zeilen, Absätze und Seiten für eine Textmanipulation besser geeignet sind. Bei der Bildverarbeitung mangelt es bei der Maus häufig an der Genauigkeit, wenn die Bedienung ohne Zahlenkontrolle erfolgt.

DTP-Systeme sollen über **Scanner** verfügen, mit denen die Eingabe von Stichzeichnungen (Logos) und Halbtonbildern möglich ist. Die Auflösung reicht bis 800 dpi. Bei Strichgrafiken entspricht die Qualität der heute gängigen Laser-Drucker. Dagegen weisen gescannte Halbtonbilder durchweg erhebliche Mängel auf: Flecken und Streifen sind nicht selten. Auch ist es bei diesen Systemen erforderlich, die Größe von Halbtonbildern so vorzugeben, wie diese später in der Ausgabe erscheinen sollen. Halbtonbilder werden in der Regel direkt gerastert und nicht als Halbtonbild übernommen, so daß Vergrößerungen und Verkleinerungen zu einer Veränderung der Graustufen führen würden.

Die in der Reprotechnik eingesetzten **Rotations-Scanner** sind technisch so weit ausgereift, daß man heute bemüht ist, die hohen Kosten durch eine Trennung der Arbeitsvorbereitung von der Produktion zu senken. Das auf der Imprinta 1988 von Hell vorgestellte Konzept ist ein bemerkenswerter Schritt in diese Richtung.

Grafiker wollen gerne unabhängig von Scannern sein. Ihre Vorstellung geht dahin, mit einem Stift freihändig ein Motiv zu skizzieren, das auf Papier und Bildschirm gleichzeitig entsteht. Wünschenswert wäre auch, wenn der Druck des Stiftes auf die Papieroberfläche die Breite des Striches auf dem Bildschirm bestimmt. Heute muß die Strichbreite über einen Schalter vorgewählt werden.

Bildschirm

Alle heute auf dem Markt befindlichen Bildschirme kranken an einer zu geringen Auflösung. Dies gilt nicht nur für die kleinen 12-Zoll- oder 14-Zoll-Geräte, die für eine Echtschriftdarstellung so gut wie ungeeignet sind, sondern auch für sogenannte Ganzseiten-Bildschirme, A3-Monitore und 19-Zoll- bzw. 21-Zoll-Bildschirme bekannter Workstations mit etwas mehr als 1000 * 1000 Punkten. Dieser Mangel ist technisch und finanziell bedingt und muß heute noch als Kompromiß akzeptiert werden. Da es bei Publikationssystemen in erster Linie auf eine hohe Ausgabe-Qualität ankommt, wird man bei Bildschirmen eher als bei Druckern zu Zugeständnissen bereit sein.

Prozessoren

Obwohl in den vergangenen Jahren auf dem Gebiet der Entwicklung von Mikroprozessoren große Fortschritte erzielt werden konnten, wird man immer noch die **geringe Geschwindigkeit** der RIPs (Raster Image Processor) bemängeln. Mit der immer komplexeren Software werden die Vorteile neuer 32-Bit-Rechner gerade aufgewogen; für die Verarbeitung von Graphik sind die Prozessoren immer noch zu langsam.

Bei der Verarbeitung graphischer Daten, insbesondere hochauflösender Bilder, ist selbst bei hochwertigen Anlagen die **langsame Bildaufzeichnung** ein immer noch bedrückendes Hindernis. Die im Software-Bereich hier heute führenden Chromacom-Systeme von Hell mit Prozeßrechnern von Siemens machen das Erfordernis spezieller Graphikprozessoren und den Einsatz moderner Mehrprozessortechnik erforderlich.

Arbeitsspeicher und Massenspeicher

Der Adreßraum von 32-Bit-Prozessoren reicht aus, um selbst größere Software-Pakete der Textverarbeitung, der Layoutprogrammierung und Präsentationsgrafik sowie umfangreiche Datenbestände simultan im **Arbeitsspeicher** zu halten. Hier sind die größten Engpässe, wie sie in den letzten Jahren noch zu beobachten waren, behoben.

Für **hochauflösende Bilder** sind jedoch weit leistungsfähigere Systeme wie beispielsweise eine VAX 8000 erforderlich. Diese Rechner haben aufgrund der

Busstruktur und Chip-Kapazität ihre Grenzen bei 32 MB, was für Bilder im 90er Raster - hier können die Punkte vom Betrachter nicht mehr wahrgenommen werden - keinesfalls aureicht.

Auf dem Gebiet der **Massenspeicher** gibt es keine wesentlichen Schwachstellen mehr, von der gegenüber Arbeitsspeichern langen Zugriffszeit einmal abgesehen. Selbst Personal Computer der 16-Bit-Klasse sind heute durchweg mit Festplatten ausgerüstet, die eine für die semi-professionelle Bürokommunikation ausreichende Kapazität (z.B. 40 MB) aufweisen. Größere Systeme lassen sich mit Festplatten ausstatten, die fast den GB-Bereich erreichen und so den Aufbau zumindest kleiner Bildarchive ermöglichen.

Für die Vorhaltung größerer Bild-Datenbestände, beispielsweise im Reprobetrieben und Patentämtern, ist der Einsatz optischer Platten (CD-ROM = nur lesbare Platten, WORM = einmal beschreibbare Platten) unumgänglich. Die Speicherkapazität liegt bei 2,1 GB bis 3,2 GB für eine 12-Zoll-Platte, die Zugrifszeit entsprechend zwischen 0,3 und 0,8 Sekunden. Heute sind bereits die ersten Systeme mit Jukeboxen mit 100 Plattenoberflächen auf dem Markt. Das entspricht 160 GB. Allerdings ist der Zugriff auf eine Platte recht langsam. Für das Einlegen einer neuen Platte benötigt eine Jukebox 8 Sekunden.

Drucker und Belichter

Die auf dem Markt erhältlichen **Non-Impact-Drucker** wie Laser-Drucker und Tintenstrahldrucker mit 300 bis 400 dpi werden allgemein als ausreichend bezeichnet. In der Tat ist die Qualität dieser Drucker gegenüber herkömmlichen Nadeldruckern und die Flexibilität gegenüber Typenraddruckern bestechend. Bei Licht betrachtet ist die Auflösung allerdings nicht ausreichend, weil kleine Schriften, etwa in der Größe von 6 Punkt oder 7 Punkt, nicht mit der erforderlichen Genauigkeit wiedergegeben werden können. Hier ist man auf eine anschließende fotografische Verkleinerung größerer Schriften angewiesen.

In DTP-Systemen ist dies kein großes Hindernis, denn man wird nur selten Schriften kleiner als 8 Punkt darstellen wollen. Die Auflösung von 300 Zeilen ist dann ausreichend, insbesondere bei den reduzierten Qualitätsansprüchen im Büro- und Business-Bereich.

Kommunikation

Der Wirkungsgrad von Publikationssystemen kommt erst voll zum Tragen, wenn die am Herstellungsprozeß beteiligten Systeme durch **Netze** untereinander verbunden sind. Dies gilt sowohl für Zeitungs- und Zeitschriften-Verlage im Rahmen eines Local Area Network als auch für die Vernetzung von Auftraggebern mit Reprobetrieben, Betrieben für Layotsatz und Mengensatz, Andruckstudios und Druckereien über ein Breitband-ISDN.

Für die reine Textkommunikation stehen heute Koaxial- und Glasfaserkabel mit niedrigen Übertragungsraten zur Verfügung. Für eine schnelle Bildkommunikation fehlt es noch an der Infrastruktur und an der Software. Hier haben **ISDN-B-Projekte** mit einer Übertragungsrate von 140 Mb/s wie BERKOM (Berlin) und DRUCKKOM (Frankfurt am Main) zukunftsweisende Bedeutung.

2. Software

Texterfassung

Die Texterfassung erfolgt in der Regel über die **Tastatur** des Rechners. Dabei werden die angeschlagenen Zeichen im Arbeitsspeicher gespeichert, und in größeren Abständen wird der erfaßte Text auf der Festplatte gesichert. Das WYSIWYG-Prinzip erfordert eine umgehende Addition der Diktenwerte und nach Abschluß einer Zeile die Errechnung der Wortzwischenräume. Jede Veränderung im Text hat eine Neuberechnung zur Folge.

Die Texterfassung kann aber auch auf anderen Geräten erfolgen und der Text dann über **Diskette** oder ein **Netz** importiert werden. Diese Erfassung ist nur dann wirtschaftlich einsetzbar, wenn Steuerzeichen für die Auszeichnung in der vom Zielrechner zu erkennenden Form in den Quelltext eingefügt werden. Dies ist in Ermanglung standardisierter Software notwendig, für den Autor aber in der Regel mit zusätzlichem Aufwand verbunden. Satzbetriebe werden sich langfristig gesehen auf die Datenübernahme bereits erfaßter Manuskripte umstellen müssen.

Ein in der Wirtschaft wichtiges Anwendungsgebiet ist der Import von Dateien aus anderen **Software-Systemen**. DTP-Systeme wie Pagemaker und Ventura enthalten die erforderlichen Konvertierungsroutinen für gängige Softwarepakete, und Hersteller von

Fotosetzmaschinen bieten seit kurzem angesichts des DTP-Einflusses Hilfestellung bei der Umsetzung von Textdateien.

Liegt ein Text als Schreibmaschinenmanuskript, aber nicht elektronisch gespeichert vor, so kann der Text über einen **Scanner** eingelesen werden. Dieses Verfahren empfiehlt sich nur bei guten Vorlagen, weil andernfalls zu viele Zeichen als falsch oder möglicherweise falsch erkannt werden. Die sich anschließende Überarbeitung der gescannten Texte kann daher sehr zeitraubend sein.

Wie bei den meisten Fotosetzmaschinen sollte es möglich sein, **mehrere Spalten** zu bearbeiten. Gängige Layoutprogramme bieten diese Möglichkeit standardmäßig an. Innerhalb der Spalten muß jede Setzart (ausgeschlossen, links- und rechtsbündig, auf Mitte) möglich sein, auch Unterschneiden und Ansperren.

Europäische Sprachen mit **Sonderzeichen** können in der Regel nicht dargestellt werden, auch wenn fliegende Akzente verwendet werden. So ist es beispielsweise nicht einfach möglich, Buchstaben der polnischen Sprache darzustellen, die es in unserer Sprache nicht gibt. Hierzu gehören das durchstrichene l und das a mit Cedille.

Typografie

In DTP-Systemen fehlt es an guten Schriften. Text- und Layoutprogramme bieten selten mehr an als Times und Helvetica in nur wenigen Auszeichnungsarten und in wenigen gängigen Größen. Das Angebot sollte unbedingt erweitert werden, insbesondere was die Zahl der **Schriftformen** und die Flexibilität der **Größen** anbetrifft. Junge Menschen suchen gerne nach Alternativen zur Helvetica, und für den Buchdruck sollten klassische Schriften wie beispielsweise die Garamond zur Verfügung stehen. Nicht die Anzahl gibt hier den Ausschlag, sondern ein angemessener Grundbestand.

Aber damit ist es nicht getan. In der Werbung, wo sehr häufig serifenlose Schriften angewendet werden, fehlt als an einer hinreichenden Zahl von Mitgliedern einer **Schriftenfamilie.** Insbesondere vermißt man verschiedene Stärken (mager, leicht etc.) und unterschiedliche Schnittbreiten. So gibt es bis heute keine DTP-Software mit einer breitlaufenden leichten Helvetica.

Unerläßlich sind verschiedene Formen der Auszeichnung. *Kursiv* ist die beliebteste Art und in allen wichtigen Systemen heute verfügbar. Eine für den Buchsatz wichtige Form der Auszeichnung sind KAPITÄLCHEN. Sie geben durch ihr ausgeglichenes Schriftbild eine gute Gliederung und sind besonders für Namen und römische Zahlen geeignet. Kursiv und Kapitälchen werden gerne gemischt, beispielsweise in Texten, in denen Ortsnamen und Personennamen unterschiedlich ausgezeichnet werden sollen. Eine **fettere** Schrift (halbfett, fett) ist als Betonung von Stichworten gut brauchbar, weil sie sich deutlich von der Stammschrift abhebt. Auch für Überschriften wird sie gerne verwendet.

In gängigen DTP-Systemen finden sich in der Regel halbfette und kursive Schriften, Kapitälchen dagegen seltener. Bieten die Hersteller andere Stärken und Breiten an, so fehlt es selbst an den gängigen Auszeichnungsarten. Software zur **Generierung** eigener Schriften als einzige Alternative muß abgelehnt werden.

Eine weitere, oft verschwiegene Schwachstelle ist der Mangel an **Symbolen** und Symbolschriften. In wissenschaftlichen Texten, insbesondere aus dem naturwissenschaftlichen Bereich, werden nicht selten griechische Buchstaben oder solche in Fraktur (deutsche Schrift) verwendet. Für die Darstellung von Formeln werden besondere Softwarepakete angeboten. Sind diese nicht zugänglich, so fehlt es oft an den wichtigsten mathematischen Symbolen oder an eckigen und geschweiften Klammern unterschiedlicher Größe.

Silbentrennung

An guten Algorithmen zur Silbentrennung mangelt es heute nicht. Da aber die meisten DTP-Systeme in Amerika entstanden sind und der deutsche Markt vergleichsweise klein ist, war man jenseits des Atlantiks kaum an deutschen Silbentrennprogrammen interessiert. Erst die stärkere Nachfrage in den vergangenen Jahren führte dazu, daß eine gute **Silbentrennung** angeboten wird.

Selbst die besten Silbentrennprogramme versagen bei der Trennung zusammengesetzter Wörter. Hier ist ein **Ausnahmelexikon** unerläßlich, das auch dem Benutzer zugänglich ist, damit er Ausnahmen selbst speichern kann.

Ein weiteres interessantes Hilfsmittel ist ein **Spelling Checker**, ein Prüfprogramm, das Schreibfehler im Text aufzudecken versucht. Hier gibt es bemerkenswerte Ansätze, beispielsweise mit Hilfe von Trigrammen, die sehr effizient sind, weil sie unabhängig von einem Wörterbuch arbeiten. Werden Wörterbücher zur Hilfe genommen, so ist eine hierarchische Aufgliederung zu empfehlen. So können 50% aller in einem deutschen Text auftretenden Wörter mit einem Lexikon von nur 500 Wörtern abgedeckt werden, das daher arbeitsspeicherresident sein sollte.

Nicht uninteressant sind auch Programme, die als **Spelling Corrector** bezeichnet werden. Techniken dieser Art bieten nach einer Wortanalyse eine Auswahl korrekter Alternativen zu falsch geschriebenen Wörtern an.

Auf dem Gebiet der Textanalyse mangelt es noch sehr an guten Programmen. Man muß heute froh sein, wenn die im Einsatz befindlichen Silbentrenn-Algorithmen nicht gar zu schlecht sind. In allen Fällen ist ein nachträgliches Korrekturlesen unvermeidbar.

Ausgabe

Mit der Entwicklung von Laserdruckern wurde ein großer Fortschritt auf dem Gebiet der preiswerten Textausgabe erzielt. Die durch Tonerqualitäten bedingte geringe Auflösung läßt sich softwareseitig nicht verbessern. Allerdings ist für einen einwandfreien Betrieb eines Publikationssystems die genaue **Übereinstimmung** der Schriften im Rechner und im Drucker eine wichtige Voraussetzung. Gibt es hier Abweichungen, so stimmen das Bild auf dem Bildschirm und nach dem Druck nicht überein. Es gibt Verzerrungen bei der Ausgabe oder sogar einen anderen Zeilenumbruch.

Diese Schwachstelle hat ein noch größeres Ausmaß bei Belichtungsgeräten. Fotosatzbelichter arbeiten mit einem Kathodenstrahl, der entweder ein Schriftnegativ auf einer Glasplatte abtastet oder digital codierte bzw. über ein Programm generierte Zeichen auf einen Film überträgt. Die **Ansteuerung** verschiedener Fotosatzbelichter ist oft nicht hinreichend gut entwickelt. Bei Maschinen für Mengensatz ist man immer auf das Schriftenprogramm der Maschienhersteller angewiesen. Es dürfte nur eine Frage der Zeit sein, bis auch angemessene Qualitätswünsche in DTP-Systemen analog zu integrierten Lichtsatzsystemen befriedigt werden können.

Desktop Publishing - Chance, Mode oder Konkurrenz zur Grafischen Industrie?

Jörg D. Ganz, Berlin

Durch die neuen Computeranwendungen und die Kommuniktionstechnik verschwinden zunehmend die Grenzen zwischen der Bürokommunikation und der im grafischen Gewerbe bislang genutzten Satztechniken. Die rasante Technologie-Entwicklung stellt für alle im grafischen Gewerbe Tätigen eine Herausforderung dar.

Desktop Publishing (neuerdings auch CAP - computer aided publishing) war in seinen Anfängen nur Insidern bekannt, die mit viel Einsatz und ebensovielen Enttäuschungen das Thema in alle seinen Entwicklungsstadien vorangetrieben haben.

Nur durch die Nutzung des technischen Fortschritts kann die Wettbewerbsfähigkeit bei sich ständig verändernden Marktstrukturen erhalten werden. Die enge Verzahnung von Büro-, Druck-, Satz- und Telekommunikationsanwendungen, sowohl von der organisatorischen als auch der technischen Seite, überfordert heute viele Entscheider.

Die heute am Markt befindlichen Desktop Publishing (DTP)-Systeme stellen inzwischen eine Konkurrenz zu den bislang eingesetzten Satzsystemen dar. Die Qualität, die von Personal Computern und Laser-Druckern geboten wird, hält kritischen Bewertungen stand. Zwar wird durch DTP-Anwendungen in vielen Büros die Druckerei nicht arbeitslos werden, jedoch werden sich professionelle Grafiker und Setzer umorientieren müssen.

Wer die Entwicklung, und sei es auch nur am Rande, verfolgt hat, erinnert sich noch an den Boom der Homecomputer, die plötzlich vielen Anwendern die Möglichkeit brächten, eigenes Gedankengut beruflich und privat mit Hilfe preiswerter Systeme zu Papier zu bringen.

Ähnlich verlief die Entwicklung auf dem PC-Sektor. Personalcomputer, die erst nur für bestimmte abteilungsinterne Aufgaben angeschafft wurden, erhielten aufgrund des breitgefächerten Softwareangebotes immer mehr Aufgaben zugewiesen. So war der nächste Schritt zwingend.

Es gab die ersten Konvertierungseinheiten und -programme, um PC-Daten für Fotosatzanlagen lesbar und verarbeitbar zu machen (wenn auch diese Konvertierungseinheiten 20.000 und mehr DM kosteten). Die Störanfälligkeit und Bedienproblematik dieser Systeme hat keine großen Absatzzahlen ermöglicht.

Gleichzeitig wurden die Systeme und Text-Programme aus dem Bereich der Bürokommunikation mit immer mehr Funktionen ausgestattet, die bis dahin nur dem Fotosatz vorbehalten waren (automatische Seitennumerierung, Auszeichnung, Fußnoten, Umbruch). Zusätzlich steigerte sich die Qualität der Drucker. Das papierlose Büro ist damit bislang nicht realisiert worden. Im Gegenteil. So war absehbar, daß die Systeme eines Tages zusammenfließen würden. Der erste Schritt dazu ist Desktop Publishing in seiner heutigen Form.

Es ist absehbar, daß uns wieder eine Flut von Publikationen überschwemmen wird, die bisher aus Kostengründen nicht erschienen sind. In dem Bereich DTP sind natürlich Anwender zu finden, die Begriffe wie Duktus, Hurenkind, Fleisch nicht mit ihrer Publikation in Zusammenhang bringen. Entsprechendes gilt für das "vernünftige Aussehen".

DTP und die grafische Industrie

Eine fundierte DTP-Ausbildung mit Vermittlung der grafischen Grundkenntnisse ist, auch im Hinblick auf die Vielfalt der Programme, unerläßlich.

Dementsprechend bringen Kräfte aus der Werbung und der grafischen Industrie die besten Voraussetzungen für DTP mit. Obwohl während DTP-Schulungen festgestellt werden mußte, daß gerade die traditionellen Satzverarbeiter mit der neuen Begriffswelt ihre Schwierigkeiten haben, da sie plötzlich auf das gesamte Erzeugnis Einfluß haben und nicht nur auf den kleinen Teil der Textverarbeitung.

Hier ist die Chance für die grafische Industrie am größten, da die Betriebe ihrer Klientel einen schnellen zusätzlichen Service bieten können bei kurzfristigen Präsentationen und kleinen Auflagen oder bei Logo- und Signetentwicklungen. Auf dieser Schiene ist auch ein vernünftiger Einstieg und ein langsamer Umstieg in die neue DTP-Welt realisierbar.

Vor dem Sprung ins kalte Wasser des DTP-Enthusiasmus sei gewarnt. Das Erfolgserlebnis der gestalteten 5-Minuten-Seite zeigt nichts von den Schwierigkeiten in der täglichen Produktion. Da die Komponenten (Computer, Software, Peripherie) von vielen verschiedenen Anbietern kommen, fühlt sich letztendlich keiner der Händler für auftretende Mängel verantwortlich. Eine fundierte Beratung entscheidet über Sein oder Nichtsein.

Der Einstieg in DTP ist preiswert zu haben und bringt auch gute Ergebnisse. Zur Zeit geht der Trend in Richtung DTP-/Fotosatz-Betriebe. Parallel dazu etablieren sich Dienstleistungsfirmen, die einen Belichterservice anbieten, denn die Belichtungskapazitäten sind von Einzelunternehmen kaum noch auszulasten und die Anschaffungspreise für Belichter mit der gesamten Schriftenbibliothek sind immens. Da zur Imprinta einige weitere Fotosatzanlagenhersteller PostScript-fähige Belichter auf den Markt gebracht haben, ist jedoch auch hier zukünftig mit Preiskorrekturen zu rechnen. Das weiteren bieten immer mehr bekannte Hersteller Anbindungen ihrer Geräte an DTP-Einheiten an.

Daß DTP nicht nur eine Mode bleibt, ist schon daran zu sehen, daß es bereits eine Reihe von Zeitungen, Zeitschriften und Büchern gibt, die in DTP erstellt werden. In diesem Zusammenhang sind auch die vielen Publikationen wie Infoblätter, Preislisten, Hausmitteilungen u.a. zu sehen, die bisher nur in Form von Computerausdrucken (mit entsprechend schlechter Qualität) verbreitet wurden und jetzt ein "vernünftiges" Aussehen erhalten.

Auf DTP sind verschiedene Weiterbildungs-Institutionen eingegangen, die Aus- und Fortbildungskurse anbieten. Auch die Arbeitsämter fördern in der Zwischenzeit diese Ausbildung.

Was bringt die Zukunft

Der Zugriff auf integrierte Programme, die Text-, Bild und Grafikverarbeitung zulassen, wird sich voraussichtlich zuerst im Bereich DTP vollziehen. Es gibt bereits Scanner mit einer Auflösung von 800 dpi (ausreichend für Bilder) und Laserdrucker mit 600 dpi-Auflösung. Wem die "normale"Festplatte mit 20 MB Speicherkapazität nicht ausreicht, kann eine Festplatte mit 600 MB Speicherkapazität als Datenspeicher nutzen. Wenn auch immer Apple als die Mutter des DTP bezeichnet wird, darf man die MS-DOS-PC-Ebene nicht außer acht lassen.

In diesem Bereich ist der größte Umschwung zu erwarten. Bei weltweit etwa 10 Mill. verkauften Geräten, und der Unruhe, die DTP auch hier brachte, arbeiten die

Softwarehäuser mit Hochdruck an der Entwicklung neuer Programme, um den Vorsprung der Apple-Welt mit seiner Programmvielfalt einzuholen.

Interessant und schnelles Arbeiten wird erst richtig mit den PCs unter dem Betriebssystem OS/2 (von IBM) möglich sein, daß dann Multitasking (Mehrprozessorbetrieb) erlaubt und die Möglichkeit zur Hintergrundverarbeitung anderer Programme schafft. DTP-Programme auf dieser Oberfläche werden ein vielfaches an Features bieten.

OS/S ist mit der Zielrichtung der Vernetzung und Anschluß an Großrechner konzipiert (DTP-Arbeiten zum Belichterservice schicken? Kein Problem). Die Erfahrung mit Computern hat aber auch gezeigt: Neues System, neues Problem.

...MS-DOS?

Was wird aus MS/PC-DOS. Zuse und seinen Jüngern sei es gedankt. Die "alten" unter MS/PC-DOS laufenden Programme können auch auf der neuen Systemebene weiterbenutzt werden.

Durch das Zusammefließen der verschiedenen Bereiche Bürokommunikation, EDV-Anwender und grafische Industrie wird sich die Situation auf dem Markt verschärfen. Denn die Voraussetzungen für DTP sind bei allen vorhanden. Ausschlaggebend wird Ausbildung, Qualität und Service werden.

Waren noch Mitte 1987 rund 90 DTP-Programme am Markt (ein Großteil davon hatte allerdings nur Spielwert), enthält die Liste jetzt bereits fast 200 Programme.

Ähnlich ist es auf dem Markt der Laser-Drucker. Von 44 Anbietern werden fast 150 Laser-Drucker angeboten.

Aus all den vorgenannten Gründen kann man folgern: Abwarten! Dem kann man jedoch nicht zustimmen. Wer jetzt den Einstieg in DTP vornimmt, sammelt Erfahrungen, die der spätere Anwender sich vermitteln lassen muß und die ihm (auf vielleicht anderer Systemoberfläche) nie zur Verfügung stehen werden. Denn Produktion hat auch immer ein wenig mit Improvisation zu tun und der " alte Trick 17" existiert in jedem Betrieb.

Die Vielzahl von Möglichkeiten, die DTP-Systeme bieten, eröffnen gerade kleinen und mittelgroßen Druckereien neue Chancen.

In Druckereien können im Kleinauflagenbereich, wie z.B. unternehmensinterne Rundbriefe, Preislisten, Speisekarten, Formulare oder auch bei Werbebriefen Umsatzeinbußen auftreten. In diesen Bereichen werden die Unternehmen künftig nicht mehr so stark auf externe Druckereien, bzw. andere Dienstleistungen angewiesen sein, sondern mit leistungsfähigen Laser-Druckern selbst produzieren können.

Das grafische Gewerbe hat jedoch die Möglichkeit, sich selbst mit diesen Systemen auszustatten, um diesem Kleinauflagenbereich auch zukünftig wirtschaftlich und flexibel mitzuhalten.

Mittels DTP eröffnet sich den Druckereien eine Chance, den Dienstleistungsbereich zu erweitern und kleinere Auflagen wirtschaftlich zu erstellen.

Bei einem zunehmenden Qualitätswettbewerb werden jedoch wieder zunehmend die Ressourcen des grafischen Gewerbes genutzt werden.

Wenn eine kleinere Druckerei ihre Chancen nutzen und das Geschäft ausbauen will, so muß eine entsprechende Systeminfrastruktur vorhanden sein. Dazu gehört, daß die Texte und Daten von Kunden in perfekte Druckergebnisse umgewandelt werden können. Die Themen Datenvernübertragung und Datenübernahme werden zukünftig daher noch an Bedeutung gewinnen.

Praxisanwendungen und Lösungsansätze für die Integration von Vektor- und Freihandgrafik in Publikationen

Gerda Figge, Weeze

Wir stellen fabrikationsmäßig Dokumentationen für rechnergesteuerte Anlagen und Systeme her.

Dazu gehören

- Systembeschreibungen,
- Servicehandbücher,
- Benutzerhandbücher,
- Programmierhandbücher,
- Bedienungsanleitungen.

Dazu gehören aber auch:

- Trainingsunterlagen,
- Schulungsunterlagen,
- Vortragsdokumentationen,
- wie beispielsweise Overhead-Foliensätze,
- Verkaufsunterlagen.

Daneben unterhält die DATAscript GmbH ein eigenes Institut für Informations und Kommunikationstechnik, in dem ständig eine Vielzahl von Seminaren über Informations- und Kommunikationstechniken stattfinden. Aus dieser kurzen Vorstellung unseres Unternehmens können Sie sicherlich ableiten, daß die Integration von Grafiken in Dokumente zu unserer normalen Tagesarbeit gehört. In den nun fast 11 Jahren des Bestehens unseres Unternehmens haben wir alle Phasen und Techniken der Bildmontage miterlebt:

Wir haben

- geschnippelt
- und geklebt,

- zwischendrin kopiert
- und wieder geschnippelt
- und geklebt.

Oft entstanden Collagen mit mehr als fünf Schichten. In uns aber enstand eine Idee, eine vage Vorstellung, aus der eine Zielsetzung wurde:

Ein Buch zu schreiben, und mit Bildern zu versehen und dies alles zu tun, ohne Papier zu benutzen!

Ist dies auch heute noch eine Phantasterei, ein Wunschtraum oder ist es bereits Realität?

Diese Fragen, die wir vor einigen Jahren eindeutig mit NEIN beantworten mußten, können wir heute bejahen; denn die moderne Bürotechnik macht es möglich, ein gesamtes Werk

- ohne Korrekturfahne,
- ohne Schere,
- ohne Kleber
- und ohne Retouche-Pinsel
- komplett fertig zu stellen.

An eine komfortable Textbearbeitung und Textverarbeitung haben wir uns seit langem gewöhnt. Sie ist uns selbstverständlich geworden. Wir kennen Grafikprogramme, die auf einfachen PCs lauffähig sind. Aber erst die Integration von elektronisch gespeicherter Grafik in fertiggstellte elektronisch gespeicherte Werke ist die einzig wahre Lösung.

Denn nur die elektronische Speicherung aller Fakten eines Werkes ermöglicht uns, die Gesamtkontrolle über das Werk während der Produktion. Dies ist eine wesentliche Voraussetzung für die fabrikationsmäßige Produktion der Dokumentation.

Betrachten wir einmal die zur Verfügung stehenden Betriebsmittel, so zeigt der Einzelplatz sofort erkennbare Schwächen. Welcher Grafiker ist so sprach- und schriftgewandt, Texte für einen ausgewählten Adressatenkreis zu schreiben? Welcher Autor hat die Fähigkeiten einen Vorgang oder einen Sachverhalt grafisch darzustellen? Sicher gibt es genug Aufgaben, für deren Lösung der Einsatz eines Einzelplatzssystems

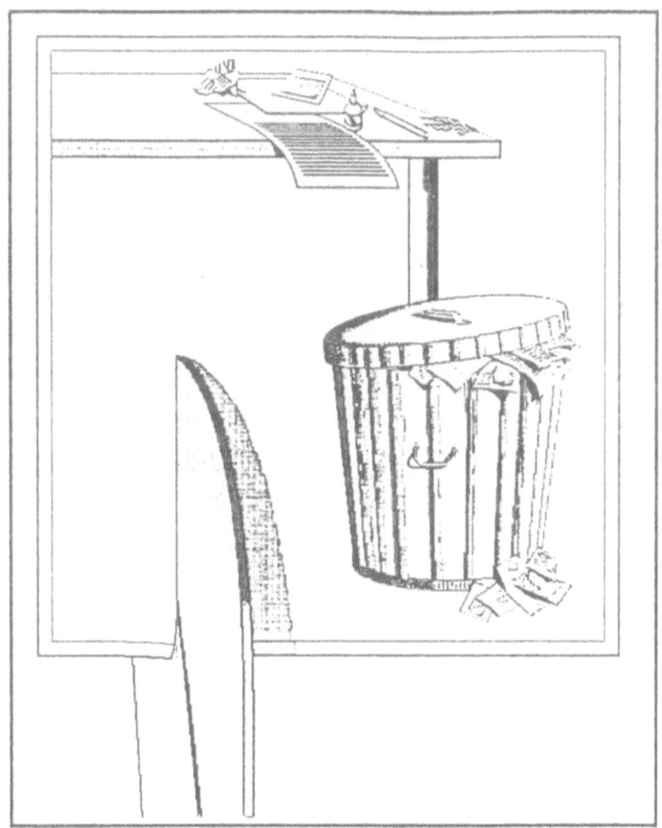

Abbildung 1: Die traditionellen Werkzeuge des Grafik-Designers

ausreichend ist. Die wirtschaftliche Produktion von Werken aus Text und Grafik in einer Dokumentationsfabrik ist jedoch nur dann möglich, wenn jeder Mitarbeiter für seinen Aufgabenbereich seinen eigenen Arbeitsplatz hat und alle Arbeitsplätze durch Vernetzung miteinander verbunden sind.

Alle Arbeitsplätze sind in ihrer Architektur gleich. Sie unterscheiden sich lediglich durch die Aufgaben, die an ihnen bearbeitet werden.

Diese Struktur führt zu einer hohen Bediensicherheit, da unabhängig von der Tätigkeit am Arbeitsplatz immer die gleiche Basis-Bedienunterweisung stattfinden kann. Die Redaktion ist für Übersetzung, Erarbeitung, Erfassung und Korrektur des Schriftgutes zuständig. Hier sind fünf Arbeitsplätze installiert. Der Grafikstube sind zwei Ar-

Dokumentationsfabrik

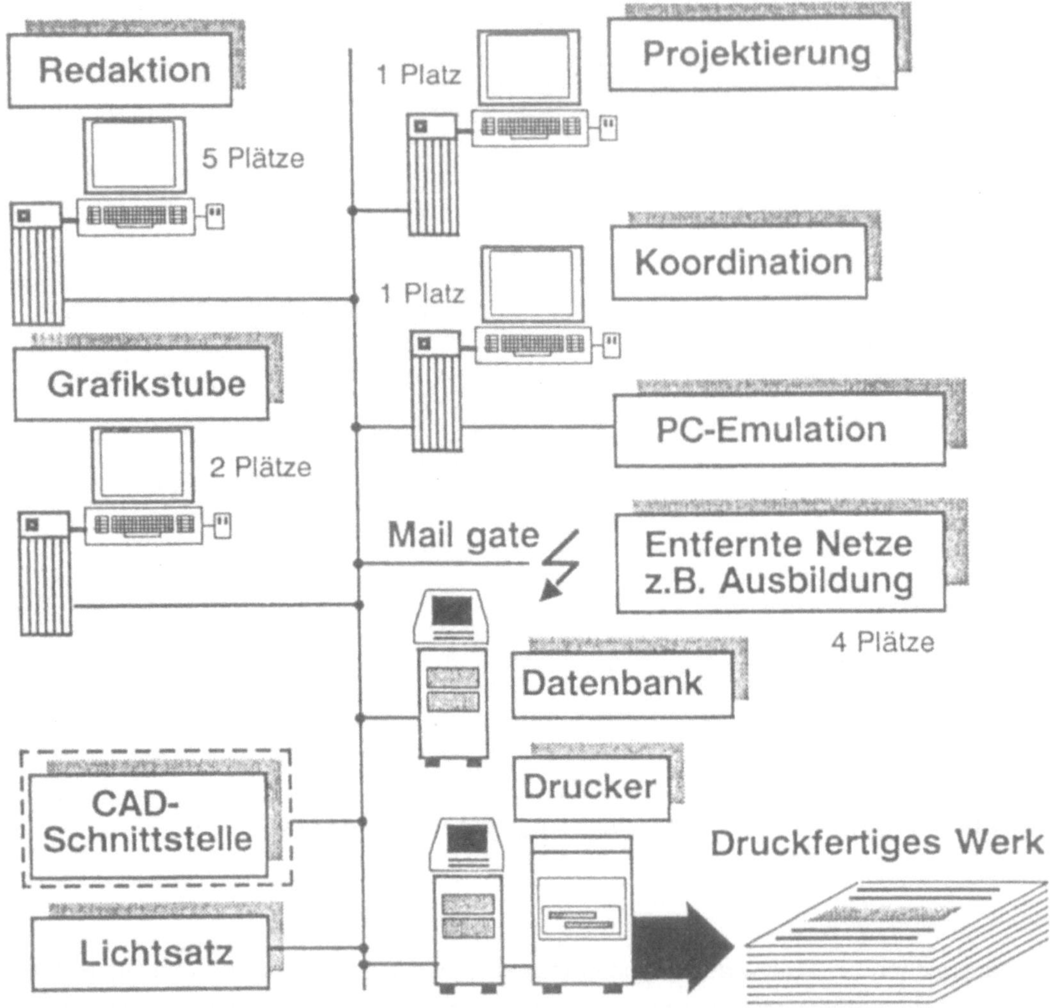

Abbildung 2: Das Netzwerk unseres Unternehmens.

beitsplätze zugeordnet, an denen fast ausschließlich Grafik erzeugt und manipuliert wird. Der Begriff Grafikstube stammt übrigens noch aus der Zeit, in der das Unternehmen über einen Raum verfügte, der mit grafischen Maschinen, Abreibebuchstaben, Tuscheflaschen, Klebstofftuben und vielen anderen Dingen mehr vollgestopft war.

In der Projektierung hat das Management einen eigenen gleichwertigen Arbeitsplatz. Es kann sich laufend on-line über den Stand eines Projektes informieren, weil es neben den Management-Informationen jeden Text und jede Grafik, die im Netz vorhanden sind, am Arbeitsplatz inspezieren kann. Dadurch ist eine optimale Projektüberwachung und -terminierung sichergestellt. In der Koordination werden dann alle Texte und Grafiken für die einzelnen, sich in der Produktion befindlichen Werke zusammengefaßt. Hier sehen Sie auch gleich eine interessante Schnittstelle - die PC-Emulation.

Durch die Möglichkeit, den PC der DOS-Welt auf dem Text- und Grafik-Arbeitsplatz zu emulieren, fließen nicht nur beliebige Texte aus der PC-Welt in unser Netz ein, sondern auch alle Grafiken, die in der PC-DOS-Welt erzeugt werden. Welche unschätzbaren Vorteile in dieser Möglichkeit stecken, soll nachfolgend noch erläutert werden.

Selbstverständlich verfügt das Netzwerk auch über eine Datenbank, in der Texte und Grafiken gespeichert sind. Als Ausgabemedium sind am Netz zwei Laserdrucker mit hoher Auflösung und eine Belichtungsstation angeschlossen. Die CAD-Schnittstelle öffnet das Netz für die konstruierte Grafik.

Sehr interessant ist schließlich der Mail-Gate-Service, mit dem über normale Postleitungen fertige Dokumente, Grafikelemente, Texte und Nachrichten mit unseren ca. 7 km entfernten Zweigbetrieben und mit unseren Kunden, die über entsprechende Systemkonfigurationen verfügen, ausgetauscht werden können.

Mit der Beschreibung des Netzwerkes sind nun die Voraussetzungen erläutert worden, die unserer Meinung nach zwingend sind, um professionell Grafiken in Publikationen aller Art zu integrieren.

Woher kommen Grafiken?

Wir alle wissen, daß Texte irgendwann einmal geschrieben oder als Ausgabe von Programmen erzeugt worden sind. Woher aber kommen Grafiken?

In Abb. 3 sehen Sie sechs Möglichkeiten, zu einer Grafik zu kommen.

Zeichnen ist eine Tätigkeit zum Erzeugen einer Grafik aus Linien.

Beim elektronischen Zeichnen werden in der Regel geometrische Linien benutzt, z.B. Geraden, Kreise, Ellipsen, Dreiecke, Rechtecke, Punkte oder mathematisch bestimm-

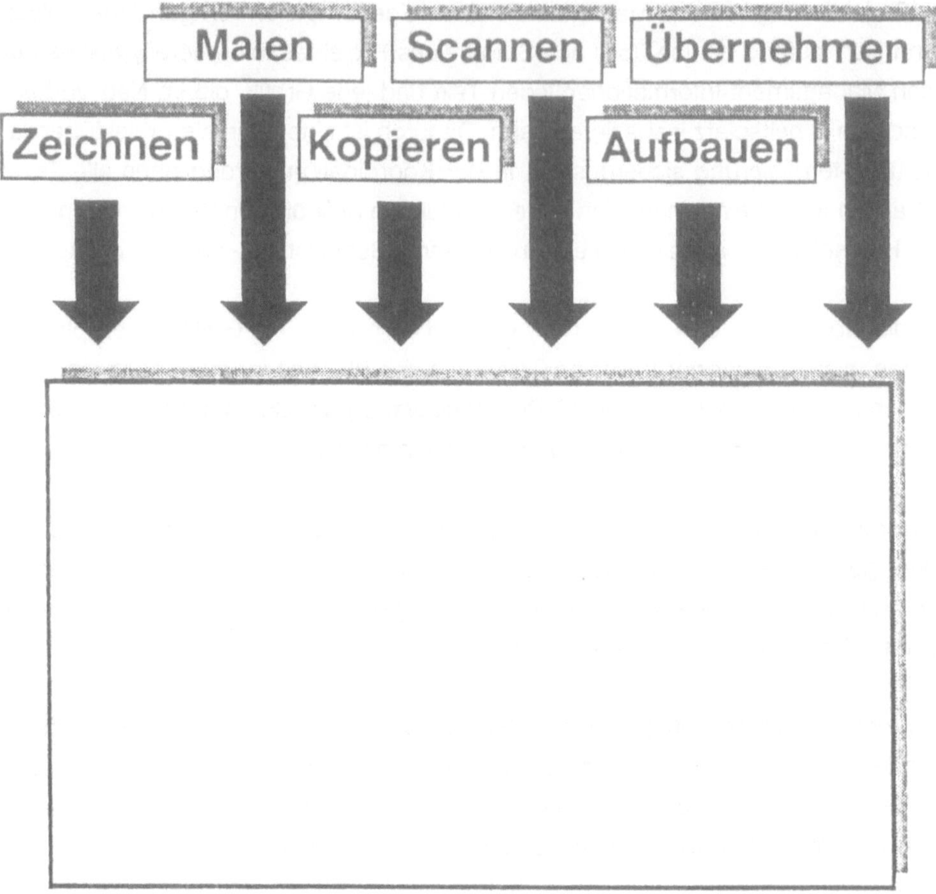

Abbildung 3: Quellen von Grafiken

bare Kurvenstücke. Alle diese Gebilde lassen sich kanonisch beschreiben, man nennt sie deshalb auch Vektoren. Eine Grafik, die aus Vektoren besteht, wird jedesmal, wenn sie sichtbar wird, neu errechnet und gezeichnet.

Die Vektorgrafik hat einen großen Vorteil gegenüber anderen Darstellungsarten: Sie besteht aus mathematisch bestimmbaren Elementen. Die Linienführung läßt sich infinitesimal genau errechnen. Deshalb sind Vektorgrafiken unabhähngig vom Darstellungsmedium, und ihre Darstellung ist immer so genau, wie es das Darstellungsmedium zuläßt. Eine Vektorgrafik kann deshalb auf einem Bildschirm mit geringer Auflösung konstruiert werden, anschließend aber auf einem Ausgabegerät hoher Auflösung, z.B. einem Laserdrucker oder einem fotografischen Belichter optimal ausgegeben werden.

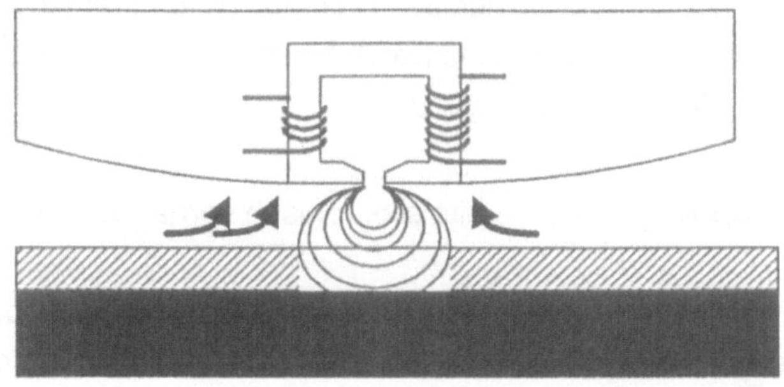

Dies ist eine Vektorgrafik

Abbildung 4: Vektorgrafik

Malen ist das Einfärben einer Fläche.

Im Gegensatz zum Zeichnen werden beim Malen keine Vektoren benutzt. Die gesamte Malfläche ist als Punktmatrix definiert. Über diese Punktmatrix werden beispielsweise mit einer Maus elektronische Malwerkzeuge bewegt, und die überzogenen Punkte werden nach voreingestellten Attributen eingefärbt. Bei den meisten Grafiksystemen sind auch geometrische Linien vordefiniert, so daß sich sehr einfach Geraden, Kreise usw. zeichnen lassen. Ihre Darstellung in der Malfläche, auch Zeichenblatt genannt, ist aber nur als Aneinanderreihung von eingefärbten Bildpunkten zu verstehen.

Abbildung 5: Beispiel für eine Freihandzeichnung

Das Malen wird auch "Zeichnen mit der freien Hand" oder "Freihandzeichnen" genannt. Es erfordert vom Zeichner ein gutes Darstellungsvermögen, viel zeichnerisches Talent und auch etwas künstlerische Begabung.

Kopieren ist die Verdopplung eines bereits elektronisch vorhandenen Bildes.

Das Kopieren kann unsichtbar geschehen, indem eine Bilddatei gedoppelt wird oder sichtbar, indem auf dem elektronischen Schreibtisch ein Bild offen liegt, das ganz oder ausschnittsteise mittels eines elektrtonischen Werkzeuges in eine andere Malfläche gedoppelt wird.

Leistungsfähige CAP-Systeme weisen beide Möglichkeiten aus. Durch die PC-Emulation, die auf einem Teil des Arbeitsplatzbildschirmes den PC-Bildschirm emuliert, können Bilder aus der PC-Welt problemlos in die Malflächen des Arbeitsplatzes kopiert werden. Auf nachfolgendem Bild (Abb. 7) sehen Sie links Kopien einer Bitmap-Grafik und rechts Kopien einer Vektorgrafik.

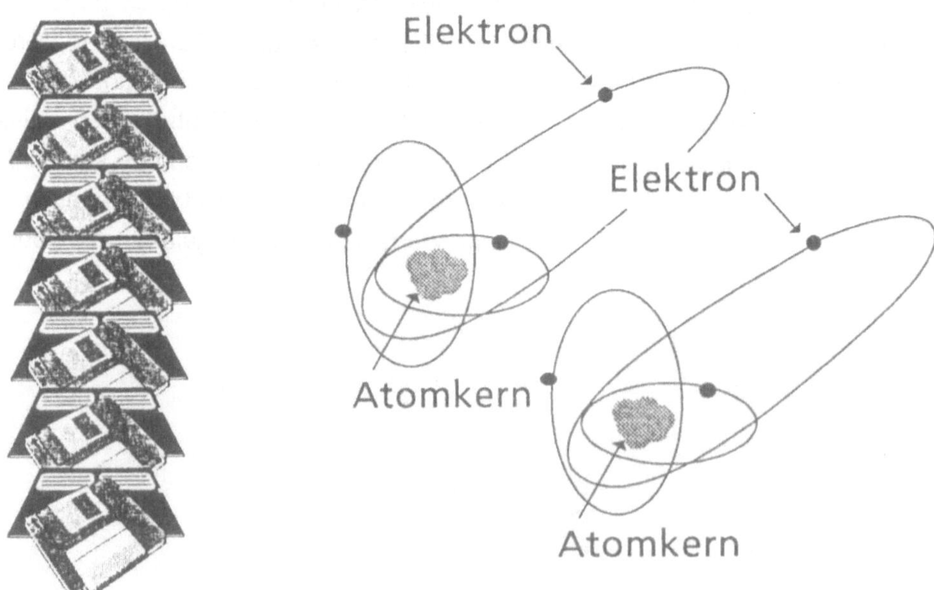

Abbildung 7: Vermischte Grafik

Die Vektorgrafik ist sehr feinlinig, da sie automatisch mit der höchsten Auflösung erzeugt wird. In diesem Fall mit 400 Punkten pro Zoll.

Scannen ist ein Vorgang, bei dem ein reelles Bild durch eine geeignete Apparatur elektronisch gerastert wird. Das Bild wird in sehr viele kleine Bildflächen unterteilt. Über jede dieser Bildflächen wird die Bildhelligkeit gemessen. Im einfachsten Fall wird daraufhin elektronisch entschieden, ob die Bildfläche als schwarz oder als weiß angenommen werden soll. Moderne Scanner können einer Bildfläche einen Grauton aus einem Grauteil mit 643 Stufen zuordnen. Ein Bild, das mit vielen Graustufen gescannt worden ist, ist viel fließender in den Übergängen zwischen den einzelnen Grautönen.

Abbildung 8: Gerasterte Bildaufnahme nach dem Scannen

Die Darstellung auf dem Bildschirm setzt allerdings voraus, daß dieser die Graustufen auch abbilden kann. Zur Ausgabe einer Grafik, die mit Graustufen gescannt wurde, wird diese elektronisch abermals mit einem Raster hinterlegt. Der Laserdrucker oder der Belichter erzeugt daraufhin ein Rasterbild aus Schwarzpunkten unterschiedlicher Größe, wie wir es aus dem Zeitungsdruck kennen.

Das Scannen eines Bildes ist bei hoher Punktauflösung, d.h. bei einem feinen Raster, sehr speicheraufwendig und deshalb nur bei Systemen mit genügend großer Speicherkapazität sinnvoll und möglich.

Aufbauen ist ein Vorgang, bei dem aus Zahlenmaterial des Dokumentes Diagrammgrafiken entstehen. Diese Art der Grarfik ist aus der modernen Bürowelt nicht mehr wegzudenken, da die Diagramme die schnellsten visuellen Entscheidungshilfen für Entscheidungsträger sind.

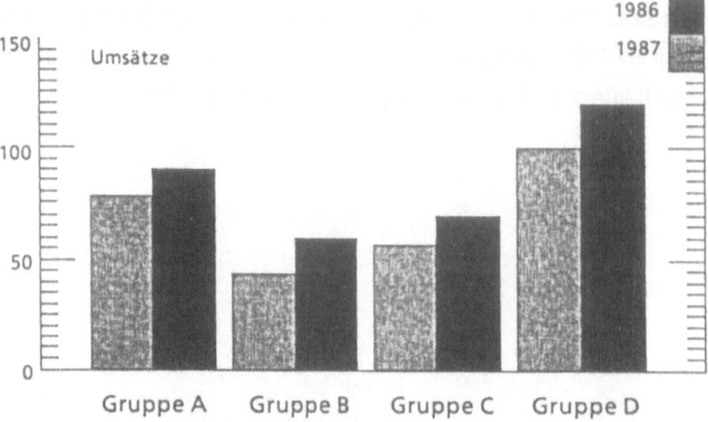

Abbildung 9: Beispiel für eine Geschäftsgrafik

Der Komplex "Geschäftsgrafiken" wird im weiteren Verlauf noch ausführlich behandelt.

Übernehmen ist ein Vorgang, bei dem Grafiken in Vektordarstellung in den Arbeitsplatz einfließen.In der Regel handelt es sich dabei um CAD-Grafiken, die außerhalb des Arbeitsplatzssystems auf speziellen CAD-Arbeitsplätzen von Ingenieuren konstruiert wurden. Dieser Vorgang setzt meistens die Ankopplung an eine Großrechneranlage voraus.

Abbildung 10: Beispiel für eine CAD-Grafik

Durch die Übernahme von Konstruktionszeichnungen auf ein Arbeitsplatzsystem ist nun gewährleistet, daß spezielle technische Dokumente, wie z.B. Teilelisten mit ihren Explosionszeichnungen auf dem Arbeitsplatz erzeugt werden können.

Wie geschieht nun die Integration der Grafiken in die Texte eines Werkes?

Der Vorgang ist eigentlich sehr einfach. Sind Grafiken erst einmal in das elektronische Netzwerk eingeschleust, ist ihre Montage in die bereits fertiggestellten Texte eines Werkes genauso problemlos wie ihre weitere Verarbeitung. An den entsprechenden Textstellen, an denen Grafiken einmontiert werden sollen, werden zunächst Platzhalter angeschaffen. Anfangs bekommt jeder Platzhalter einen gut sichtbaren Rahmen, so daß die Bilder schon optisch in das Werk integriert sind, obwohl sie noch gar nicht im Rahmen vorhanden sind. Das Einfügen der Bildrahmen kann die Länge der Seiten verändern.

Deshalb erfährt ein Werk gerade in dieser Phase seiner Produktion oft mehrere Umbrüche, denn nichts ist schlimmer als das Lesen eines Werkes mit "Hurenkindern und Schusterjungen".

Danach wird die Grafik in die Bildrahmen einmontiert. Dies ist ein schlichter Kopiervorgang, bei dem die Grafik in den Platzhalter, d.h. Bildrahmen kopiert wird. Das Kopieren geschieht unabhängig davon, ob es sich um eine Freihandzeichnung oder eine Vektorgrafik handelt. Sehen sie zunächst ein Beispiel für eine Vektorgrafik.

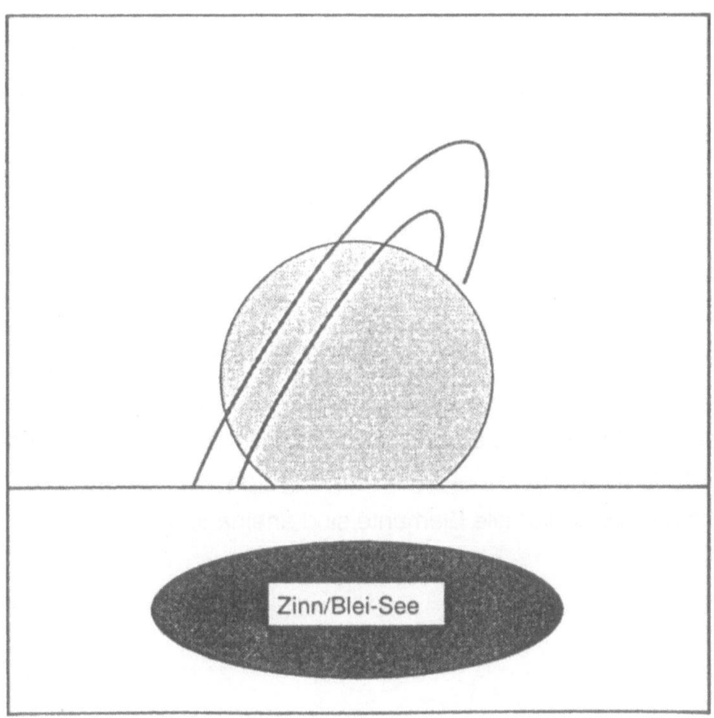

Nehmen wir nun den selben Text, jedoch eine andere Darstellungsweise, nämlich eine Freihandzeichnung.

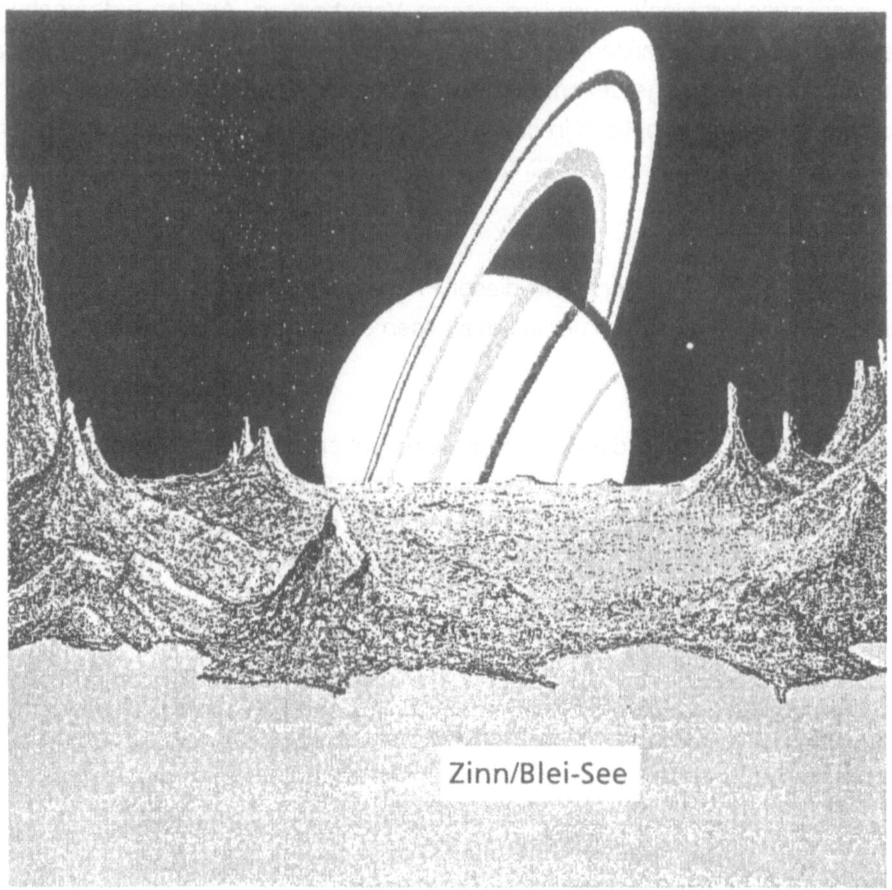

Allein an diesen beiden Beispielen erkennen Sie schon, welche vielfältigen Möglichkeiten integrierte CAP-Systeme bei der Erstellung von Publikationen bieten. Alle Elemente sind austauschbar und alle Elemente sind aneinander anpaßbar.

Praktische Anwendungen

Im weiteren sollen nun einige praktische Anwendungsfälle für die Integration von Grafiken in Publikationen und Dokumentationen behandeln werden.

Geschäftsgrafik

Mit zunehmender Akzeptanz moderner Bürokommunikationssysteme erobert ein neuer Zweig grafischer Darstellung die Schreibtische von Entscheidungsträgern.

Es handelt sich hierbei um die grafische Darstellung von Vorgängen, Zuständen und Ereignissen in Form von Diagrammen. Diagramme sind ursprünglich nur in Geschäftsberichten zu Hause gewesen, da ihre manuelle Herstellung kostspielig und zeitaufwendig ist.

Mit Hilfe von Bürokommunikationssystemen wird die Geschäftsgrafik zum Mittel der schnellen visuellen Information von Entscheidungsträgern und zwar integriert in Text und nicht losgelöst davon! Um diesen Zweck zu erfüllen, müssen an die Geschäftsgrafik - und hier handelt es sich in der Regel um Diagramme - unabdingbare Forderungen gestellt werden:

- Die Diagramme müssen extrem schnell aus vorliegendem Datenmaterial erzeugt werden können.
- Die Diagramme müssen automatisch erzeugbar sein, so daß Änderungen im Datenmaterial sofort die Diagramme ändern.
- Da die Diagramme das Zahlenmaterial einer Dokumentation darstellen, müssen sie nicht-entkoppelbarer Bestandteil dieser Dokumentation sein.
- Die erzeugten Diagramme müssen sich innerhalb des Textes gestalten, d.h. weiterverarbeiten lassen.

Diese Forderungen führen zu dem Schluß, daß Diagramme am besten durch Vektorgrafiken realisiert werden.

Diagramme lassen sich in drei Klassen einteilen:

- Balkendiagramme
- Liniendiagramme
- Kreisdiagramme.

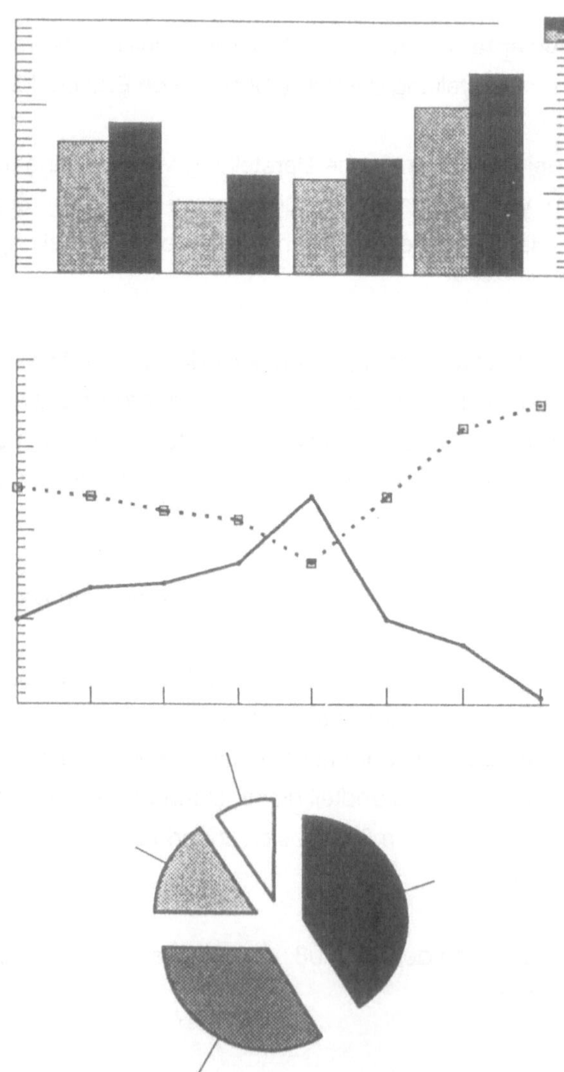

Balkendiagramme beziehen mehrere Ereignisse auf einen Ort oder Zeitpunkt - z.B.
Umsatz einer Ware pro Jahr:

Umsätze

	Gruppe A	Gruppe B	Gruppe C	Gruppe D
1986	78	44	56,6	100

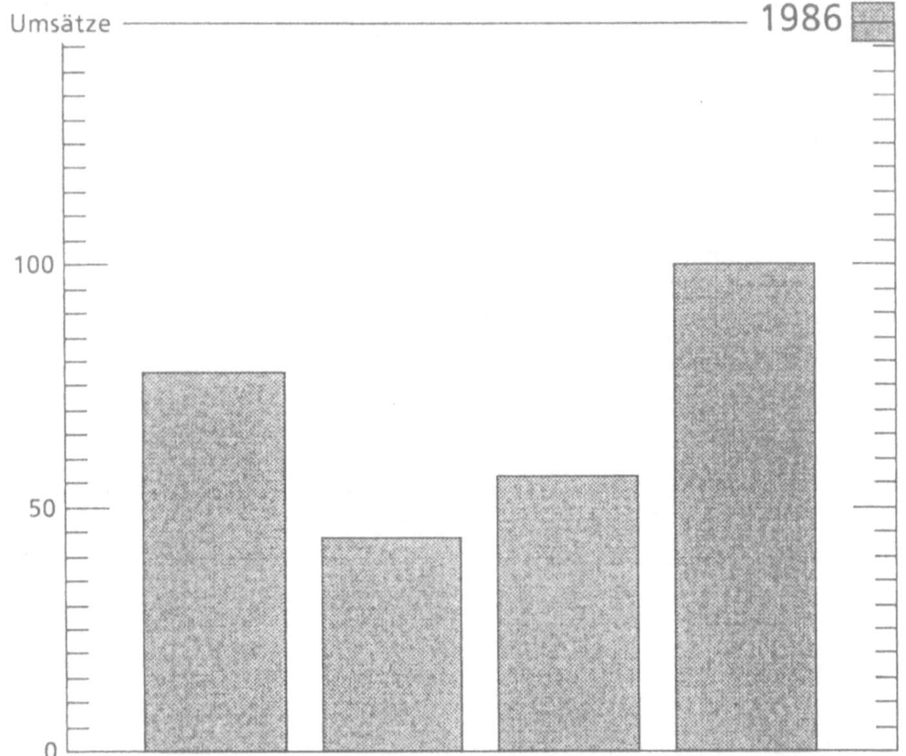

Sie sehen hier viele Warengruppen mit ihren Umsätzen über ein Jahr.

Nehmen wir jetzt einmal an, Sie möchten ihren Mitarbeitern die Umsatzvorstellungen des nächsten Jahres darstellen. Dafür hängen Sie einfach an die Tabelle eine Zeile mit den Sollwerten an und aktualisieren das Diagramm. Das korrigierte Dokument liegt daraufhin sofort vor.

Liniendiagramme stellen die Veränderung eines Ereignisses über einen Zeitraum dar - z.B. eine Meßwertreihe. Sie sehen in dieser Tabelle zwei Meßwertreihen, gemessen zu den vollen Stunden eines Tages von morgens 6.00 Uhr bis abends 18.00 Uhr und darunter das vom CAP-System erzeugte Liniendiagramm.

Meßwerte

Stunde	Reihe A	Reihe B
6.00	78	123
7.00	89,3	120
8.00	91	115
9.00	98	112
10.00	120 ⟷	98
11.00	78	120
12.00	69	144
13.00	51	151
14.00	50	167
15.00	49	159
16.00	52	152
17.00	55	155
18.00	60	160

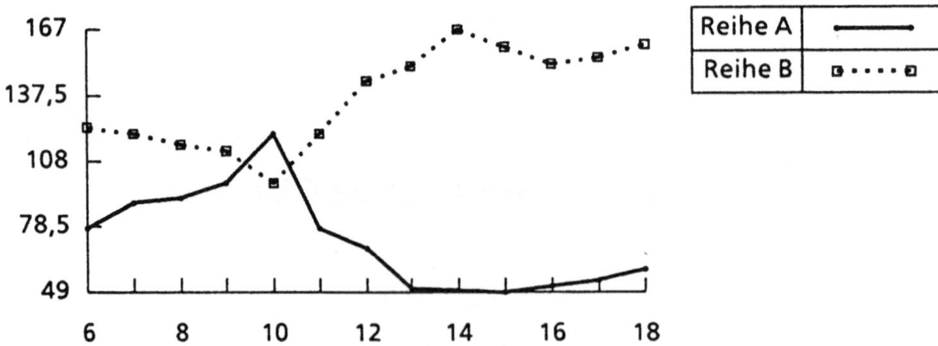

Auch Liniendiagramme müssen spontan aktualisierbar sein. Betrachten wir in der Tabelle die 10.00-Uhr-Zeile. Nehmen wir an, die beiden Werte seien irrtümlich vertauscht worden. Wir tauschen zurück und aktualisieren das Diagramm. Die neuen Linienzüge erscheinen sofort.

Kreisdiagramme teilen ein Ereignis in proportionale Klassen.

Marktanteile bei verkauften Einheiten

Einheiten	Firma A	Firma B	Firma C	Sonst
x 1000	58,9	48,5	22,3	13,5

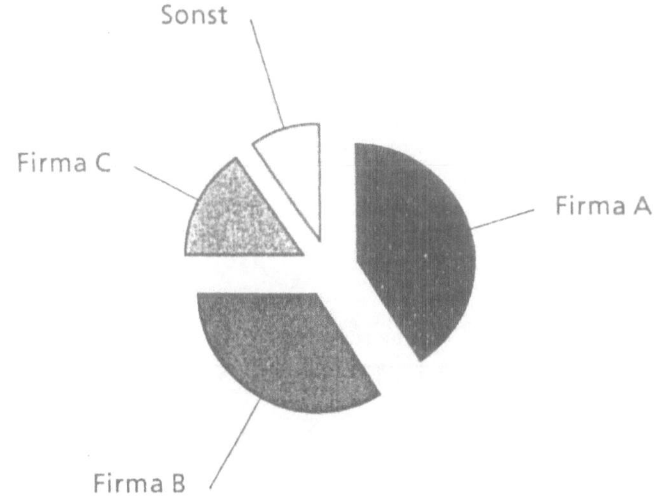

In diesem Beispiel errechnet das CAP-System, automatisch die Summe der Einheitenzeile und nimmt diese Summe als 100%-Bezugswert. Grafisch betrachtet sind 100% ein Vollkreis. Deshalb werden die entsprechenden Anteile der Spalten durch Sektoren dargestellt. Die Breite der Sektoren ist proportional zum Prozentwert jedes Spaltenwertes der Tabelle bezogen auf die Zeilensumme.

Selbstverständlich muß auch bei Kreisdiagrammen eine spontane Aktualisierung möglich sein, um Berichte schnellestens auf den neuesten Stand zu bringen.

Zusammenfassung

CAP-Systeme bieten die unmittelbare Möglichkeit, Diagramme an beliebiger Stelle in Berichte oder andere Schriften einzubauen und ständig aktuell zu halten und garantieren damit eine rationelle integrierte Bearbeitung von Statistikdaten.

Aufwand

Wie sieht es nun bzgl. des Aufwandes für die Erstellung der elektronischen Grafiken und ihre Integration in den Text aus? Nehmen wir zunächst das nachfolgende Beispiel einer sehr einfach gstalteten Grafik.

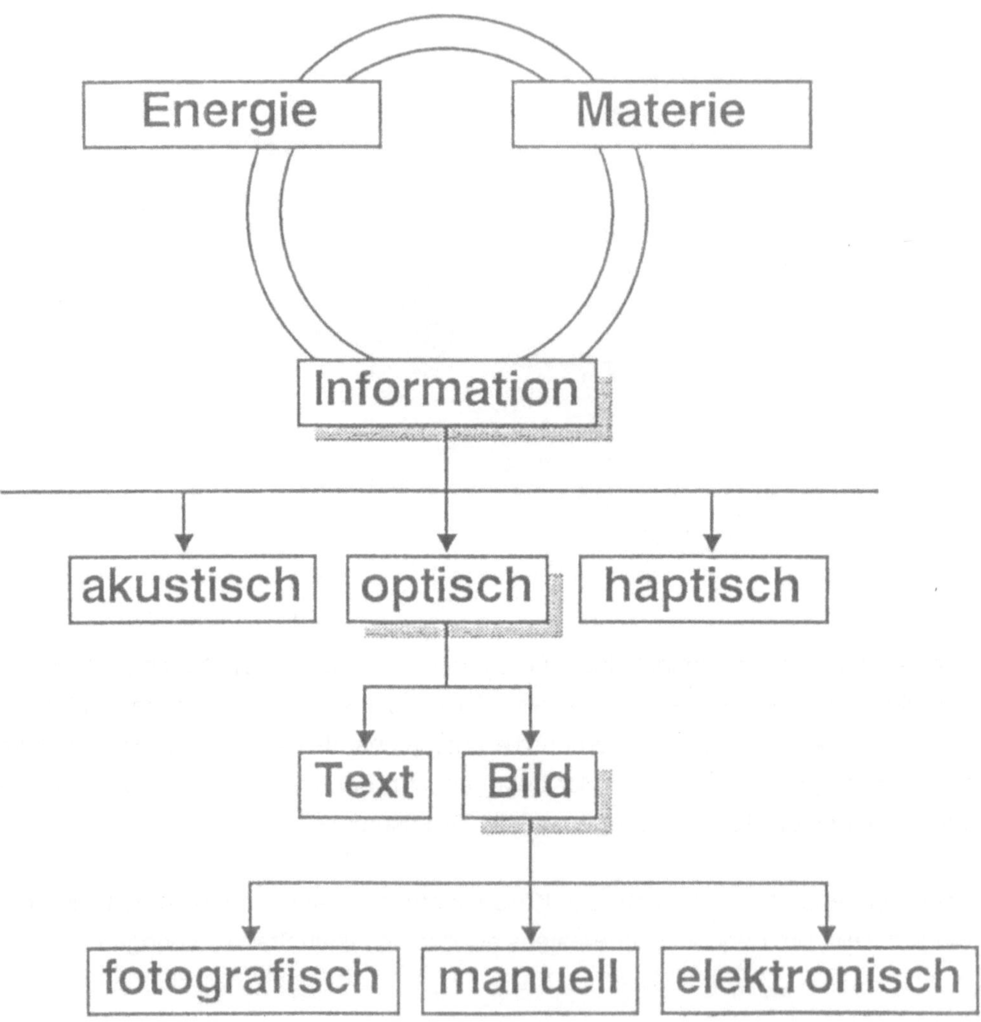

Diese Grafik setzt sich aus Standardelementen zusammen, die elektronisch am Bildschirm positioniert wurden. Die Erstellung dieser Grafik erfolgte innerhalb von 10 Minuten.

Die nachfolgende Darstellung ist wesentlich komplexer.

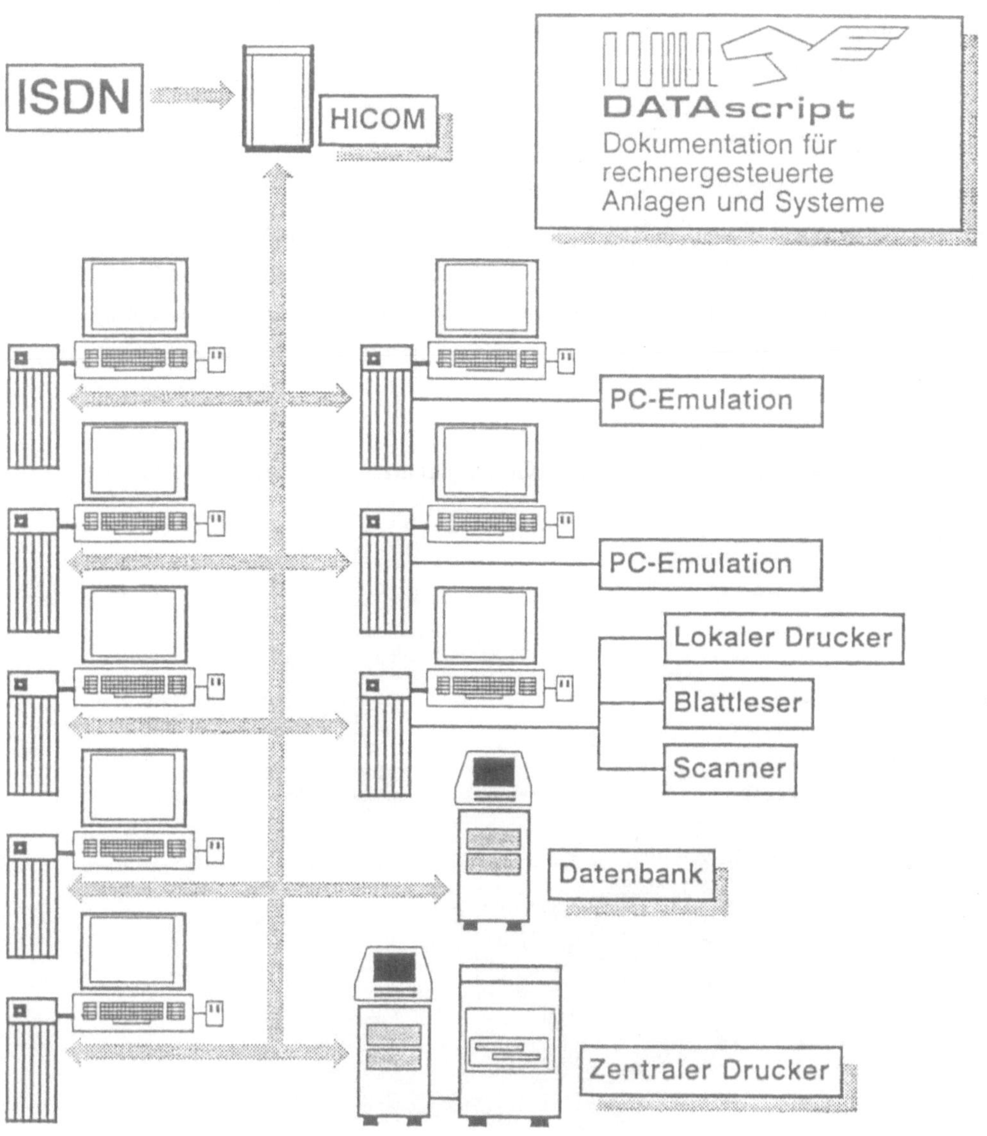

Bei genauerer Betrachtung werden sie jedoch feststellen, daß die einzelnen Elemente
wie

- Prozessorgehäuse
- Bildschirm
- Tastatur
- Maus
- Server

jeweils identisch sind und nur elektronisch entsprechend den aktuellen Anforderungen montiert wurden. Da alle Elemente in der Grafik-Datenbank abgelegt sind, kann
auch die Herstellung einer solchen Grafik sowie ihre elektronische Montage in den
Text in kürzester Zeit erfolgen - ohne daß Papier, Kleber, Schere oder Kopierer benutzt werden.

Anders sieht es bei der nachfolgenden Grafik (Illustration für ein Handbuch) aus:

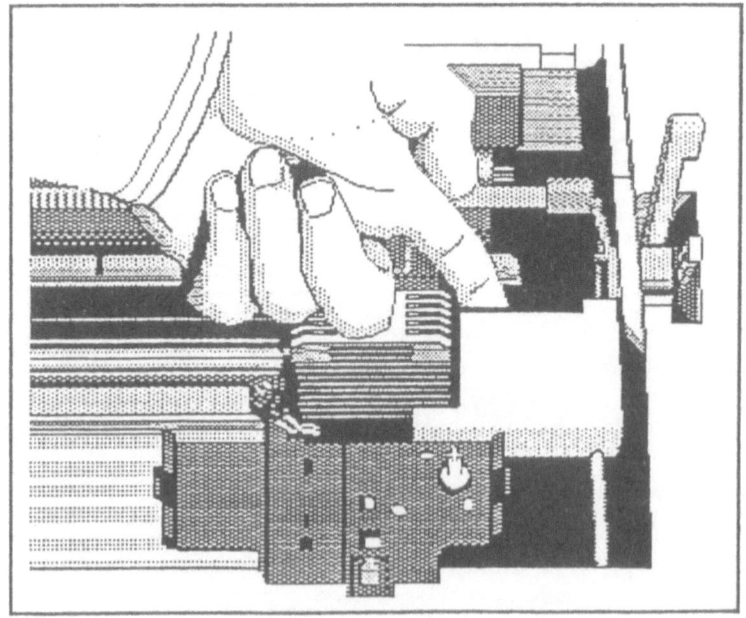

Hier sind schon umfassende Design-Kenntnisse erforderlich. Der Vorteil der Darstellung technischer Grafiken gegenüber Fotos liegt jedoch auf der Hand:

Die elektronische Abbildung kann jederzeit

- abgerufen
- verwendet
- geändert
- kopiert werden.

Eine einmal konstruierte Grund-Grafik kann jederzeit - bei Änderung oder Modifikation des Produktes - schnell geändert werden. Es entsteht weder ein Zeitverlust noch entstehen Zusatzkosten für die Reproduktion in einer Litho-Anstalt. Abhängig von der Art der Dokumentation amortisieren sich die Kosten schon bei der Grunderstellung der Dokumentation.

Die nachfolgenden Darstellungen stammen aus einem Benutzerhandbuch für einen Drucker.

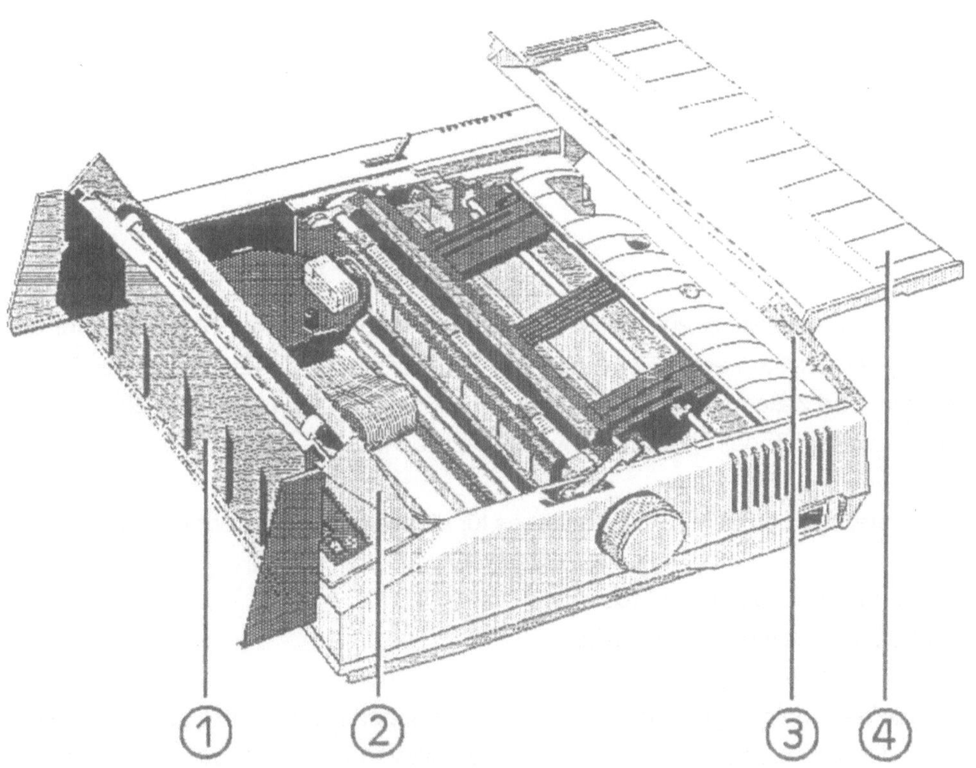

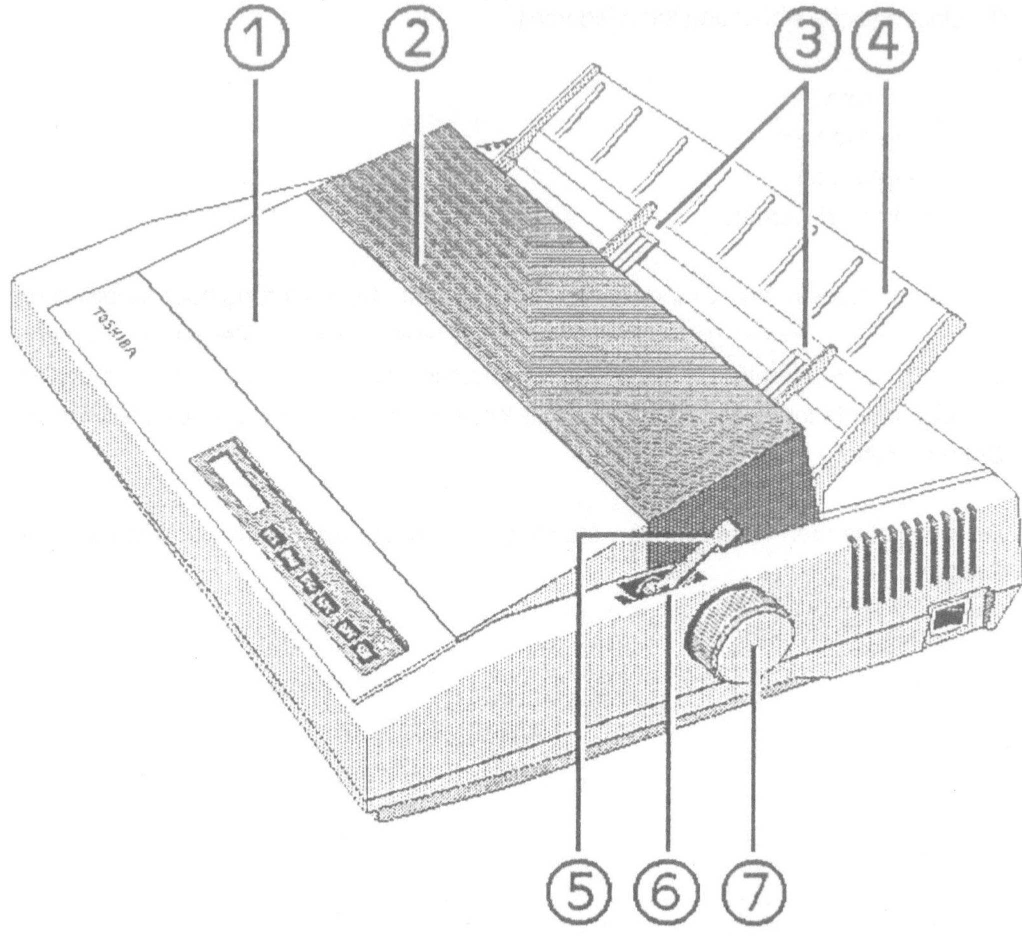

Das Handbuch umfaßt ca. 80 Grafiken in der Art der vorliegenden. Die Kosten für die Erstellung der Grafiken entsprachen in etwa den Kosten für die Erstellung der Fotos. Die Kosten- und Zeitersparnis setzte dann bereits beim ersten Update an als der Hersteller ein zweites Modell ähnlichen Tpys herausbrachte.

Bei der Erstellung des Benutzerhandbuches für dieses neue Druckermodell konnte

- sowohl in bezug auf den Text
- als auch in bezug auf die Grafik

voll auf die elektronisch gespeicherte Version des ersten Handbuches zurückgegriffen werden. Dadurch ergab sich eine Kostenersparnis von etwa 75% gegenüber der Erstellung neuer Fotos.

Ein weiteres, wichtiges Argument für elektronisch erstellte Grafiken:

Wieviel besser lassen sich Details in Grafiken herausstellen!

Das vollständige Fehlen des Textes (Bild unten) bzw. die abgestimmte Kombination von Grafik und Text sprechen für sich.

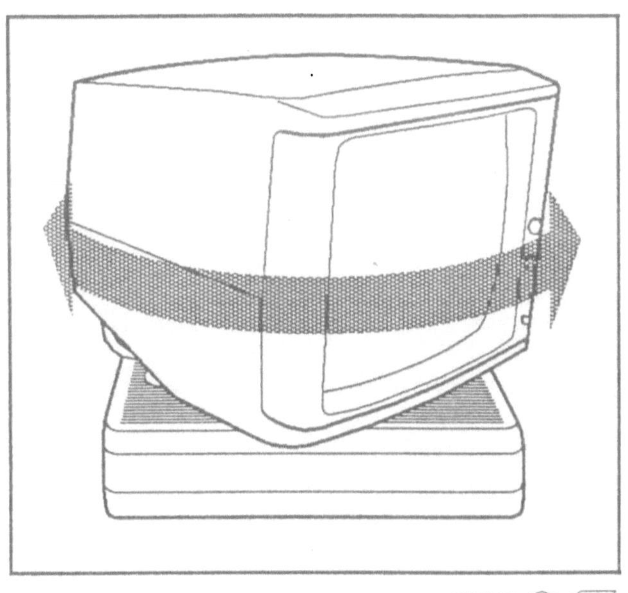

Durchgehende Dokumentationserstellung in Entwicklung und Konstruktion

H.-W. Hofmeister, Geschäftsführer der Fa. DOCWARE, Fürth

Die Fa. DOCWARE befaßt sich seit knapp 3 Jahren mit Computer Aided Publishing (CAP) und Computer Aided Design (CAD) Systemen. Zum einen als Anwender, zum anderen als Berater.

Desktop Publishing auf Workstation

Bis zum jetzigen Zeitpunkt hat man schon viel über Desktop Publishing, kurz DTP genannt, gehört, über dessen Nutzen und dessen Fähigkeiten.

DTP bedeutet: **Schnelle Layouterstellung von Unterlagen.**

Der Nachteil ist, daß DTP-Systeme es einem nicht abnehmen, den Inhalt selbst zu schaffen, also kreativ tätig zu sein. Die Idee muß weiterhin selbst produziert werden. Den Rest - das Layout, den Entwurf, das Schreiben - übernehmen dann ein Grafiker und eine Schreibkraft/Sekretärin.

Arbeitsteilung bei der Unterlagenerstellung

DTP ist also keine Entlastung für die Sekretärin. Sie wird insgeheim zur Amateur-Grafikerin und -Layouterin umgeschult. Für den Grafiker ergeben sich sicher Vorteile, da der Entwurf von grafischen Darstellungen schneller wird. Insbesondere wird der Entwurf verschiedener Variationsmöglichkeiten ausgehend von einer Vorlage erheblich schneller. Allerdings ist auch hier der Weg von der Idee bis hin zum fertigen grafischen Produkt sehr zeitintensiv.

Und in dem vorliegenden Fall der Folienerstellung sind mindestens drei Personen an der Erstellung beteiligt. Diese **Arbeits-Beteiligung** ist in Abbildung 1 dargestellt.

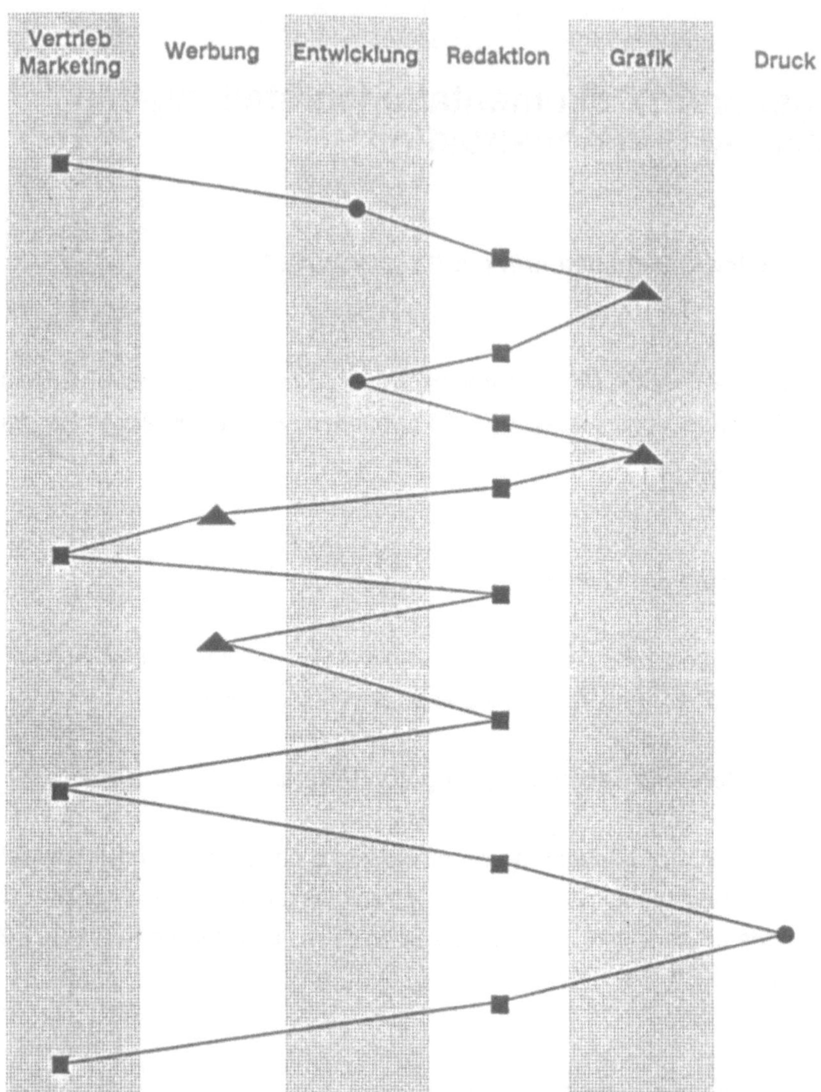

Abbildung 1: Arbeitsfluß zur Erstellung von Vertriebsunterlagen

Die Abb. 1 zeigt den im wahrsten Sinne des Wortes verzwickten Erstellungsvorgang einer Beschreibung mit ca. 100 Seiten Länge und ca. 35 Zeichnungen. Sie erkennen alle Stellen, die bei der Erstellung der genannten Beschreibung beteiligt waren. Deutlich ist zu sehen, daß das zu erstellende Dokument wandert und lebt. Das Dokument fließt von einer Abteilung in die andere und durchläuft dabei eine Vielzahl von Korrekturen und Änderungen.

Liege-, Warte- und Bearbeitungszeiten

Ergänzend dazu die Abb. 2. Hier ist zwar der Fluß nicht mehr so gut zu erkennen, dafür werden aber die Zeiten deutlich, die ein solches Dokument durchlebt.

Arbeitsschritt	Wer	Liegezeit	Bearbeitungszeit	Wartezeit
1 Termine abschätzen	R	1,0	0,5	—
2 Informationen beschaffen	R	20,0	0,75	10
3 Gliederungsentwurf erstellen	R	1,5	1,0	—
4 Gliederungsentwurf abstimmen	R	1,5	1,0	10
5 Manuskript erstellen	E	5,0	120,0	—
6 Erfassung Korrektur lesen	R	2,0	1,5	2–10
7 Spez.-Exemplar montieren	R	1,5	0,25	—
8 Spez.-Exemplar verteilen	R	0,5	0,15	1–5
9 Korrekturen einarbeiten	R	1,0	2,0–15	10–20
10 Korrektur lesen	E	0,5	0,15	1–2
11 Freig.-Exemplar montieren	R	1,5	0,25	—
12 Freig.-Exemplar verteilen	R	0,5	0,15	1–5
13 Korrekturen einarbeiten	R	1,5	1,0–2	15–20
14 Korrektur lesen	R	0,5	0,15	1–2
16 Zeichnungen erstellen	G	5,0	9,0	—
17 Beschriftungstexte auszeichnen	G	—	1,0	—
18 Zeichnungen abstimmen	G/R/E/V	—	0,25	—
19 Transparentzchngn. erstellen	G	—	7,0	—
20 Überdecker erstellen	G	—	5,0	—
21 Reinzeichnungen kontrollieren	R/W	—	0,5	—
22 Korrekturen einarbeiten	G	—	3,0	0,5
23 Titel/Umschlag auszeichnen	L	1,0	0,25	—
24 Film/Andruck kontrollieren	L	—	0,15	2
25 Layout erstellen	L	1,0	6,0	—
26 Layout kontrollieren	R	0,5	1,0	—
27 Druck	D	—	0,25	15
Zeitanteil/Redaktion	40		131–145	50–82
Zeitanteil/Graphik	5		25	1
Zeitanteil/Layout	2		7	2

Durchlaufzeit min   274 (*Bearbeitungszeit: 163*)
Durchlaufzeit max   321 (*Bearbeitungszeit: 177*)

Durchlaufzeit (Durchschnitt)   298 (*Bearbeitungszeit: 170*)

Bezugsgröße:

Neuerstellung einer 100-seitigen Beschreibung mit ca. 35 Grafiken

Abbildung 2: Durchlaufzeiteinflüsse bei konventioneller Arbeitsweise

Durch diesen Fluß durchs Unternehmen ergeben sich natürlich bei jedem Bearbeiter Warte-, Liege- und Bearbeitungszeiten (Warten auf Information, Liegenlassen, weil andere Dinge drängen). Analysiert man diese Zeiten, ergeben sich z.B. für die Wartezeiten ein Anteil von 20-30% an der gesamten Erstellungszeit.

Nahezu 50% der gesamten Erstellungszeit wird mit Liege- und Wartezeiten abgedeckt - ein enormes Rationalisierungspotential.

DTP verspricht hier Abhilfe: **Text, Grafik und Layout: Alles aus einer Hand.**

Aber eigentlich kann das nicht sein. Alles aus einer Hand mag vielleicht für die Erfassung gelten, aber nicht für den Rest.

Jede beteiligte Stelle bringt ihr Know-how in eine Dokumentationsunterlage ein. Ein Entwicklungsingenieur bzw. Konstrukteur ist kein Desktop Publisher oder umgekehrt, und soll, ja darf es auch nicht werden, denn jeder muß gemäß seinen Fähigkeiten und seinem Können eingesetzt werden. Nur dann kann die Qualität eines Produktes den strengen Anforderungen der Kunden genügen.

Ziel muß dagegen sein, ein Mehr an Informationen aus Entwicklung und Konstruktion herauszuholen, sowie die Liege- und Wartezeiten drastisch zu kürzen.

An dieser Stelle zeigt sich schon, daß DTP nur eines von vielen notwendigen Werkzeugen ist, um Dokumentation wirklich industriell erstellen zu können. Es gehört mehr dazu als eine WYSIWYG-Bedieneroberfläche und ein Laserdrucker.

DTP im Verbund

Heute stellt sich DTP im Industrie-Einsatz noch als ein isoliertes Werkzeug dar. Ein Werkzeug, das laut Werbung aber überall eingesetzt werden kann.

Die Übernahme von Texten aus Textverarbeitungssystemen wie Word oder WordStar ist heute Standard (wenn dies nicht funktionieren würde, müßte man an unserer EDV-Technologie zweifeln) und sicherlich können Grafiken aus GEM-Draw, GEM-Graph, GEM-Paint, PC Paintbrush, In-a-Vision, AutoCAD eingespielt werden. Hier ist einzig AutoCAD hervorzuheben, das durch seinen Vermarktungserfolg und seine zum Teil professionellen Applikationen auch im industriellen Bereich eingesetzt wird. Die anderen grafischen Programme finden keinen oder nur geringen Einsatz im professionellen Bereich.

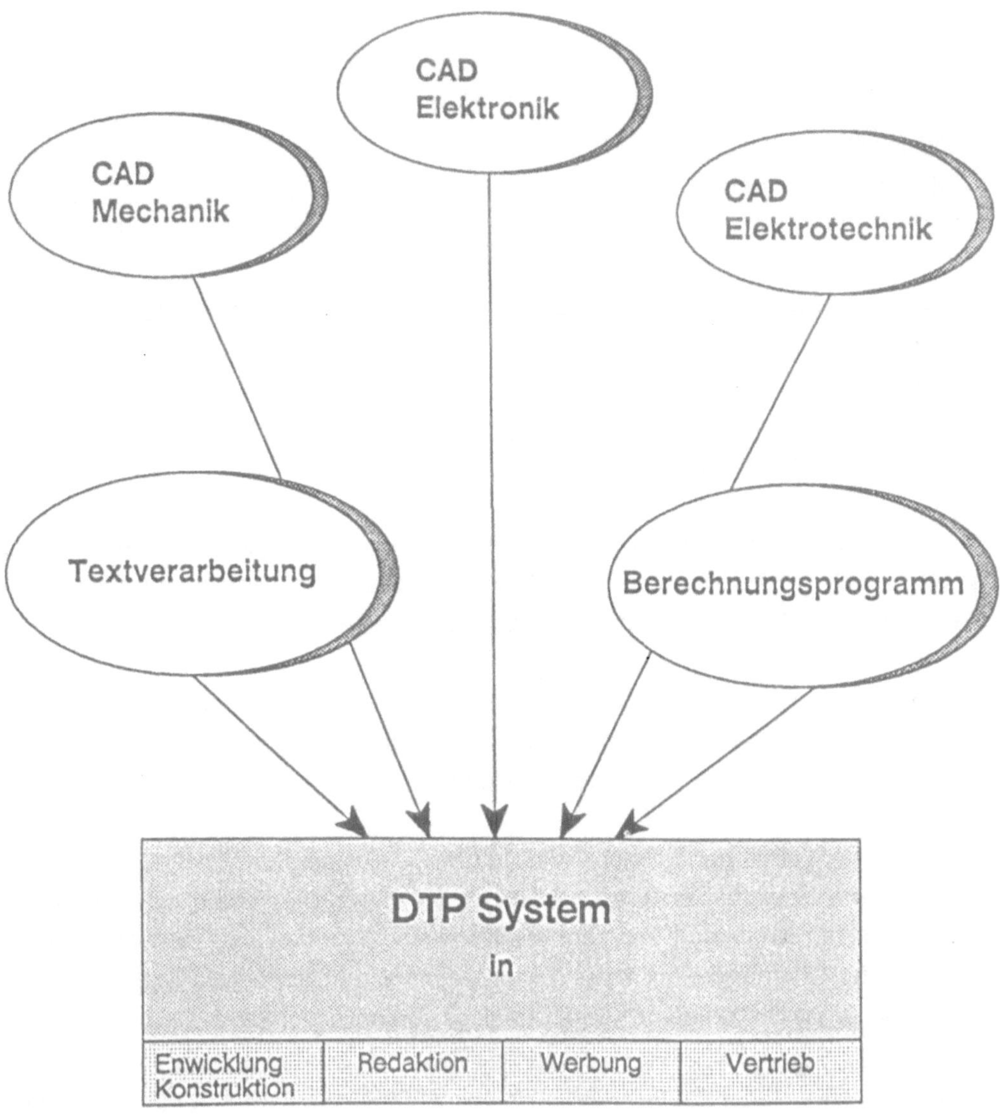

Abbildung 3:   Integrations- und Durchgängigkeitserfordernisse von DTP-Systemen

Was aber macht der Entwicklungsingenieur und Konstrukteur, der andere Systeme zur Konstruktion bzw. zum Entwurf einsetzt.

Zum Beispiel CAD-Systeme wie:
- Intergraph,
- Anvil,
- Euclid,
- Cadam,
- Design Cater,
- Medusa oder
- SIGRAPH-CAD

um nur einige Systeme zu nennen, die im Industrie-Einsatz Verbreitung fanden und auch in Zukunft finden werden.

Denn auch die Gruppe der Techniker, Ingenieure und Wissenschaftler muß grafische Unterlagen zur Dokumentation ihrer Arbeiten erstellen.

Es müssen eben nicht nur Werbeprospekte, Logos, Zeitungen und Zeitschriften, sondern auch technische Unterlagen wie Pflichtenheft, Lastenhefte, Benutzerunterlagen, Ersatzteilkataloge und Montageanleitungen erstellt werden.

Industrielle Dokumentation beginnt also in der Phase, wo eine neue Produkt-Idee geboren wird. Ab hier muß eine Werkzeugkette einsetzen, die auch die Durchgängigkeit in der Produktdokumentation gewährleistet.

Ein DTP-System allein genügt nicht. Wichtig für all diejenigen, die Zeichnungen, Texte und Grafiken nur einmal erstellen (lassen) wollen. Dadurch werden zum einen Zeit und Kapazitäten eingespart und zum anderen keine Informationen verloren. Beispiel hierfür ist der Übergang einer Konstruktionszeichnung in die Grafik- oder Werbeabteilung, die für die Erstellung des Ersatzkatalogs verantwortlich ist.

Wichtig ist also, daß Informationen, die bei unterschiedlichen Entwicklungs-. und Konstruktionsabteilungen erzeugt wurdebn, von einer anderen evtl. zentralen Abteilung (z.B. der Hausredaktion) übernommen, integriert und weiterbearbeitet werden können.

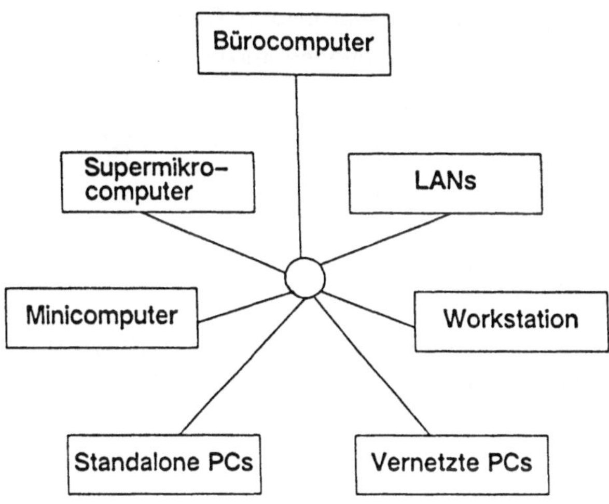

Abbildung 4: Szenario für die Integrationsanforderungen

DTP im heterogenen Netzwerkverbund

Übernommen heißt natürlich nicht der Weg Drucken --> Scannen --> Pixel editieren, sondern Einlesen der EDV-Informationen, nach Möglichkeit über ein Rechner-Netzwerk, über das alle Firmenrechner miteinander verbunden sind (ein heterogenes EDV-Netz mit Rechnern unterschiedlichster Hersteller).

Ein Rechnernetz, das sowohl die Funktionalität Filetransfer als auch Mailing erfüllt, damit unternehmensweit kommuniziert werden kann.

Die Datenübernahme muß über Schnittstellen erfolgen, die sich heute als quasi-Standards am Markt durchgesetzt haben:
- IGES,
- HPGL,
- Calcomp,
- SGML oder
- ODA/ODIF.

Nur so ist ein befriedigender Übergang möglich, d.h. die Grafik-Informationen bleiben vektorisiert und sind ebenso wie Texte im Zielsystem voll weiterbearbeitbar.

Gelangt ein Dokument zur weiteren Bearbeitung über eine der oben genannten Schnittstellen in die zentrale Dokumentationsabteilung, kann man nun das Layout-Werkzeug Desktop Publishing einsetzen: Montieren und Zusammenfügen der Texte und Grafiken, die aus den verschiedenen Abteilungen stammen.

Funktionalität von DTP-Systemen

Zu den allseits bekannten Funktionen, die die heutigen DTP-Systeme auf PCs bieten, ist für eine zentrale Redaktionsstelle mehr Funktionalität nötig:

Hierzu zählen die Funktionen:
-   Inhaltsverzeichnisgenerierung,
-   Indexverzeichnisgenerierung,
-   automatische Querverweise (Seiten, Kapitel, Abbildungen),
-   Tabellenbearbeitung,
-   Mehrsprachigkeit (z.B. Deutsch, Englisch, Französisch),
-   Silbentrennung (Deutsch, Englisch, Französisch),
-   Wörterbücher (Deutsch, Englisch, Französisch),
-   Scanner > = 300 dpi (Strichzeichnungen und Fotos),
-   Pixeleditor (zum Retuschieren und Kontrastieren),
-   Formeleditor,
-   Archivierungsverfahren,
-   Datenbankanschluß.

Ein mit diesen und den DTP-Grundfunktionen bearbeitetes Dokument geht dann zurück in die Abteilungen Entwicklung und Konstruktion.

DTP als Redaktionswerkzeug

Redaktionelle Überarbeitung und Aufbereitung bis zur ersten Korrekturversion werden in der zentralen Dokumentationsabteilung durchgeführt. Korrektur heißt, daß in diesem Falle die Fachabteilungen das neue, montierte Dokument auf technische und inhaltliche Fehler prüfen. Wichtiges hervorzuheben und ergänzen, Unrichtiges bzw. Überflüssiges streichen.

Dies passiert entweder auf Papier oder direkt am Bildschirm. Auf Papier ist die Änderung unproblematisch, da sie von der zentralen Stelle eingearbeitet werden muß.

Am Bildschirm ist es schon schwieriger, denn wird viel geändert, weiß der Redakteur der zentralen Dokumentationsabteilung nicht oder nur unvollständig, wer was verändert hat.

Sinnvoll ist hier eine Änderungs-Unterstützung durch das DTP-(oder besser Redakteur)System.

D.h. der Korrektor solle
- durchstreichen,
- unterstreichen und
- markieren

können. Noch besser ist es, wenn die durchgeführten Änderungen in der

- Versionsführung

mitprotokolliert werden, die dann so wichtige Informationen wie

- Korrektorname,
- Datum und
- Inhalt der Änderungen

enthält.

Nebenbei kann dann durch Versionsführung die jeder Versionszustand, den ein solches Dokument durchlebt hat, wieder erzeugt werden, bzw. neue Versionen aus jeder Zwischenversion generiert werden.

Das automatische Zusammenfügen von Dokumentteilen (Texten, Grafiken und Bildern) zu einem Enddokument (gemäß einer Generierungsvorschrift) versteht sich dann schon fast von selbst.

Ein Großteil dieser Anforderungen findet man heute nur auf Workstationssystemen erfüllt, z.B. bei
- SIGRAPH-DOCU von Siemens,
- DOC von Context oder
- TPS von Interleaf.

Hier stehen alle vorgenannten funtkionalen Möglichkeiten in einem (Desktop) Publishing System zur Verfügung, können noch erheblich höhere Einsparungen erzielt werden wie nur durch die schnellere Layoutertellung von Unterlagen.

DTP im firmenweiten Einsatz

Von der Hausredaktion in die Fachabteilung zurück gelangt das Dokument also auf Papier oder in elektronischer Form. Wenn ein Dokument elektronisch an die Fachabteilungen zurückgeht, dann ist es heute noch so, daß dasselbe DTP-System bei beiden Abteilungen vorhanden sein muß. Zukunft ist eine zentrale Dokumentendrehscheibe, über die Dokumente zwischen verschiedenen DTP-Systemen ausgetausch werden können. Diese Dokumentendrehscheibe kann

- SGML oder
- ODA/ODIF

sein.

Erste Ansätze zum Einsatz eines solchen zentralen Austauschformats zeigen sich. Siemens als einer der Betreiber der Quasi-Norm ODA/ODIF (Office Document Architecture/(Office Document Interchange Format) setzt auf dieses Format und plant für die nahe Zukunft einen Pool von Systemen, die auf ODA/ODIF aufsetzen. Die ersten Realisierungen liegen bereits vor und wurden auf der Systems 87 in München ausgestellt (Kopplung Xerox Star bzw. Bürosytem 5800 mit SIGRAPH-DOCU auf SICOMP WS 30).

Dieser Dokumentenaustausch über ein zentrales Format über die Grenzen unterschiedlicher Hardware hinweg bringt neben einem Mehr an Hardware-Unabhängigkeit auch noch die gegenseitige Nutzung von Peripherie-Ressourcen (Drucker, Platten, Magnetbänder, Netzeinbindungen, Mail etc.)

Entwickler und Konstrukteur auf dasselbe DTP-System, dieselbe DTP-Software zugreifen können. Aber auf welchen Systemen laufen die schon vorhin genannten CAD-Systeme? Nur auf Workstations wie die von

- Siemens,
- Apollo,

- Sun,
- HP oder
- DEC.

Nicht in der Apple Macintosh-Welt und nicht in der MS-DOS-Welt.

Aber genau auf diesen Systemen laufen auch die Workstation Publishing Systeme von Siemens, Context, Interleaf und anderen.

DTP auf Workstation

Die Möglichkeit der multifunktionalen Workstation können somit voll ausgenutzt werden: Gleichzeitiges paralleles Betreiben von CAD-, Berechnungs- und Publishing-Programmen. (Der Wechsel von einer Applikation in die nächste erfolgt einfach durch Verschieben des Cursors am Bildschirm.)

Mit Einsatz solcher Workstations löst sich auch das Problem der geforderten Hardwareleistung von selbst. Grafikbildschirme mit 1.280 x 1024 Bildpunkten sind hier Standard auf einem 19" S/W- oder Farbbildschirm. Der Zukauf von Grafikkarten und High-Resolution Bildschirmen entfällt. Ebenso das Problem der HW- und SW-Integration und evtl. das der unterschiedlichen Lieferanten.

Das Problem der Plattenspeicherkapazität ist durch die lokale Anschlußmöglichkeit von Laufwerken bis 400 MB ebenfalls entschärft; man denke nur an eine mit 300 dpi gescannte DIN A4-Strichzeichnung, die ein gutes Megabyte an Speicherplatz erfordert. Kommen beim Scannen von Fotos noch Graustufen hinzu, wird es noch enger. Hat ein Dokument einen Umfang von 100 und mehr Seiten, sind 20, 40 oder 60 MB Plattenkapazität schnell belegt. Von mehreren umfangreichen Dokumenten ganz zu schweigen.

Die Bearbeitung von Dokumenten des oben beschriebenen Umfangs erfordert natürlich auch eine entsprechende Prozessorleistung, denn die Megabytes wollen zwischen Platte und Hauptspeicher bewegt werden. Kaffeepausenfüllende Funktionen wie z.B. Blättern in Dokumenten oder ein neuer Seitenumbruch stellen eine Belastung für den Benutzer dar.

Workstations bieten somit serienmäßig folgende Vorteile:

- gleichzeitiges Betreiben von CAD und CAP-Programmen,.
- hohe Grafikleistung,
- lokale Plattenspeicher bis 400 MB,
- Prozessorleistung zwischen 1 und 4 MIPS,
- Standard-Vernetzung über Ethernet oder Token-Ring-Netz.

Preislich liegen Workstations und PCs heute nicht mehr so drastisch auseinander wie noch vor zwei Jahren. Preise von über 125.000 DM waren damals an der Tagesordnung. Heute liegt der Workstation-Einstieg bei ca. 25.000 DM. Der Workstation-Einsatz ist also unter Berücksichtigung der firmenspezifischen Anforderungen an die DTP-Software und Hardware eine echte Alternative zum PC-Einsatz.

DTP und Dokumentenarchivierung

Zum Schluß noch eines: Denken Sie schon heute an das Jahr danach. Das Jahr nach der Anschaffung!

Ihr DTP-System ist eingeführt und inzwischen sind Hunderte von Dokumenten und Seiten produziert worden. Das Wiederfinden und die Archivierung stellen dann die Schwierikeiten Nummer 1 dar.

Am besten sollten alle Dokumente im On-Line-Zugriff sein. Über den Anschluß optischer Platten an eine Workstation ist dies kein Problem. Auch wird das Wiederfinden von Dokumenten über die Verknüpfung des DTP-Systems mit einer Datenbank erleichtert. Im Workstation-Bereich sind hier die ersten Schritte bereits getan.

Integrationsmöglichkeiten des Xerox Ventura Publisher in vorhandene DV-Anwendungssysteme

Dieter Lemke, Düsseldorf

Desktop Publishing ist ein sehr weitgreifendes Themenfeld. Nachfolgend werden Fragen der Typografie, des Designs, des Layoutens, des Datenmanagements und der Integration in Datenverarbeitungssysteme aufgegriffen. Wenn man sich das Büroprodukt anschaut, das das Ergebnis von Desktop Publishing-Aktivitäten ist, so stellt man fest, daß ein solches Büroprodukt aus ganz typischen Elementen besteht:

- Texten,
- Grafiken und
- Bildern.

Grafiken können einfache Strichzeichnungen oder auch komplexe technische Zeichnungen sein. Bilder können über Scanner eingelesen werden. Im Mittelpunkt der Bearbeitung steht der Ventura Publisher (vgl. Abb. 1)

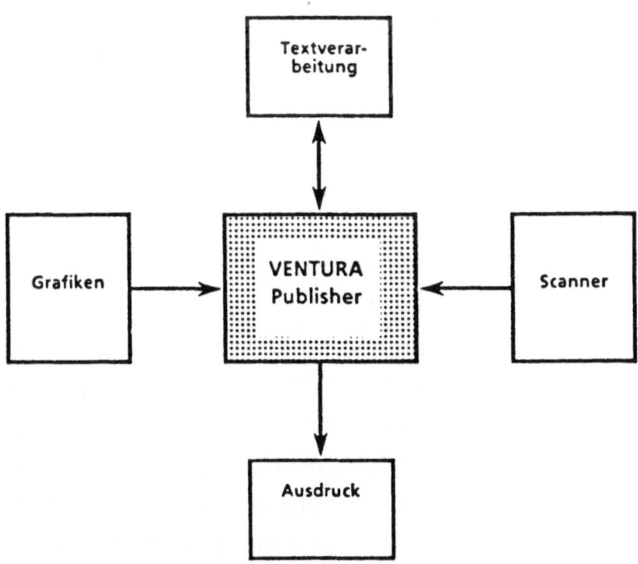

Abbildung 1:   Ein- und Ausgabemöglichkeiten des Ventura Publisher

Die erzeugte Publikation oder Dokumentation kann auf verschiedenen Ausgabegeräte ausgedruckt werden; dazu gehören auch Fotosatzbelichter.

Der Ventura Publisher ist ein reines Softwareprodukt, das auf dem MS-DOS-Betriebssystem basiert. Der Ventura Publisher unterstützt alle IBM-/XT/AT und kompatible Hard- und Softwarekonfigurationen. Das bedeutet, daß man bereits mit einer XT-Basis sehr befriedigende Ergebnisse erreichen kann. Mit Hilfe vom Ventura Publisher wird ein Mikrocomputer zu einem DTP-System.

Zur Historie sei gesagt: Ventura Publisher wurde von dem amerikanischen Softwarehaus Ventura Publisher Inc. entwickelt. Xerox hat die weltweiten Vertriebsrechte exclusiv erworben. Die beiden Gründer der Firma haben früher intensiv an der Entwicklung der GEM-Oberfläche bei Digital Research mitgearbeitet. Bemerkenswert ist noch, daß man für spezifische deutsche Fragestellungen bei der Firma Ventura stets großes Interesse zeigt. Dies liegt vielleicht daran, daß die Großeltern eines der Gründer Deutsche waren.

Der Ventura Publisher erlaubt die Seitenaufbereitung für Druckvorlagen und Dokumentationen. Sämtliche Manipulationen an den Objekten werden sofort am Monitor dargestellt. Texte können standardmäßig aus Textverarbeitungsprogrammen wie

- WordStar 3.3 und 3.4,
- MS-WORD,
- WordPerfect
- Multimate,
- Windows-Write oder
- DCA-Dateien wie
- DisplayWrite 3,
- Volkswirter 3 und
- WordStar 2000,

übernommen werden. Aber auch aus allen anderen Textverarbeitungsprogrammen oder sonstigen texterzeugenden Systemen (Datenbanksystem), die eine Standard-ASCII-Datei erzeugen, ist eine Übernahme möglich. Dateien verschiedener Textprogramme können so zu einem neuen Dokument gemischt werden. Werden innerhalb des Ventura Publisher an den Texten Korrekturen vorgenommen, so werden nach Abschluß der Bearbeitung die Veränderungen in die Ursprungsdatei "zurüchgespeichert".

Zeichnungen und Grafiken können aus Programmen wie AUTOCAD, GEM-DRAW, LOTUS 1-2-3, PC-Paintbrush etc. übernommen werden.

An Hardware setzt der Ventura Publisher folgende Konfiguration voraus:
- IBM-PC/XT/AT oder kompatible mit MS-DOS Version 2.1 oder höher,
- 512 KByte RAM Minimum,
- 10 MByte Festplatte Minimum,
- Grafikkarte plus geeignetem Bildschirm,
- Compaq-Farbkarte,
- Hercules Monochrome-Grafikkarte,
- IBM CGA-Farbkarte,
- IBM EGA-Grafikkarte (Grafikadapter).

Als Monitore kommen in Betracht:
- MDS-Genius Ganzseitenbildschirm,
- WSYE WY-700 Bildschirm,
- AT & T 6300/Olivetti M24, 640 x 400 monochrom Monitor,
- XEROX Ganzseitenbildschirm,
- 3270 PC,
- CGA Adapter,
- EGA Adapter,
- weitere Monitorhersteller bieten Softwaretreiber an.

Als Maus könne folgende Produkte eingesetzt werden:
- Microsoft (BUS oder serielle Maus),
- Mouse Systems,
- Summagraphics,
- Logitek,
- Torrington (Microage),

An Scannern werden u. a. unterstützt:
- Microtek,
- Advanced Vision Research,
- DEST,
- HP ScanJet,
- Datacopy und
- alle anderen Scanner, die ein GEM, Z-Soft- oder PC-Paintbrush-Format erzeugen.

Die Palette an Druckern, die vom Ventura Publisher unterstützt wird, wird täglich größer. Folgende Systeme werden standardmäßig unterstützt:
- XEROX 4045 Laser-Drucker,
- XEROX 4020 Tintenstrahl-Farbdrucker,
- Epson MX-80 und FX-80,
- IBM-Proprinter,
- HP LaserJet (plus) und II,
- JLaser,
- AST TurboLaser
- Cordata Laserprinter,
- Tall Tree Systems JLaser
- Apple LaserWriter Plus.

Von diversen Druckerherstellern werden Software-Treiber zur Druckeransteuerung angeboten.

Folgende PostScript-Seitendrucker und Fotosatzgeräte werden unterstützt:
- Dataproducts LZR 2665,
- DEC PrintServer 40
- Linotonic 100 und 300,
- PS Jet Aufrüstung (HP LaserJet/Canon LBP-CX),
- QMS PS 800,
- QMS PS 2400,
- TI OmniLaser 2108 und 2115.

Es darf nicht unerwähnt bleiben, daß der Ventura Publisher als zweite Seitenbeschreibungssprache auch Interpress unterstützt. Interpress ist ein Standard, den sich das Haus Xerox gesetzt hat. Die XEROX-Laser-Drucker arbeiten alle im Interpress-Format. Interpress-Dateien können über das Ethernet übertragen werden und auf die großen Laser-Drucker, die z. B. im Rechenzentrum direkt an den Großrechner angeschlossen sind ausgedruckt werden. Alle Interpress-fähigen Ausgabegeräte werden vom Ventura Publisher unterstützt:
- Xerox 3700 +
- XEROX 4050.
- XEROX 8700,
- XEROX 9790.

Die Übernahme von Grafiken ist aus folgenden Programmen möglich:
- AutoCAD,
- GEM-Draw,
- GEM-Graph,
- GEM-Paint,
- PC-Paintbrush,
- CAD DXF-Dateien,
- Lotus 1-2-3
- Symphony,
- HPGL-Dateien,
- CGM (Computer Graphics Metafils)-Dateien,
- Macintosh PICT-Dateien,
- Macintosh Paint-Dateien,
- EPSF (Encasulated PostScrip Fils) Dateien,
- Video Show Format (Freelance, Mirage etc.).

Besondere Produktmerkmale

Besonders ist hervorzuheben, daß sowohl das Programm als auch die Handbücher vollständig in deutsch vorliegen. Es existiert eine integrierte, vollautomatische deutsche Silbentrennung. Die Sielbentrennung erfolgt 100% dudengerecht, d. h. wenn man das Wort "Drucker" trennt, dann wird aus dem "ck" ein "kk". Aus einen "ß" wird in einem anderen Fall ein "ss". Die Trennungen werden vom Ventura Publisher automatisch in dem Moment durchgeführt, in dem eine Textdatei geladen wird.

Als Ergänzung zur Silbentrennung existiert noch eine Ausschlußdatei, in die man bestimmte Wörter eingeben kann, die nicht getrennt werden sollen. Auch besteht die Möglichkeit, bestimmte Trennregeln wortspezifisch vorzugeben. Es existiert eine zweite integrierte Datei, quasi ein Fremdwörterlexikon, in die die Wörter, die sich nicht nach den deutschen Trennregeln trennen lassen, sondern einem anderen Trennalgorithmus folgen, gespeichert werden können. Per Editor kann der Anwender eigene Wörter einfügen.

Der Ventura Publisher ist hervorragend für die Erstellung umfangreicher Dokumentationen geeignet. Der Ventura Publisher erlaubt die Verarbeitung von bis zu 500 kByte großen Textdateien pro Kapitel. Bis zu 64 Kapitel können zu einen Dokument zusammengefaßt werden. Dies ist wichtig, wenn man bedenkt, daß es die Möglichkeit der automatischen Erstellung eines Inhaltsverzeichnisses gibt. Gerade bei umfangreichen Dokumenationen ist das ein wesentlicher Faktor. Auch die automatische Erstellung eines Schlagwortverzeichnisses wird unterstützt.

Im Ventura Publisher wird auch das automatische Kerning (Unterschneiden) unterstützt. Diese Funktion läßt sich bei Bedarf auch ausschalten.

Ein weiterer wichtiger Punkt ist, daß man mit dem Ventura Publisher die Möglichkeit hat Standard-Layoutvorlagen zu speichern. In diese, mit einem eigenen Namen versehene Layoutvorlage, werden alle Informationen (Parameter), die für die Gestaltung einer Dokumentation benötigt werden, gespeichert, wie rechter Rand, linker Rand, Schriftarten, -größen und ob die Unterschneidung ein- oder ausgeschaltet werden soll.

Wenn man nun technische Handbücher erstellen will, dann kann man dafür die besondere Layoutvorlage "Technische Handbücher" verwenden. Wird nun der Text geladen, wird der Text nach der vorgegebenen Layoutvorlage gestaltet, d. h. umbrochen. Es können beliebig viele Layoutvorlagen definiert und auf der Festplatte abgelegt werden.

Weiter ist wichtig, daß Texte um vorgegebene Rahmen herumfließen: seien darin nun Grafiken oder Bilder. Beim Ventura Publisher ist dies möglich, egal ob der Rahmen über eine Spalte oder zwei positioniert ist. Der Text läuft stets automatisch um den Rahmen herum. Diese Rahmen lassen sich auch mit bestimmten Textpositionen (das gilt auch für Freihandgrafiken) verbinden. Man kann also vorgeben, daß bei einem bestimmten Text immer ein bestimmter Rahmen, z. B. Nr. 5, verwendet werden soll. Wenn nun der Text eingefügt wird und sich der Text verschiebt, wird durch den verankerten Rahmen der Rahmen ebenfalls verschoben, da die Textposition und der Rahmen logisch miteinander verknüpft sind. Wenn der neu eingefügte Text so lang ist, daß eine neue Seite generiert werden muß, dann wird wird auch der Rahmen automatisch mit auf die nächste Seite gezogen.

Der Ventura Publisher unterstützt auch die Erstellung farbiger Dokumente; dies jedoch nur im Zusammenhang mit einen Farb-Laser-Drucker bzw. einen entsprechenden Tintenstrahl- oder Thermotransfer-Drucker.

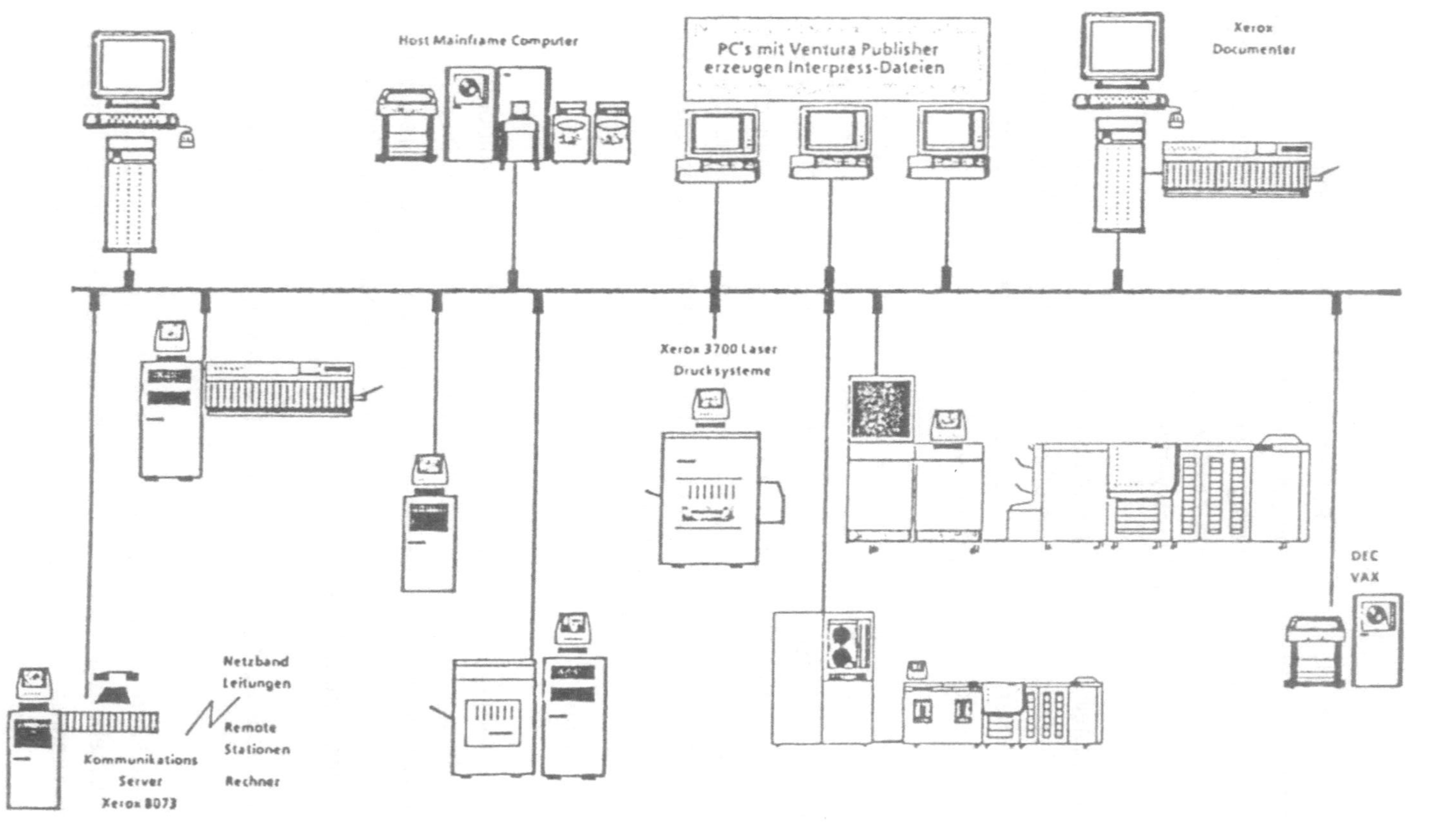

Abbildung 2:   Ethernet-Konfiguration mit Ventura Publisher Anwendungen

Interpress

Die Interpress-Fähigkeit des Ventura Publisher kann vielfältig genutzt werden und erlaubt das Erstellen von Publikationen auf vernetzten PCs. Werden diese Dateien im Interpress-Format nun zum Host übertragen, so ist es dort unproblematisch möglich, die zentralen Laser-Drucksysteme von XEROX (XEROX 9790, XEROX 8700, XEROX 4050) für den Ausdruck dieser Dateien zu verwenden.

Die in Abb. 2 dargestellten PCs arbeiten mit dem Ventura Publisher. Wenn diese PCs über entsprechende Steckkarten an das Ethernet angeschlossen sind, können die mit dem Ventura Publisher erzeugten Interpress-Dateien über das Ethernet zu allen angeschlossenen Drucksystemen gesandt werden.

Eine gleichgelagerte Abwicklung läßt sich auch in einer SNA-Umgebung realisieren. Die auf dem PC erzeugten Dokumentationen lassen sich somit auf leistungsfähigen zentralen Laser-Drucksystemen ausgeben. Der Ausdruck der Dokumentationen erfolgt mit einer Geschwindigkeit von bis zu 120 Seiten pro Minute über den an den Kanal angeschlossenen Laser-Drucker. Eine interessante Möglichkeit, um erstens eine weitergehende Integration zu erreichen und zweitens eine kapazitätsgerechte Auslastung der Laser-Drucker zu erreichen.

Schulung und Vertrieb

Ventura Publisher Schulungen werden sowohl von den Software-Distributoren und unabhängigen Schulungsunternehmen angeboten und durchgeführt. Das Olivetti Bildungszentrum bietet in 30 Städten Schulungsmaßnahmen an. Jeden Freitagnachmittag können kostenlose Schnupperseminare besucht werden. Eine ähnliche Kooperation besteht mit den Control Data Institut.

In der Bundesrepublik Deutschland wird der Ventura von über 165 Händlern vertrieben.

Zusammengefaßt kann festgestellt werden, daß der Ventura Publisher aufgrund seiner Leistungsmerkmale vielfältig auch in bereits vorhandene DV-Umgebungen integriert werden kann.

Probleme und Perspektiven der Ablauforganisation durch integrierte Publikationssysteme

Harald Melcher, Berlin

Kurzdarstellung des Unternehmens

Der Cornelsen Verlag in Berlin gehört mit einer Schwesterfirma in Bielefeld, Tochterverlagen in Düsseldorf und Frankfurt, Redaktionsgesellschaften in Heidelberg und München sowie einer Verlagsdruckerei, ebenfalls in Berlin, zu den größten deutschen Schulbuchverlagen. Das Verlagsprogramm umfaßt etwa 5.000 Titel, die fast alle Schulstufen und Schulfächer abdecken. Jährlich werden etwa 200 Neuerscheinungen veröffentlicht.

Die folgende Darstellung konzentriert sich auf den Berliner Verlag, in dem die größte Zahl von Redakteuren (25) und Herstellern (14) an einem Ort tätig ist.

Stand der Technik und Ausgangsüberlegungen im Verlag

Es geht bei der folgenden Darstellung weniger um theoretische Reflektionen als vielmehr um einen Bericht aus der bisherigen Praxis. Vor kurzem wurde die Einsatzplanung neuer Technologien, ausgehend von der bisherigen Konzeption unter dem allgemeinen Begriff "Textverarbeitung", mit der Erarbeitung eines neuen Modells unter dem Oberbegriff "Gestaltungs-EDV" begonnen. Nachfolgend werden eher Probleme dargestellt als fertige Lösungen angeboten. Mögliche Perspektiven werden an vielen Stellen deutlich aufgezeigt.

Der Begriff "Textverarbeitung" markiert bereits den gegenwärtigen Stand der Technik im Cornelsen Verlag. Seit etwa vier Jahren wird diese in verstärktem Maße systematisch eingesetzt. Dabei handelte es sich zunächst um ein Textverarbeitungssystem aus dem Bürobereich, das sich den zunehmenden Anforderungen aus den Redaktionen nach zwei Jahren aber nicht mehr gewachsen zeigte. Die Umrüstung ist inzwischen so weit erfolgt, daß drei MS-DOS-Geräte mit WordStar und z. T. mit einem Datenbanksystem eingesetzt werden, sowie fünf Apple Macintosh mit Word und SuperPaint. Seit mehr als einem Jahr werden Erfahrungen mit der Weitergabe von

Texten an Satzbetriebe per Diskette und zwischengeschalteter Konvertierung gesammelt. Bisher wurde erst einmal bei einem kleinen Projekt der Einsatz der Seitengestaltungssoftware XPress von Quark versucht. Die erstellten Seiten werden über einen Laserbelichter eines Belichtungsservices ausgegeben.

Neue Technologien werden also eher zurückhaltend eingesetzt und noch im Hinblick auf ein integriertes Publikationssystem (IPS) sicher eine längere Konzeptualisierungsphase erfordern. Da die wesentlichen Arbeiten bis zum Erscheinen eines schriftlichen Lehrmediums im Verlag geleistet werden, läuft man anderenfalls Gefahr, die Arbeitsabläufe in den Redaktionen und der Herstellung und damit letztendlich den Fortbestand unseres Hauses zu gefährden. Es handelt sich aus unserer Sicht bei der Einführung und Nutzung eines IPS um Überlegungen und Handlungen innerhalb eines vernetzten Systems, dessen wesentliche Komponenten sind:

- Menschen in der Arbeitswelt,
- Arbeiten/Leistungen,
- Technik,
- Organisation,
- Kosten/Wirtschaftlichkeit und
- Zeit.

Konventionelle Ablauforganisation

Ansatzweise kann die Beschreibung der bisherigen Arbeitsabläufe verdeutlichen, auf welche Weise diese Komponenten im Cornelsen Verlag zusammenwirken. Der Prototyp eines Schulbuchs, nämlich das sog. "Schülerbuch" stellt nur eines von vielen möglichen Printerzeugnissen dar. Insgesamt umfaßt die Palette der entwickelten und hergestellten Produkte fast alle denkbaren Zwischenstufen vom schmalen einfarbigen Lektüreheft mit glattem Text bis hin zum aufwendigen vierfarbigen und mit vielen Abbildungen, Unterlegungen, Tabellen etc. versehenen Schülerbuch, bei dem in einer Reihe von Fächern jeder Aufschlag (= zwei gegenüberliegende Seiten) nach didaktischen und gestalterischen Kriterien eigenständig aufgebaut und in das Gesamtwerk integriert werden muß. Die Auflagenhöhe schwankt dabei zwischen wenigen hundert und mehreren zehntausend Exemplaren je Druck.

Nachfolgende Abbildung zeigt schematisch den Ablauf bei der Schulbuchherstellung anhand der einzelnen zu durchlaufenden Stationen auf.

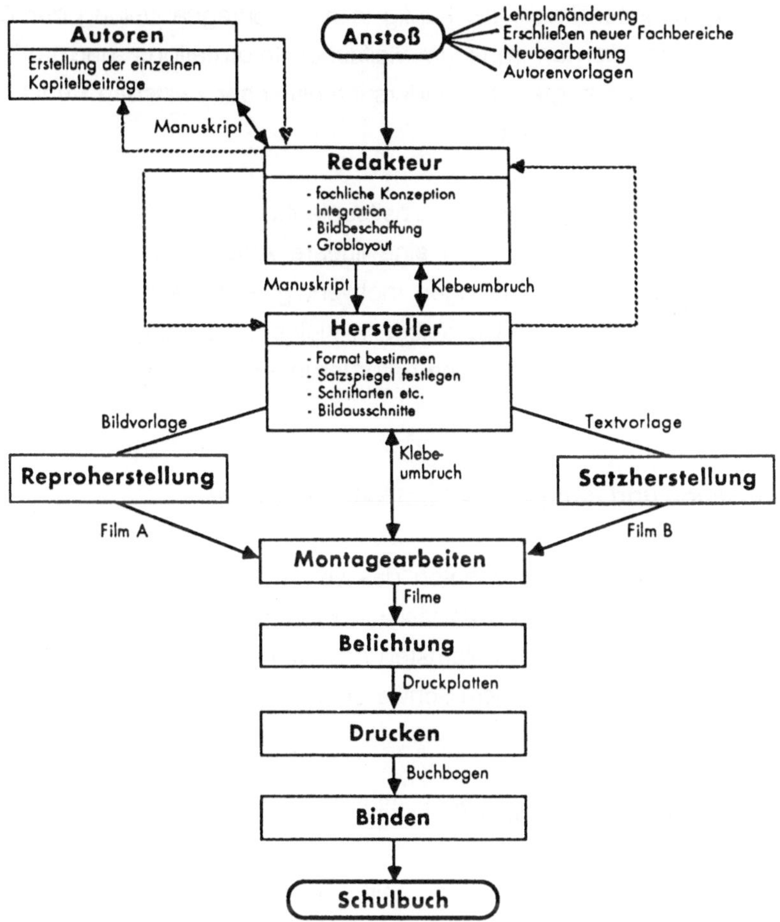

Entsprechend vielfältig sind die eingesetzten Herstellungstechniken und Arbeitsabläufe. Ein Standardablauf beginnt oft mit der Suche nach geeigneten Fachautoren. Sind auf diese Autoren die Aufgaben verteilt worden und gehen Manuskripte oder Manuskriptteile bei der Redaktion ein, so folgt eine erste Korrektur und Abstimmungsphase im Verlag, die mit der Rücksendung der Manuskripte an die Autoren und gegebenenfalls an die Herausgeber weitergeht. Nach Erhalt der von den Autoren überarbeiteten Manuskripte folgt eine zweite Prüfung in der Redaktion und die erste verbindliche Abstimmung mit dem zuständigen Hersteller (Format, Layout, Typographie etc.). Im Idealfall kann der Hersteller bereits Manuskriptteile weiterbearbeiten, d. h. über viele Zwischenschritte schließlich bis zum Klebeumbruch kommen. Bei den Zwischenschritten werden zwei weitere Partner einbezogen: Die Setzerei für die Textweiterverarbeitung und der Reprobetrieb für die Aufbereitung von Bildern und Grafiken.

Bis zu den fertigen Seitenfilmen, die häufig in der Montageabteilung der Druckerei erstellt werden, kommt es nun zu einem vielfachen Informations -und Vorlagenaustausch zwischen allen Beteiligten, besonders intensiv aber zwischen Redaktion, Herstellung, Setzerei und Reprobetrieb.

Schon diese knappe Beschreibung des Arbeitsablaufs verdeutlicht, daß es sich nicht - wie in vielen anderen Verlagen - um eine lineare Abfolge von Schritten handelt, sondern daß vielfältige Rückbindungen notwendig sind. Außerdem werden die Buchprodukte wesentlich im Verlag selbst in kleinen, zu integrierenden Einheiten erarbeitet. Dies hat außerordentlich hohe Anforderungen an ein IPS zur Folge.

Ablauforganisation und integriertes Publikationssystem

Die zu Anfang genannten Komponenten des vernetzten Systems, das bei Einsatz eines IPS entsteht, sind in der Praxis vielfach miteinander verknüpft. Im folgenden werden eine Reihe wesentlicher Problemstellungen kurz umrissen, die sich aus diesen Verknüpfungen mit unterschiedlichem Schwerpunkt ergeben.

Gründe für die Einführung eines IPS

Es scheinen vier Gründe maßgeblich zu sein, die die Einführung eines IPS sinnvoll erscheinen lassen:

- Technischer Fortschritt: Hier liegt die Basis für die Beschäftigung mit dem Thema. Ohne die sich weiterhin beschleunigende Entwicklung im Bereich der Mikroprozessortechnik, der EDV-Peripheriegeräte und der Software-Technologie - deren Bedeutung bekanntermaßen ständig zunimmt - wäre ein IPS nicht denkbar. Wesentliche weitere Voraussetzung ist ein starker Trend zur Integration unterschiedlicher EDV-Anwendungen und Bereiche, in diesem Fall Bürokommunikation, insbesondere Textverarbeitung, Grafikanwendungen/CAD, Fotosatztechnik und Software-Ergonomie.

- Entlastung der Mitarbeiter von monotoner Arbeit zugunsten einer zeitlichen und fachlichen Ausweitung ihrer kreativen Möglichkeiten - ein Aspekt, der in einem Verlag mit einer speziellen Produktion und einer Arbeitsweise sehr hoch eingeschätzt wird.

- Beschleunigung in den Arbeitsabläufen, etwa durch Fortfall der Mehrfacherfassung von Texten, insbesondere bei den häufig in ein enges Termingefüge eingepaßten Arbeiten.

- Erhöhung der Wirtschaftlichkeit, d. h. die Gesamtkosten sollen vermindert werden.

Schnittstellenprobleme

Für diesen Problembereich gibt es eine Fülle von Beispielen. Sie lassen sich weitgehend unter zwei Stichworten zusammenfassen.

Zum einen handelt es sich um die **Kompatibilität** der verwendeten technischen Systeme, sowohl der Hard- wie der Software. Die Schwierigkeiten sind Anwendern gut bekannt:

MS-DOS-Rechner weisen Unterschiede auf. Die Konvertierung bereitet alleine schon bei Abweichung vom physikalischen Diskettenformat Probleme, unterschiedliche Programmsysteme erschweren den Datenaustausch, mehrere nacheinander in der Dokumentenerstellung verwendete Programme (etwa Textverarbeitung, Zeichenprogramm, Gestaltungsprogramm) stellen plötzlich den Belichter vor Schwierigkeiten etc.

Zum anderen bereitet die gegenseitige **Information und Kommunikation** große Probleme. Die bisher gewohnte und eingespielte **arbeitsteilige Abwicklung** wird in Frage gestellt. Der Redakteur etwa erhält vom Autor eine Diskette. Wie zeichnet er den Text aus, markiert Änderungen und ähnliches, wenn er ihm auch eine Diskette zurückgeben will? (Er macht es auf Papier). Welche Vorleistungen für das Layout kann und soll der Redakteur bereits dem Hersteller abnehmen? Wie einigen sich Verlag und Setzerei auf die Kodierung erfaßter Texte? (Sie vereinbaren eine Kodierungsliste).

Statt vieler weiterer Einzelprobleme, die sich im übrigen auch im Bereich der Desktop Publishing-Systeme zeigen, sei noch ein Fall aus der Praxis geschildert:

Ein langjähriger und erfahrener Autor ist seit Jahren begeisterter PC-Anwender und kaufte sich bereits 1985 ein sehr leistungsfähiges Seitengestaltungsprogramm. Der Verlag vereinbart mit ihm die Erarbeitung eines kleinen Einzeltitels und der Autor bietet die Lieferung vervielfältigungsfähiger Aufsichtsvorlagen an. Der Verlag akzeptiert und der Autor schickt in mehreren Schüben seine Manuskriptteile an den Redakteur - als Textverarbeitungsausdruck. Außerdem erhält der Verlag einige gestaltete Musterseiten, ebenfalls mit hohem Textanteil, und akzeptiert sie. Wochen vergehen und endlich schickt der Autor den größeren Teil der Aufsichtsvorlagen: Redakteur und Hersteller beschließen eine vollständige gestalterische Überarbeitung, denn der Autor hat eklatant gegen typographische und gestalterische Grundregeln verstoßen. Dies war wesentlich auch ein gegenseitiges Informationsproblem, aber es berührt auch die Frage nach dem Problem der Abbildung konventioneller oder Schaffung neuer Ablaufstrukturen.

Der geschilderte Fall zeigt exemplarisch auf: Die Nutzung neuer Technologien im Verlagsbereich wirft bei der inzwischen erreichten Leistungsfähigkeit die Frage nach der sinnvollen Teilung der Arbeitsschritte auf und es zeigt sich gleichzeitig, daß weiterhin fachliches Wissen und Können zur angemessenen Nutzung der vorhandenen Werkzeuge (hier: Seitengestaltungsprogramme) notwendig ist.

Dabei läßt sich heute noch nicht umfassend beantworten, welche Arbeitsschritte entfallen, zusammengefaßt oder verlagert werden. Als Tendenz zeigt sich für die beschriebene Anwendung folgende Entwicklung:

Die **Mehrfacherfassung** entfällt zunehmend.

Bei komplizierten Werken (hier: Lehrmedien), die eventuell sogar im Team erarbeitet werden, wird der Autor weiterhin "nur" Textverarbeitungssoftware einsetzen.

Der Redakteur wird sich überwiegend auf die Verbindung zwischen Inhalt und Form konzentrieren und ebenfalls überwiegend Textverarbeitungssoftware anwenden.

Der Buchhersteller wird auch Seitengestaltungssoftware in Verbindung mit einer leistungsfähigen EDV benutzen und der Satzbetrieb entweder nur noch belichten oder vorbearbeitete Dokumente per Fotosatz optimieren.

Eng verbunden mit der skizzierten Entwicklung ist die Frage nach der Veränderung von Berufsbildern. Die Prognose geht in Richtung Job-Enrichment und Job-Enlargement und nicht in Richtung Dequalifizierung oder Vernichtung von Arbeitsplätzen.

Mit jeder Bearbeitungsstufe wird das erstellte Dokumente komplexer. Eine Abwärtskompabilität der verwendeten Software ist aber nur um den Preis des Informationsverlusts zu haben (fertig gestaltete Textseiten werden auf das Textverarbeitungsdokument reduziert) oder überhaupt nicht gegeben. Schriftliches Material kann dagegen in jeder Form "zurückgereicht" werden. Vermutlich werden sich die häufigen Korrekturschritte mit dem Einsatz neuer Technologien vermindern. Gleichzeitig werden vielleicht in einer frühen Phase stärker als bisher alternative Gestaltungsvorschläge durchgeprüft und ein oder mehrere Muster festgelegt. Diese würde den Beteiligten die Arbeit dann wesentlich erleichtern.

Einzelarbeitsplatz oder integrierte Informationsverarbeitung

Bereits an mehreren Stellen wurde die organisatorische Einbettung der EDV mit angesprochen, obwohl in unserem Hause bisher nur Einzelarbeitsplätze installiert sind, besteht bei der Größe der denkbaren Installation kein Zweifel am Aufbau eines integrierten und vernetzten EDV-Systems. Wesentliche Gründe dafür sind die verstärkten Entwicklungsbemühungen der Anbieter in diesem Bereich, die u. a. zunehmend komfortablere und sichere Netzwerke auf den Markt bringen, und die Vorteile des raschen Informationsaustauschs sowie der Zugriff auf eine gemeinsame Datenbasis.

Der Weg zu diesem System ist allerdings noch weit und kann nur in vielen kleinen Schritten erreicht werden. Er fordert ein langfristig angelegtes Konzept, eine Wirtschaftlichkeitsanalyse, die ausführliche Vorbereitung, Beteiligung und Einarbeitung der Mitarbeiter und zusätzliches Personal, wie z. B. einen Systemverwalter. Außerdem läßt sich zum gegenwärtigen Zeitpunkt noch nicht sagen, ob ausschließlich mit verteilter Intelligenz (PCs, Workstations) gearbeitet wird oder zusätzich auch ein Zentralrechner mit Peripherie notwendig sein wird. Sicher ist jedoch schon heute, daß im Zuge der Ausweitung der Datenfernübertragungsmöglichkeiten diese sowohl für Verbindungen zu entsprechend ausgestatteten Autoren (Mailbox) als auch zu Satz- und Reprobetrieben genutzt werden.

Problem der Text- und Bildintegration

Es ist heute einerseits möglich, mit professionellen und bei entsprechender Ausstattung im Millionen-DM-Bereich liegenden Bildbearbeitungssystemen auch Text mitzubearbeiten. Die bisherigen Systeme zeigen aber alle noch Unzulänglichkeiten im Vergleich zur konventionellen Technik. Auf der anderen Seite entwickelt sich im DTP-

Bereich das Angebot an Scannern preislich und technisch sehr rasch weiter: Die Auflösung wird verbessert und die Anschaffungskosten sinken. Grenzen setzt hier jedoch - und trotz vielversprechender Ansätze wohl auch noch bei der Gestaltungssoftware - das Einlesen und Bearbeiten von farbigen Vorlagen in Farbe.

Erst wenn hier die technische Entwicklung noch weitere Fortschritte gemacht hat, wäre etwa die Nutzung einer verlagseigenen oder fremden Bilddatenbank und die Integration von Text und Bild im System des Buchherstellers denkbar. Für den Herstellungsablauf wäre hier eine große zeitliche Einsparung (elektronische Bildauswahl, gegebenenfalls Bestellung und Übermittlung, sowie Bearbeitung und Montage) und eine entsprechende Vereinfachung der Arbeit zu erwarten.

Auslastungsprobleme

Allerdings deutet dieser Blick in die Zukunft indirekt auch an: Ein IPS ist je teurer, desto leistungsfähiger und perfekter es aufgebaut ist. Verbunden ist damit die Notwendigkeit, auch für eine möglichst hohe Auslastung zu sorgen.

Zunächst sei in diesem Zusammenhang auf zwei Gefahren hingewiesen. Nach der gemachten Erfahrung beschleunigt der EDV-Einsatz schon auf der Textverarbeitungsstufe Korrektur- und einfache Gestaltungsarbeiten erheblich. Dieser Zeitgewinn wird jedoch durch häufigere Änderungswünsche teilweise wieder zunichte gemacht. Außerdem besteht bei nicht angepaßter Arbeitsorganisation die Gefahr, daß an die Systembediener verstärkt der Wunsch nach einer "raschen kleinen Änderung" herangetragen wird. Dies stört jedoch den kontinuierlichen Arbeitsfluß und mindert damit die Produktivität erheblich.

Ist schon die Planung der Auslastung für EDV-Einzelarbeitsplätze oft schwierig, insbesondere bei mehreren gemeinsamen Benutzern, so stellt sich dieses Problem verstärkt bei zunehmendem Integrationsgrad. Kritisch dürfte hier vor allem der Übergang vom Bereich Autor-Redakteur zum Herstellungsbereich sein, denn an dieser Stelle arbeiten zum einen mehrere Redakteure mit einem Hersteller zusammen, zum anderen wird der inhaltlich gestaltete Text - unter Berücksichtigung des spezifischen Inhalts - auch formal gestaltet. Für diesen Arbeitsschritt sind leistungsfähigere und damit teurere Systeme als auf den vorherigen Stufen erforderlich. Um dem Dilemma "Flaschenhals oder Überkapazität" zu entgehen und flexibel zu bleiben, empfiehlt es sich, auch bei einem zukünftigen höheren Integrationsgrad einen Teil der Produktion auf technisch kompatible Fremdfirmen auszulagern.

Einführungsprobleme

Nicht erst bei einem zukünftigen IPS, sondern auch schon bei der Einführung von Textverarbeitung und DTP-Systemen treten weiterhin typische Übergangsprobleme auf.

Dazu zählt die Schulung und Einarbeitung der Mitarbeiter, denn in der Regel müssen hier neues Wissen und neue Kenntnisse vermittelt werden. Der Cornelsen Verlag praktiziert zu diesem Zweck mit Erfolg ein mehrfach gestuftes Vorgehen. Es beginnt mit der Grundeinweisung in die Bedienung des Geräts und im Regelfall mit einem externen Grundkurs für die jeweils eingesetzte Textverarbeitungssoftware. Nach einer unterschiedlich langen Praxisphase folgt ein Aufbaukurs Textverarbeitung. In Zukunft wäre es denkbar, für Hersteller eine kurze Einführung in die Textverarbeitungssoftware anzubieten und danach einen Kursus für ein Seitengestaltungsprogramm folgen zu lassen. Es würde ebenfalls später durch einen Aufbaukurs und eventuell die Einführung in Zeichen- und/oder Bildbearbeitungsprogramme ergänzt werden. Für die Einarbeitung bis zur Beherrschung eines Textverarbeitungs- oder DTP-Systems muß bei fachlich vorgebildeten Mitarbeitern mit einem Zeitraum zwischen sechs Wochen und vier Monaten gerechnet werden.

Ungleich komplizierter würde sich die Schulung bei Einführung eines IPS darstellen. Hier müßten nicht nur gleichzeitig oder mit geringem Zeitversatz Mitarbeiter in unterschiedlichen Abteilungen eingewiesen und trainiert werden, sondern auch für den Verlag völlig neue Techniken eingeführt werden (z. B. Scanner, Bildbearbeitungssysteme, Belichter).

Neben der Vermittlung neuer Kenntnisse tritt bereits bei der umfangreichen Einführung von Textverarbeitung das Problem der zeitweisen Parallelität verschiedener Arbeitsverfahren. Bei einem IPS potentieren sich die damit verbundenen Schwierigkeiten dann geradezu: Technische Inkompabilität der Verfahren, im Regelfall zeitversetzte Einführung mit eingeschränkten Nutzungsmöglichkeiten, Umstellung innerhalb laufender Projekte, um nur einige zu nennen. Schließlich muß auch berücksichtigt werden, daß die gesamte Buchentwicklung und Herstellung unbeeinträchtigt weiterlaufen soll, um keine Verzögerung bei Erscheinungsterminen und damit Umsatzeinbußen zu riskieren.

Der Einsatz einiger klassischer, planerischer und organisatorischer Mittel ist daher bei einer größeren IPS-Installation unabdingbar: Die Gründung eines Projektteams, die

Erstellung einer Organisations- und Ablaufanalyse, sowie eines Pflichtenhefts, eine Wirtschaftlichkeitsberechnung, eine ausführliche Marktuntersuchung, eine genaue Zieldefinition in den wesentlichen Bereichen (Effekte für die Mitarbeiter, Arbeitsabläufe, Organisation, Wirtschaftlichkeit etc.) und schließlich eine detaillierte Einführungsplanung sowie - nach erfolgter Investitionsentscheidung - eine vom Projektteam begleitete schrittweise Einführung.

Problem der Anpassung an die technologische Entwicklung

Kaum steht schließlich das System einigermaßen, so besteht die Gefahr, daß es bereits wieder veraltet ist. Hinter diesem Begriff verbergen sich heutzutage zwei verschiedene Effekte: Die Technik wird durch eine neue Produktgeneration deutlich verbessert und gleichzeitig reduzieren sich die Anschaffungskosten für eine mit dem alten System in der Leistung vergleichbare neue Anlage. Um dies etwas plastischer werden zu lassen: Eine Hardware-Generation im PC-Bereich wird heute etwa alle zwei Jahre durch eine neue abgelöst. Neue Versionen von Textverarbeitungs- und DTP-Software mit erheblichen Verbesserungen erscheinen heute in einem Abstand von etwa drei bis sechs Monaten!

Auch hier gibt es kein Patentrezept zur Vermeidung dieses Problems. Es läßt sich allerdings abmildern durch Berücksichtigung eines möglichst hohen Grades an Kompatibilität (Stichwort "Offenes System"), durch einen modularen Systemaufbau, durch rotierenden Austausch von Systemteilen, durch eine flexible Ablauforganisation und durch die Beachtung des Wirtschaftlichkeitsprinzips. Ein DTP-System oder ein IPS ist nämlich schon dann rentabel, wenn es gegenüber der bisherigen Arbeitsweise Kosten- und Zeitvorteile erbringt - und nicht erst in der nächsten Generation zu zwei Dritteln des Preises.

Der Exkurs über die Erfahrungen mit Textverarbeitungs- und - ansatzweise - DTP-Systemen und den Erwartungen an ein zukünftiges IPS endet hier. Deutlich geworden sein sollten die Vielfalt möglicher Probleme, aber auch einige positive Perspektiven, die der Einsatz elektronischer Hilfsmittel für den Arbeitsablauf in der Buchherstellung hat.

Die Zeitspanne bis zur Nutzung eines integrierten Publikationssystems muß jedoch in Jahren bemessen werden.

Kommerzieller Einsatz von CAP im Unternehmen

Jörg Grützkau, Arbeitsplatz Computer Service GmbH, Berlin

1. Einleitung

Nachfolgend werden die wichtigsten Entscheidungsschritte, die vor einem Einsatz eines Computer Aided Publishing (CAP)-Systems durchlaufen werden, dargestellt. Es werden dabei vier Phasen (s. Abb. 1) mit konkreten Beispielen beschrieben. Die Phasen werden jeweils mit Ja/Nein-Entscheidungen abgeschlossen. Der Einsatz von CAP kann nur bei einer Beantwortung aller vier Entscheidungsfragen mit Ja als sinnvoll bezeichnet werden.

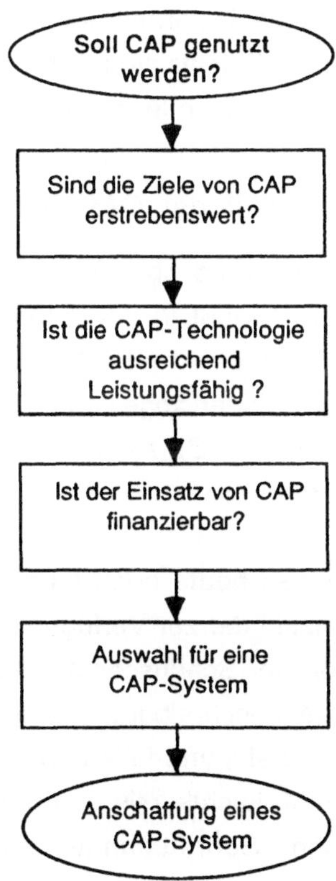

Abb. 1: Vier Entscheidungsphasen für den CAP-Einsatz

2. Ziele für den Einsatz CAP

Der Einsatz von Computer Aided Publishing rechtfertigt sich für eine Unternehmung aus den Gründen der Kostenersparnis oder der Gewinnung struktureller Vorteile. Ein struktureller Vorteil liegt z. B. in der Annäherung der Orte, an denen der Bedarf für eine Publikation anfällt oder an denen die Publikation hergestellt wird.

Der CAP-Anwender verfügt gegenüber dem konventionellen Setzer über eine größere Sachkenntnis in Bezug auf die zu erstellende Publikation, was einen weiteren Vorteil (z. B. einfache Kommunikation) darstellt. Aus diesen beiden Vorteilen resultiert der wichtigste strukturelle Vorteil, nämlich die deutliche Zeitersparnis in der Publikationserstellung. In einem Zeitalter, in dem Informationen eine immer größere Bedeutung gewinnen, bedeutet die höhere Aktualität einer Publikation einen entscheidenden Wettbewerbsvorteil.

Sind diese Ziele von CAP für eine Unternehmung erstrebenswert, so ist als die wichtigste Vorbedingung für den Einsatz von CAP zu überprüfen, ob die CAP-Technologie für den eigenen Bedarf auch leistungsfähig genug ist.

3. Reicht die Leistungsfähigkeit der CAP-Technologie aus?

Das einzelne CAP-System muß gründlich daraufhin untersucht werden, ob die gewünschten Druckvorlagen überhaupt in der erforderlichen Qualität hergestellt werden können. Zum heutigen Zeitpunkt ist CAP noch kein Ersatz für die traditionelle Satztechnik, und es muß daher abgewogen werden, ob die Einschränkungen gegenüber der konventionellen Satztechnik im Bereich der Typographie, Grafik und Farbe akzeptiert werden können.

Bei der CAP-Technologie müssen heute noch im typografischen Bereich gegenüber der Satztechnik, in der Anzahl der zur Verfügung stehenden Zeichensätze und der beschränkten Möglichkeiten der Schriftschnitte, Abstriche gemacht werden. So stehen bei der gängigsten Seitenbeschreibungsprache "PostScript" für Drucker nur die Schriftschnitte normal, fett, kursiv, und fettkursiv zur Verfügung. Unterscheidungen zwischen halbfett, doppelfett, leichtkursiv und normalkursiv sind zur Zeit noch nicht standardgemäß möglich. Schriftschnitte wie halbfett sind durch das Installieren von entsprechenden angebotenen Zeichensätzen möglich.

Das ästhetische Erscheinungsbild einer Schrift in der CAP-Technologie entspricht noch nicht ganz dem Erscheinungsbild aus einer professionellen Satzanlage. Dies ist in der Art der Definition der Zeichensätze begründet. Bei jedem Zeichen werden die Konturen in einer mathematischen Formel beschrieben. Die einzelnen Zeichengrößen können durch einen einfachen Rechenvorgang auf die jeweils verwendete Größe heraufgerechnet werden. Bei dieser "mathematischen" Vergrößerung werden aber ästhetische Proportionen nicht berücksichtigt. Das Vorhandensein von speziellen Schriftentabellen kann diesen Mangel jedoch nicht vollständig korrigieren. Die typografischen Leistungsfähigkeiten der heutigen CAP-Systeme sind aber dennoch für die meisten Anwendungsfälle als vollkommen ausreichend zu bezeichnen.

Vorzüglich lassen sich in CAP-Programmen mit dem Computer erstellte Grafiken in eine Publikation einbauen. Es ist möglich, die Position und den Ausschnitt einer Grafik zu jedem Zeitpunkt der Publikationserstellung zu verändern. Das Bildmaterial kann dabei von Programmen für Geschäftsgrafiken stammen, wie z. B. Balkendiagramme und Kreisdiagramme oder sogar CAD-Grafiken generieren.

Eine weitere Quelle für Bilder ist der sogenannte Scanner — hiermit können Bilder elektronisch digitalisiert in den Computer aufgenommen werden. Die heutige Technologie erlaubt eine Auflösung zwischen 300 bzw. 800 Punkten pro Inch bei bis zu 256 Graustufen. Der Schwerpunkt des Einsatzes von Scannern liegt bei Strichzeichnungen und Firmenlogos. Die Qualität der digitalisierten Fotos liegt bei den von Tageszeitungen bekannten Bildrastern.

Fotos mit Grautönen sollten in der herkömmlichen Montagetechnik nachträglich in die mit CAP-Technologie gefertigten Druckvorlagen montiert werden. Alle CAP-Programme unterstützen das Freihalten von solchen Flächen.

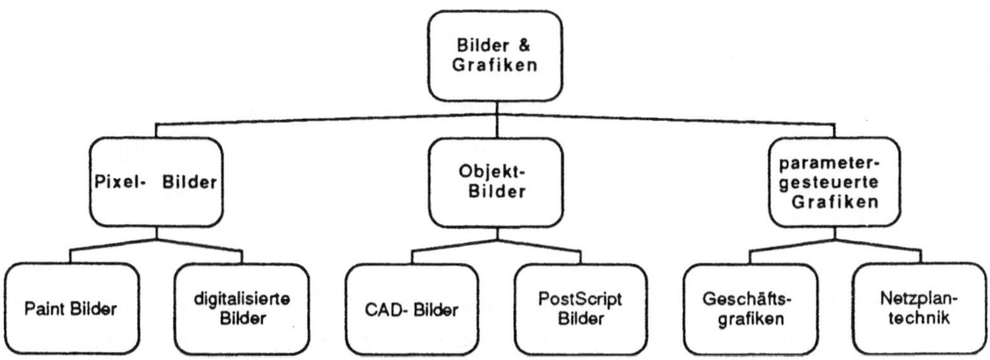

Abb. 2: Typen von Grafiken und Bildern

Für das Herstellen von Druckvorlagen bei mehrfarbigen Publikationen ist das Arbeiten mit farbseparierten Vorlagen eine Notwendigkeit. Bei farbseparierten Vorlagen erhält man für jede benutzte Farbe einen Grauabzug mit entsprechneden Passermarken, zum exakten übereinanderlegen der einzelnen Vorlagen beim Druck.

Zum jetzigen Zeitpunkt sind nur wenige Programme zu einer Farbseparation in der Lage. So ist zum Beispiel das Softwarepaket XPress der Firma Quark, das auf dem Apple Macintosh arbeitet, nur zur Farbseparation von elementaren Farben in der Lage.

Die meisten auf dem Markt befindlichen CAP-Programme sind in der Regel schnell erlernbar; dadurch kann ein großer Teil der bisherigen Satzaufträge mit CAP erledigt werden.

CAP wird sicherlich kein Ersatz für sämtliche Satzaufträge werden. Durch den Einsatz von CAP ergeben sich auch neue Möglichkeiten, wie z.B. das Erstellen von Präsentationsfolien und Grafiken, bei denen man früher den Erstellungsaufwand einfach gescheut hat. Fällt man für sich die Entscheidung, daß die CAP-Technologie für den eigenen Anwendungsbedarf leistungsfähig genug ist, so muß als nächstes die Frage der Finanzierbarkeit beantwortet werden.

4. Die CAP-Technologie muß finanzierbar sein

Zur Bestimmung der wirtschaftlichen Rentabilität eines CAP-Systems ist es erforderlich, sich ein Bild der bisherigen Kosten für die Herstellung einer Publikation zu machen. Wurde bisher der gesamte Publikationsprozeß außer Haus abgewickelt, so wird dafür von der Druckerei ein gemeinsamer Betrag für Druck und Satz berechnet. Es ist nun erforderlich, diesen Betrag in Druck-und Satzkosten zu trennen. Werden die Druckereien zu erneuten Angeboten aufgefordert, in denen die Kosten für Druck und Satz getrennt aufgeführt sind, führt dies häufig zu einem trügerischen Bild. Die Druckerei wird bestrebt sein, die Satzkosten gering zu halten und die entsprechende Differenz auf die Druckkosten aufzuschlagen.

Bei Publikationen, die regelmäßig mit gleichem Layout erscheinen, lassen sich durch den Einsatz von CAP die größten Ersparnisse erzielen. Die entsprechenden Definitionen über das Layout liegen bereits in gespeicherter Form vor und können beim nächsten Mal erneut verwendet werden.

Kostenersparnis im weiteren Sinne ist die Einsparung von Korrekturwegen. Den permanenten Kostenersparnissen stehen auch Kostensteigerungen gegenüber. Da sind als erstes die investiven Kosten für die Hardware der CAP, Computer, Scanner, Maus und Drucker, die Software, das CAP-Programm, ein Textverarbeitungsprogramm und unter Umständen ein oder mehrere Grafikprogramme sind weitere Kostenfaktoren. Zu den investiven Kosten gehört aber auch die Schulung des Personals sowie die Finanzierung der Einarbeitungszeit und der ersten "Fehlschläge".

Permanente Kostensteigerungen liegen in dem Bereich für das Bereitstellen der entsprechenden Büroflächen und der Möbel sowie in den Lohnkosten für das Personal. Sollte das Druckbild eines Laserdruckers nicht den gewünschten Qualitätsanforderungen entsprechen, ergibt sich auch die Notwendigkeit eines Laserbelichters. Der Laserbelichter bildet mit Kosten um 100.000 DM einen großen Posten. In der Regel wird sich der Kauf eines solchen Gerätes nicht sofort lohnen.

Für das Erstellen von Film- oder Fotopapiervorlagen kann ein Belichtungsstudio in Anspruch genommen werden, um aus den vorbereiteten Belichtungsvorlagen qualitativ hochwertige Druckvorlagen zu machen.

Die Entscheidung, ob Kosten eingespart werden können, wird vereinfacht, da sich alle Geräte der einzelnen Hersteller preislich in der gleichen Größenordnung bewegen. Die nächste Frage, die entschieden werden muß, ist: welches CAP-System ist für das Unternehmen am geeignetsten?

5. Entscheidung zwischen verschiedenen CAP-Systemen

Die Erfahrungen beim Einsatz verschiedener CAP-Systeme hat gezeigt, daß sie für jeweils bestimmte Publikationstypen geeignet sind. Als Publikationstypen grenzt man z. B. regelmäßig erscheinende Publikationen gegenüber einer Werbebroschüre, bzw. Formulare gegenüber Visitenkarten, Briefbögen und einer umfangreichen technischen Dokumentation ab.

Jeder Publikationstyp wird bei den CAP-Systemen durch verschiedene Leistungsmerkmale unterstützt. So ist z. B. das Erstellen von automatischen Inhaltsverzeichnissen ein Merkmal des Ventura Publisher und damit ein Vorteil für das Erstellen von umfangreichen Publikationen. Die flexible Anordnung von Text und Grafik beim PageMaker hingegen, ist ein spezielles Leistungsmerkmal für das Erstellen von Werbebroschüren.

118

6.1. Die CAP-Software steht im Mittelpunkt des CAP-Systems

Die Entscheidung für ein CAP-System sollte von der CAP-Software ausgehen, d. h. es ist das Programm geeignet, das die gewünschten Leistungsmerkmale erfüllt. Danach sind die entsprechenden Hardwarekomponenten auszuwählen. Sollte jedoch eine Hardwareinfrastruktur bereits vorhanden sein, ist diese ggf. zu berücksichtigen.

Im folgenden wird ein Überblick über die Leistungsmerkmale von CAP-Software gegeben. Dabei werden die Leistungsmerkmale in notwendige, wünschenswerte und spezielle untergliedert. Werden notwendige Leistungsmerkmale von einer Software nicht erfüllt, so ist diese keine guten Gewissens einsetzbare CAP-Software. Die wünschenwerten Forderungen können das Arbeiten mit dem CAP-System deutlich erleichtern, und gelten als erstrebenswert. Spezielle Leistungsmerkmale erhalten ihre Gewichtung durch die individuelle Anforderung der Unternehmung an den Einsatz von CAP.

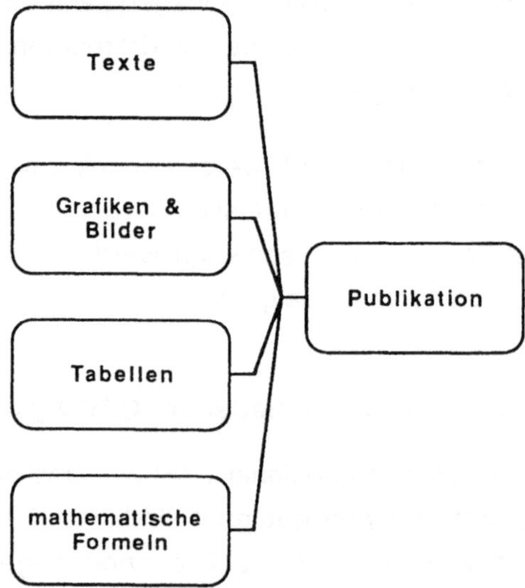

Abb. 3: Bestandteile einer Publikation

6.2. Typografie

Zu den typografischen Notwendigkeiten einer CAP-Sofware gehören die automatische Unterstützung bei der Silbentrennung, die Wahl von verschiedenen Schriftgrößen und -arten sowie mindestens die Schnittschriften kursiv, fett und fettkursiv. Dazu gehören gleichfalls das Unterstreichen, das Hoch-/Tiefstellen sowie Absatzinformationen über Zeilenabstand und Einrückungen. Das manuelle Unterschneiden von zwei Buchstaben bzw. automatisch nach einer Schrifttabelle ist eine wünschenswerte Forderung für ein ansprechendes Erscheinungsbild einer Publikation.

Weitere wünschenswerte Merkmale sind das Anlegen sog. Formatvorlagen, d. h. es werden bestimmten typografischen Eigenschaften Namen zugeordnet, die dann im weiteren Verlauf der Publikation benutzt werden können. Dadurch kann z. B. nachträglich das Aussehen aller Überschriften einer Publikation auf einmal verändert werden. Werden keine Formatvorlagen benutzt ist eine Funktion für das Suchen und Ersetzen von Formaten wünschenswert.

Spezielle typografische Leistungsmerkmale sind das Hoch-/Tiefstellen von Text anhand von vorgegebenen Werten, Bestimmung von Wort- und Buchstabenzwischenräumen bei Blocksatz, das prozentuale Strecken und Stauchen von Schriften bei Überschriften und das automatische Setzen von großen Initialen.

6.3. Layout

Zum Erstellen einer Publikation ist es notwendig, detaillierteLayoutangaben zu machen. Die notwendigen Leistungsmerkmale sind hier: die Definition von Stammseiten, das automatische Numerieren der Seiten und die Wahl variabler Papierformate. Die Stammseiten sollten für linke und rechte Seite getrennt definierbar sein, dadurch wird es möglich, einen entsprechenden Bundsteg zu berücksichtigen. Auf der Stammseite wird sowohl die Position der Seitennummer definiert als auch die Zahl der Spalten, die benutzt werden sollen. Es sollte auch möglich sein, grafische Elemente wie Spaltentrennlinien oder Grauraster bereits auf den Stammseiten festzulegen.

6.4. Textbearbeitung

Bei den meisten CAP-Programmen wird darauf verwiesen, daß die Texterfassung mit einem separaten Textsystem erfolgen sollte. Es ist aber notwendig, auch während der Gestaltung mit einem CAP-Programm die Publikation textuell zu korrigieren. Hierzu ist es erforderlich, daß das CAP-Programm das einfache Überarbeiten von Texten erlaubt. Auch muß es möglich sein, verschiedene

Tabulatoren in den Text einzubauen. Wünschenswert ist eine Funktion für das automatische Suchen und Ersetzen von Textstellen Weitere wünschenswerte Forderungen sind eine automatische Überprüfung der Wörter auf richtige Schreibweise und die Unterstützung von Fußnoten. Ein spezielles Leistungsmerkmal, das zur Zeit nur vom Ventura Publisher beherrscht wird, ist das Ändern des Textes im Original, d. h., der in einer Publikation verwendete Text wird nicht noch einmal vom CAP-Programm kopiert, sondern es existiert ein Verweis auf das Original, in dem auch alle Textänderungen zurückgeschrieben werden. Dadurch können Aktualisierungsprobleme bei regelmäßig erscheinenden Publikationen vermieden werden.

6.5. Grafik

Es ist notwendig, daß eine importierte Grafik nachträglich skaliert werden kann und daß eine Bestimmung des Bildausschnittes vorgenommen werden kann. Eine spezielle Anforderung ist zum heutigen Zeitpunkt, daß der Bildumriß nicht nur rechteckig sondern auch ein Polygon oder ein Oval sein kann.

Format	Ventura Publisher	PageMaker	
		DOS	Mac
Windows Paint	nein	ja	ja
Windows Draw	nein	ja	ja
GEM Paint	ja	nein	nein
GEM Draw	ja	nein	nein
MacPaint	ja	ja	ja
MacDraw	nein	ja	ja
In-a-Vision	nein	ja	ja
FullPaint	ja	ja	ja
Lotus 1-2-3	ja	ja	ja
AutoCAD	ja	ja	ja
DXF	ja	ja	ja
HPGL	ja	ja	ja
PICT	nein	ja	ja
TIFF	ja	ja	ja
Encapsulate - PostScript (EPS)	ja	ja	ja

Abb. 4: Einbindung von Grafikformaten in DTP-Software

6.6. Rudimentäre Graphikmöglichkeiten

Die CAP-Software sollte unbedingt das Zeichnen von Quadraten bzw. Rechtecken, Ellipsen bzw. Kreisen, Linien bzw. Pfeilen in der Publikation erlauben. Es sollte möglich sein, daß Flächen durch entsprechende Grauraster unterlegt werden können und daß die Linienstärke verschieden stark gewählt werden kann. Dies ist notwendig, um z. B. bei Formularen bestimmte Teile durch Graufelder optisch zu kennzeichnen oder Eingabefelder zu markieren. Wünschenswert ist, aber kaum anzutreffen, daß nicht zwischen importierten Grafiken und in der Publikation erstellten Grafiken unterschieden wird. Das bedeutet, daß auch nachträglich die importierten Grafiken im CAP-Programm verändert werden können.

6.7. Komposition von Text und Grafik

Ein wesentlicher Fortschritt durch die CAP-Technologie liegt in der Möglichkeit der gemeinsamen Komposition von Text und Grafik an einem Bildschirm zum späteren Druck auf einem Blatt Papier. Zu den notwendigen Leistungsmerkmalen lassen sich hier zählen, daß die Grafik als Bestandteil einer Seite gelten kann bzw. einer einzelnen Spalte.

Wünschenswert ist, daß die Grafik über mehrere Spalten gehen kann bzw. die Grafik nur Bestandteil einer einzelnen Zeile ist, wie z. B. bei bestimmten Signets. Wünschenswerte Leistungsmerkmale sind weiter das automatische Verdrängen von Text, das sogenannte 'run around'. Eine spezielle Forderung bei umfangreichen Publikationen ist die Definition von bestimmten "Ankern" für Grafiken. Das bedeutet: verschiebt sich der Text, so wird auch die entsprechende Grafik automatisch mit verschoben.

6.8. Farbseparation

Ist die Farbseparation nur auf wenige Seiten beschränkt, so kann dies manuell durch Duplizieren der Seiten und Auslöschen des jeweils nicht benötigten Farbanteils erfolgen. Wünschenswert ist natürlich, daß eine Farbseparation auch automatisch erfolgt. Eine spezielle Anforderung ist die Auftrennung von farbigen Rastern in ihre komplementären Bestandteile.

6.9. Benutzerfreundlichkeit

Ein Grund für die große Verbreitung von CAP-Programmen ist die Benutzer-
freundlichkeit der Software. Folgende Stichpunkte sind als notwendig anzusehen:
eine Bildschirmdarstellung nach dem Prinzip "What you see is what you get"
('WYSIWYG'), leichte Handhabbarkeit durch Maussteuerung und Menütechnik,
hohe Zuverlässigkeit und Toleranz der Software gegenüber Bedienungsfehlern,
das Darstellen der Publikation in verschiedenen Zoomstufen sowie das Bereitstellen von Tastaturalternativen.

Wünschenswerte Leistungsmerkmale sind eine hohe Arbeitsgeschwindigkeit, das
Öffnen und gleichzeitige Bearbeiten von mehreren Dokumenten, das Arbeiten und
Darstellen von Doppelseiten am Bildschirm, die Auswahl verschiedener
Maßeinheiten und das Positionieren mit Hilfe von Linealen.
'What you see is what you get' wird leider von den CAP-Software-Herstellern noch
unterschiedlich eingehalten. So ist z. B. darauf zu achten, daß Proportionalschrift
am Bildschirm auch zu erkennen ist. Es sollte auch möglich sein, daß entsprechende Monospace-Schriften auch am Bildschirm zu erkennen sind, was
leider nicht immer selbstverständlich ist. Grafische Linien und Grauraster sollten
durch entsprechende Linien am Bildschirm angedeutet werden können. Auf jeden
Fall sollte der Zeilenumbruch auf dem Bildschirm korrekt wiedergegeben werden,
selbstverständlich aber auch der Seitenumbruch.

7. Integrierte Datenformate

Ein CAP-Programm geht davon aus, daß Texte und Grafiken von anderen
Programmen bereitgestellt werden. Die CAP-Software sollte also in der Lage sein,
von möglichst vielen Programmen Texte bzw. Grafiken zu integrieren. Die nachfolgende Tabelle (Abb. 5) zeigt, welche Textformate bzw. Grafikformate sich in den
Ventura Publisher bzw. PageMaker einbinden lassen.

Die Tabellen erheben keinen Anspruch auf Vollständigkeit. Es ist möglich, daß
durch weitere Konvertierungsprogramme, z.B. MacLink, noch weitere Datenformate
integrierbar sind. Bei der Entscheidung für ein CAP-Programm müssen auch die
Programme, mit denen Texte erstellt werden, berücksichtigt werden. Die Tabellen
können als Entscheidungshilfe dienen.

Es kann dabei in zwei Richtungen vorgegangen werden. Erstens: Aufgrund der
verwendeten Programme für die Erstellung von Grafiken und Texten resultiert, daß

ein oder mehrere CAP-Programme notwendig sind. Zweitens: Aufgrund der Favorisierung eines bestimmten CAP-Programmes stehen folgende Text- bzw. Grafikprogramme zur Verfügung. Abschließend sollen noch einige Hinweise zu den Hardwarekomponenten gegeben werden.

Format	Ventura Publisher	PageMaker	
		DOS	Mac
ASCII	ja	ja	ja
WordStar	ja	ja	nein
MS-Word (DOS)	ja	ja	ja
MS-Word (Mac)	nein	ja	ja
WordPerfect	ja	ja	ja
Windows Write	nein	ja	ja
Euroscript	nein	ja	ja
MultiMate	ja	ja	ja
PC Text 3	nein	ja	ja
WordStar 2000	nein	ja	ja
Samma Word II	nein	ja	ja

Abb. 5: Einbindung von Textformaten in CAP-Software

8. Auswahl von Hardwarekomponenten

Es sollte unbedingt darauf geachtet werden, daß ausreichend Hauptspeicher (RAM) zur Verfügung steht. Bei einem IBM-PC oder Kompatiblen sollte unbedingt der Maximalausbau von 640 KB gewählt werden. Unter Umständen sollte eine Extended bzw. Expanded Speichererweiterung erfolgen. Auch muß geprüft werden, ob der Rechner zur Netzwerkfähigkeit aufgerüstet werden soll. Das entscheidet man danach, an welchen Orten die Texte bzw. Grafiken für eine Publikation anfallen; ob an dem Arbeitsplatz selbst oder an anderen Arbeitsplätzen.

Es sollte nicht an der Prozessorleistung gespart werden. Die Hardware ist heute sehr billig geworden, so daß das leistungsfähigste Gerät einer Modellreihe gewählt werden kann. Die Festplattenkapazität sollte für Publikationen, die ihren Schwerpunkt auf Text legen, nicht unter 20 MB betragen. Bei Publikationen mit sehr vielen Grafiken sollten nicht weniger als 40 MB gewählt werden.

Für den Bildschirm empfiehlt sich ein hochauflösender Grafikbildschirm; je höher die Auflösung umso besser. Die Darstellung am Bildschirm sollte nach Möglichkeit eine Positivdarstellung sein. Das bedeutet schwarze Schrift auf weißem Hintergrund. Wünschenswert ist auch ein Ganzseitenschirm.

Als zusätzliches Eingabegerät sollte neben der Tastatur unbedingt eine Maus zur Verfügung stehen. Es ist in der Regel egal, um welchen Typ von Maus es sich handelt.

Die heutigen Preise für Drucker erlauben den Einsatz von Laser-Druckern. Es sollte nach Möglichkeit ein PostScript-fähiger Laser-Drucker sein. Nur der PostScript-fähige Laser-Drucker erlaubt die Bereitstellung von den im Satzbereich üblichen Schriftfamilien. Die Auflösung beträgt dann in der Regel 300 mal 300 Punkte pro Quadratzoll. Ist die Auflösung höher, so kann dies unter Umständen eine Belichtung auf Film oder Fotopapier ersparen.

Durch die Auswahl eines PostScript-fähigen Systems ist die Anbindung an eine Lichtsatzanlage gewährleistet. Ist es für die Anwendung erforderlich, daß ein Scanner zur Verfügung steht, sollte ein Scanner mit der Auflösung von mindestens der Qualität eines Laser-Druckers gewählt werden. Von Vorteil ist der Einsatz einer Scanner-Software, die es ermöglicht, Texte in Klarschrift zu erkennen, um sie später zu überarbeiten.

9. Anbindung an vorhandene Systeme

Stehen Texte bereits auf anderen Systemen zur Verfügung, so ist der CAP-Arbeitsplatz mit entsprechenden Emulationsmöglichkeiten für Mainframe-Rechner oder mit entsprechenden Datenfernübertragungsanschlüssen auszurüsten. Wird der CAP-Arbeitsplatz neu beschafft, so sollte berücksichtigt werden, daß es weitere Nutzungs- und Einsatzmöglichkeiten für CAP-Software zur "Verfeinerung" von Informationen gibt. Beispiele sind hierfür: Dateiverwaltung, Fakturierung, Finanzbuchhaltung und Tabellenkalkulation.

10. Abschlußbemerkung

Die Entscheidung für eine CAP-Software wird durch die rasche Evolution der Software erschwert. Erwartet man die Version 3 einer Software, so wird häufig bereits in den Zeitschriften über die Version 4 spekuliert. Das bedeutet aber auch, daß eine CAP-Software, die bestimmte Leistungsmerkmale noch nicht unterstützt, dies sicherlich in einer späteren Version tun wird, um weiterhin wettbewerbsfähig zu bleiben.

Die Entscheidung für den Einsatz von CAP im eigenen Unternehmen kann wesentlich durch CAP-Serviceunternehmen erleichtert werden. Es bieten sich dazu zwei Möglichkeiten.

1.: Ein typisches Beispiel für eine Publikation wird von dem CAP-Serviceunternehmen exemplarisch mit der in Auge gefaßten CAP-Software gesetzt.

2.: Die notwendige Hard- und Software kann in einer Testphase für den Probeeinsatz durch Miete der Geräte genutzt werden.

Nur durch eine derartige Unterstützung kann eine vernünftige Entscheidung für den Einsatz von CAP möglich sein. Eine CAP-Beschaffungsentscheidung ist zu vielschichtig, als daß man selbst alle Fehler machen sollte.

Sechs Monate Electronic Publishing-Praxis

Erfahrungsbericht eines Einsteigers aus dem Marketingbereich

Franziska Kynast, Dr. Horst Kleinert, MACOM GmbH, Berlin

Lohnt sich der Kauf einer Electronic Publishing (EP)-Anlage für Freiberufler, Selbständige und Dienstleistungsberufe? Eine Frage, die sicherlich nicht pauschal beantwortet werden kann. Es gibt allerdings für die EP-Anschaffung durchaus einige Grundregeln, die Sie vor Fehlinvestitionen und Enttäuschungen bewahren können. Wir haben diese Regeln und unsere eigenen Erfahrungen zu einer Checkliste zusammengefaßt, mit der Sie ganz einfach überprüfen können, ob Sie selbst überhaupt eine EP-Anlage brauchen.

Doch zuvor noch eine Klarstellung: Wenn Sie bislang nur selten mit der Abwicklung von Gestaltungs- und Druckaufträge zu tun haben, dürfte sich die Anschaffung eines EP-Systems nur langfristig bezahlt machen. Ihre Infoblätter, Studienberichte oder Präsentationscharts werden zwar "schöner", aber keinesfalls billiger. Dies ist genau auch unser Fazit nach sechs Monaten Electronic-Publishing-Praxis. Für uns - als Marketingberatungs-Institut - hatte der Kauf den Charakter einer "Komfort-Investition": Mehr Qualität und Flexibilität bei Erstellung von Schriftsätzen, Tabellen, Grafiken usw. - aber auch eine höhere Bürogemeinkosten-Belastung. Dennoch hat sich der ganze Aufwand gelohnt.

Nachfolgend sind unsere Erfahrungen in einer Checkliste zusammengefaßt:

Checkliste:
Ich brauche (k)ein Electronic Publishing

	trifft zu	trifft nicht zu
Ich kann ein paar zehntausend Mark investieren, ohne daß sich diese Summe kurz- oder mittelfristig amortisieren muß.	O	O
Ich habe ein Gefühl für grafisches Gestalten:	O	O

	trifft zu	trifft nicht zu
Die Arbeit am Computer macht mir Spaß - insbesondere wenn's um die Lösung kniffliger Probleme geht.	O	O
Textverarbeitungssysteme allein reichen für meine Arbeiten nicht aus.	O	O
Ich will mit dem EP-System kein zusätzliches Geld verdienen, sondern in erster Linie das Aussehen meiner Berichte, Texte und Präsentationsunterlagen verbessern.	O	O
Ich weiß, daß ich mit der EP-Anlage keinen Grafiker und kein Satzstudio überflüssig machen kann.	O	O
Ich habe fast täglich mit der Erstellung von Schaubildern, Übersichten, Informationsblättern usw. zu tun.	O	O
Ich habe Mitarbeiter, die gern EP lernen würden.	O	O
Ich habe die Zeit, mich drei bis vier Wochen in das EP einzuarbeiten - ohne daß ich gleich druckfähige Vorlagen produziere.	O	O
Bei Schwierigkeiten würde ich versuchen, erst einmal ohne Serviceunterstützung auszukommen.	O	O
Meine Konzentrationsfähigkeit, Ausdauer und Augen sind ganz gut.	O	O
Ich hatte schon des öfteren Probleme, grafische "Schnellschüsse" fristgerecht fertigstellen zu lassen.	O	O
Ich weiß, daß eine Groteskschrift nichts Groteskes und eine Antiquaschrift nichts Antiquiertes ist.	O	O
Es fällt mir leicht, Gedanken und Ideen verständlich zu visualisieren.	O	O

Wenn Sie auch nur einige Male die Rubrik "trifft nicht zu" ankreuzen, sollten Sie sich die Anschaffung einer Electronic-Publishing-Anlage sehr sorgfältig überlegen.

Prüfen Sie dann, ob sich für Sie nicht eine Kooperation mit Kollegen oder Instituten, die bereits mit Electronic-Publishing arbeiten, eher lohnen würde (Arbeitsbeispiele und Kalkulationsgrundlagen zeigen lassen!).

Der Nutzen von Desktop Publishing

Thomas Rehder, MACup Verlag GmbH, Hamburg

Die vier wesentlichen Vorteile von DTP sind:

- Kostensenkung,
- Zeitersparnis,
- verbesserte Organisation der Produktion,
- verbesserung des Erscheinungsbilds.

Je nach Anwendung steht meist die Kostensenkung oder aber die Zeitersparnis im Vordergrund. Daneben treten besonders zwei weitere Effekte hervor: eine Verbesserung des Erscheinungsbildes und Optimierung der Produktionsabläufe. Die nachfolgenden Abbildungen zeigen diese Vorteile etwas eingehender auf.

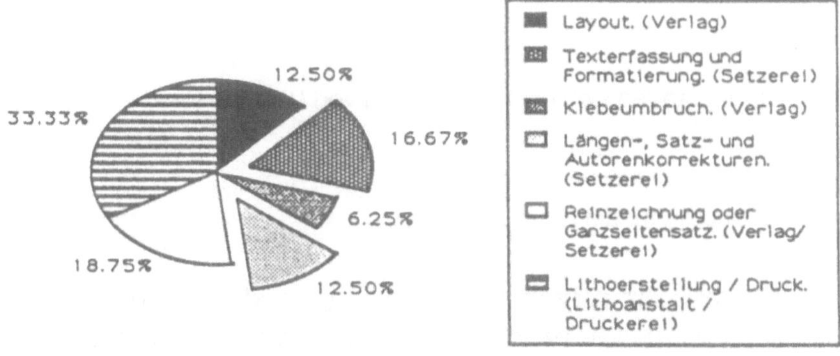

Abb. 1: Die traditionelle Kostenverteilung (Beispiel Verlag)

Nehmen wir das Beispiel einer Schwarz/Weiß-Seite, auf der zwei Abbildungen untergebracht sind. Hier fallen in traditioneller Produktionsweise Gesamtkosten von ca. 250,- DM pro Seite an (inclusive Gestaltung und LITHO), die sich wie folgt verteilen:

- Je nachdem, ob die Produktion des Verlags auf eine traditionelle Reinzeichnung oder bereits auf den etwas fortschrittlicheren Ganzseiten-Satzfilm ausgerichtet ist, liegen 30 oder sogar 45% der Gesamtaufwendungen einer Seite bei der Setzerei.

-   Die Grafikabteilung des Verlags ist - wieder unter gleicher Prämisse - mit 20 oder
    40% beteiligt.

-   Wenn man die Anteile aller Korrekturvorgänge - nämlich den Klebeumbruch und
    die eigentlichen Korrekturen - addiert, erhält man alles in allem 23%.

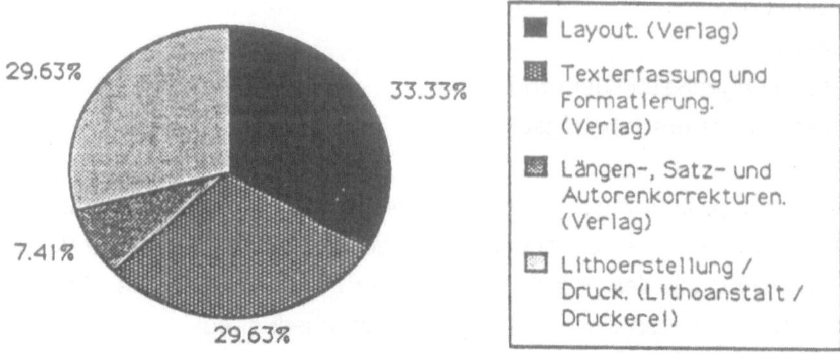

Abb. 2: Kostenverteilung bei DTP-Produktion (Beispiel Verlag)

Die Kostenverteilung ändert sich nach Einführung von DTP wie folgt:

-   Der Anteil der Korrekturkosten sinkt und
-   das relative Budget für die Kreativität steigt.

Allerdings ist die Basis jetzt ganz anders. Denn ausgehend vom traditionellen Verfahren mit Klebeumbruch und Reinzeichnung sind Kostensenkungen von über 40% zu erzielen - eine Seite kostet alles in allem nur noch 150,- statt 250,- DM. Wenn man zuvor Lichtsatz mit Ganzseitenbelichtung nutzte, kann die Einsparung immer noch rund 30% betragen.

Die Kostenoptimierung hängt direkt zusammen mit der Zeitersparnis beim DTP.

Die Zeiterspanis ergibt sich vornehmlich in drei Bereichen:

-   intern: maximal einmalige Text-Übertragung auf das neue Medium und
-   grafische Arbeitsdoubletten entfallen (Layout/Umbruch, Reinzeichnung)
-   extern: kein Transfer zu Lieferanten (Setzern)

Die Zeitersparnis ist bedingt durch die Konzentration der Abläufe auf zunächst eine Produktionsstätte, wo zuvor mehrere beteiligt waren.

War es in traditioneller Produktionsweise üblich, Manuskripte im eigenen Haus satzfertig aufzubereiten, ja nötigenfalls sogar erneut abzutippen, kann im DTP der entsprechende Text gleich ins System eingegebenen werden: die zeitaufwendigen Mehrfach-Erfassungen entfallen.

Mehrfache, nahezu identische Arbeiten entfallen auch in der Grafik: Die zuvor getrennten Arbeitsschritte Layout, Umbruch, Reinzeichnung wachsen zusammen zu einem einzigen Vorgang. Dieser einzelne Vorgang braucht - da sollte man sich nichts vormachen - in der Regel genau so viel Zeit wie eine Reinzeichnung. Aber durch die Reduktion der Arbeitsschritte wird trotzdem Zeit gespart.

Ein letztes zeitsparendes Moment: die verringerte Abhängigkeit von externen Einflüssen. Es spielt keine derartig entscheidende Rolle mehr, wenn der Satzbetrieb keine Kapazität hat oder wenn der beauftragte Kurierdienst zwei Stunden Wartezeit ankündigt.

Verbesserte Organisation der Produktion

Die Abläufe lassen sich straffen und optimieren. Der Ablauf kann dann wie folgt aussehen:

-   Texterstellung im eigenen Haus,
-   Layout mit Originaltext/Formatierung/Umbruch im eigenen Haus,
-   Längen-, Satz- und Autorenkorrekturen im eigenen Haus,
-   Satzbelichtung in der Setzerei,
-   Litho/Druck in Lithoanstalt oder Druckerei.

Bis zur Satzbelichtung konzentrieren sich alle Arbeiten auf das eigene Haus. Dies erleichtert die Koordination und Abstimmung mit allen Beteiligten.

Der Produktionsprozeß kann als Kette aufgebaut werden, so daß der Grafiker alles berücksichtigen kann, was die an Konzeption, Formulierung und Umsetzung des Projektes Beteiligten erarbeitet haben. Es gibt kaum noch Rückbezüge auf Punkte des Produktionsprozesses, die längst abgeschlossen sind - das gilt auch für Korrekturen. Der Korrekturaufwand insgesamt sinkt so erheblich.

Dadurch, daß redaktionelle und grafische Mitarbeiter ein Medium nutzen, werden alle Abläufe transparenter und Doppelarbeiten vermieden.

Last but not least: Das verbesserte Erscheinungsbild

Folgende Punkte stellen einen weiteren qualitativen Nutzenaspekt dar:
-   permanente Nutzung vielfältigster Satzschriften,
-   Erstellung professioneller Grafiken,
-   saubere Layouts.

Durch das Desktop Publishing profitieren nicht nur besondere Publikationen, die ohnehin im traditionellen Lichtsatz erstellt worden wären. Die Gesamtheit all dessen, was an gedruckter Information eigenständig erstellt wird, bekommt ein anderes Gesicht. Vom internen Memo über die Präsentation und den Marketingbericht bis zur Preisliste: DTP hat überall seinen Platz.

In all diesen Publikationen, die zuvor eher mit Schreibmaschine und Letraset-Buchstaben entstanden, können nun Satzschriften genutzt und professionelle Grafiken eingebunden werden. Die Gesamtgestaltung erfolgt ohne Spezialistenhilfe in einem übersichtlichen, präzisen Layout. So verbeseert sich mit Desktop Publishing das Niveau des Erscheinungsbildes aller in einem Unternehmen entstehenden Publikationen.

Publizieren in Netzwerken

Wissensbasierte Unterstützungsfunktionen im Publikationsprozeß

Dr.-Ing. Lutz Kredel, Berlin

1. Entwicklungen in der Vergangenheit

Die Wettbewerbsfähigkeit von Unternehmen, insbesondere von hochinnovativen und technologie-orientierten, hängt immer mehr von der schnellen und zielgerichteten Kommunikation mit internen und externen Partnern ab.

Durch die Einführung und Nutzung neuer Technologien im Bürobereich kann die Abwicklung von Verwaltungstätigkeiten, und dazu gehört auch die Erstellung bzw. Gestaltung von Dokumenten und Publikationen, zukünftig ganzheitlich vorgangs-bezogen an einem einzigen Arbeitsplatz zusammengefaßt werden. Neue Techno-logien erlauben also neue Organisationsformen, die den Bedürfnissen der Mitar-beiter entgegenkommen. Nicht die technische (Hard- bzw. Software-) Integration wirft die vorrangigen Probleme auf, sondern das oberste Primat der Systemgestaltung, die organisatorische Integrationsfähigkeit, stellen besondere Anforderungen.

Computergestützte Publikationssysteme (nachfolgend als CAP (Computer Aided Publishing) bezeichnet) bieten zwar die Möglichkeit, Kommunikationsmittel an-sprechend und übersichtlich direkt am Arbeitsplatz zu konzipieren und zu gestalten, aber die heute noch anzutreffenden Systeme stellen nur einen ersten Schritt zu einer vollständigen Anwendungsintegration dar. So können zwar Einzelaufgaben, die bislang an unterschiedlichen Arbeitsplätzen erfüllt wurden, durch die Nutzung von Layout-Anwendungsprogrammen an einem Arbeitsplatz sinnvoll zusammengefaßt werden, aber eine weitergehende Unterstützung wird bei der Aufgabenbewältigung nicht geboten.

Mit CAP–Software können auf leistungsfähigen Arbeitsstationen Texte, Bilder und Grafiken direkt am Arbeitsplatz erfaßt, modifiziert und abschließend gestaltet werden. Dadurch können lästige Umwege und Zeitverluste vermieden werden.

Das ganzheitlich erstellte Dokument kann zwar lokal auf einen Laser-Drucker ausgegeben werden, aber eine Weiterverarbeitung, z. B. in einem Satzbetrieb bzw. die Übermittlung an eine Druckerei muß meist noch in Papierform geschehen. Wurden bislang viele grafische Tätigkeiten (Erfassung, Gestaltung, Satz, Nachbearbeitung) sequentiell von verschiedenen Dienstleistungsbetrieben erbracht, können diese nun zukünftig zügiger durch die Nutzung der neuen Publikations- und Kommunikationstechnologien abgewickelt werden.

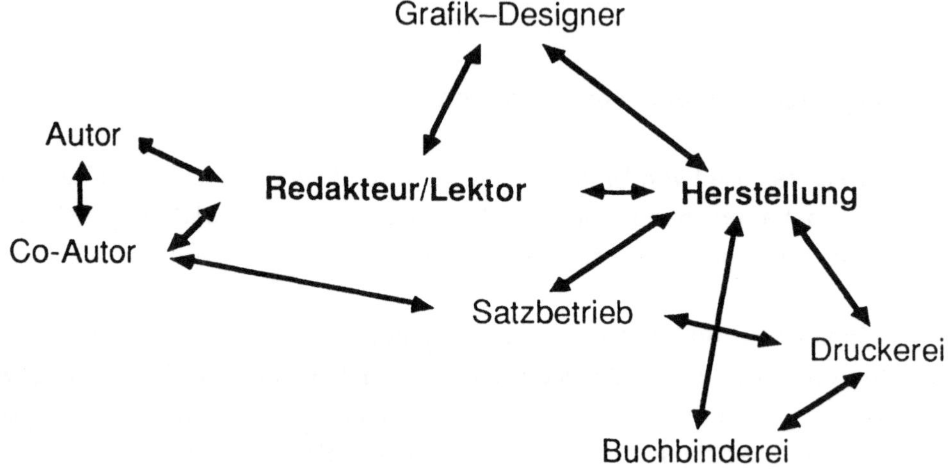

Abb. 1: Netzwerk der Kooperationsbeziehungen zur Erstellung einer Publikation

Da Publikationsprozesse verantwortlich von einem einzigen Mitarbeiter geplant bzw. gesteuert werden, ist eine entsprechende Unterstützungssoftware erforderlich, die es ihm erlaubt, die vielfältigen Aufgaben zu koordinieren bzw. zu überwachen.

Wie aus den vorangehenden Vorträgen herauszulesen ist, sind CAP-Anwendungen heute bereits in vielfältiger Weise sinnvoll einsetzbar. Weitere Fortschritte sind aber bereits heute klar absehbar.

Einen wichtigen Beitrag zur Erleichterung der Bedienung von CAP-Systemen werden zukünftig verteilte Netzwerkanwendungen und die Künstliche Intelligenz leisten, wobei erste einsatzfähige Produkte allerdings erst in ca. zwei Jahren verfügbar sein werden.

Mit der Einführung neuer gewerblich zu nutzender Kommunikationsnetze und –dienste wird es möglich, sowohl quantitativ als auch qualitativ höhere Informa-

tionsraten zu übertragen. Daraus ergibt sich die Möglichkeit, neue Kooperations-
formen in der Zusammenarbeit von Mitarbeitern untereinander und mit Geschäfts-
partnern zu entwickeln. Die sich bereits heute abzeichnenden Perspektiven neuer
Kommunikationsformen und die Möglichkeit der damit verbundenen dezentralen
Informations– und Dokumenten–Bereitstellung eröffnen daher ein breites Spektrum
innovativer Dienstleistungen. Daher bedarf es zukünftig der Entwicklung einer
entsprechenden verteilten Anwendungssoftware für den Publikationsprozeß.

Nachfolgend sollen die wichtigsten Funktionen, die ein solches wissensbasiertes
Publikationsunterstützungssystem besitzen muß, um eine Benutzerakzeptanz zu
finden, ansatzweise skizziert werden. Der Einsatz von wissensbasierten Werkzeugen
im Publikationsprozeß darf jedoch nicht als Insellösung erfolgen, sondern muß
bedarfsorientiert gesteuert werden.

2. Problemsituation

Ein einfaches Beispiel soll das Problem verdeutlichen. In vielen Unternehmen
müssen Produktbeschreibungen aus marketingstrategischen Erfordernissen häufig
überarbeitet bzw. neu erstellt werden. Diese Tätigkeiten erfordern häufig wieder-
kehrende Abstimmungsprozesse, die unter gewissen Terminrestriktionen stehen.
Abschließend müssen die auf Anforderung oftmals dezentral erstellten Teildoku-
mente zentral zusammengefügt werden, um ein einheitliches Dokument daraus zu
gewinnen.

In der Vergangenheit kam der koordinierenden Stelle eine überragende Rolle zu, da
die Schlußredaktion aufgrund der meist fehlenden Abstimmung, sowohl organisatorischer als auch inhaltlicher Art, eine teilweise Neuüberarbeitung des Gesamt-
dokumentes notwendig machte. Die Zeitrestriktionen lassen in diesen Fällen oftmals
nur eine suboptimale Überarbeitung zu.

Bis in die Gegenwart werden diese Aufgaben meist nur monofunktional und durch
nicht integrierte Geräte und Systeme unterstützt. Die bei den einzelnen zuliefernden
Stellen eingesetzten Hard- und Software-Systeme sind zudem meist noch
inkompatibel und nicht kommunikationsfähig. Die Auslagerung der funktions-
spezialisierten Dokumentationsaufgaben mit einer hierarchischen Kompetenz- und
Verantwortungszuordnung und einer dedizierten Technikunterstützung stellt heute
immer noch den Regelfall dar (vgl. Abb. 2).

Eine Kooperation der beteiligten dokumentenerstellenden Partner findet aufgrund des sehr aufwendigen Kommunikationsaufbaus meist nur im notwendigen Rahmen statt. Eine echte kooperative ganzheitliche Dokumentenerstellung kann jedoch aufgrund der o. g. Hinderungsgründe nicht erreicht werden.

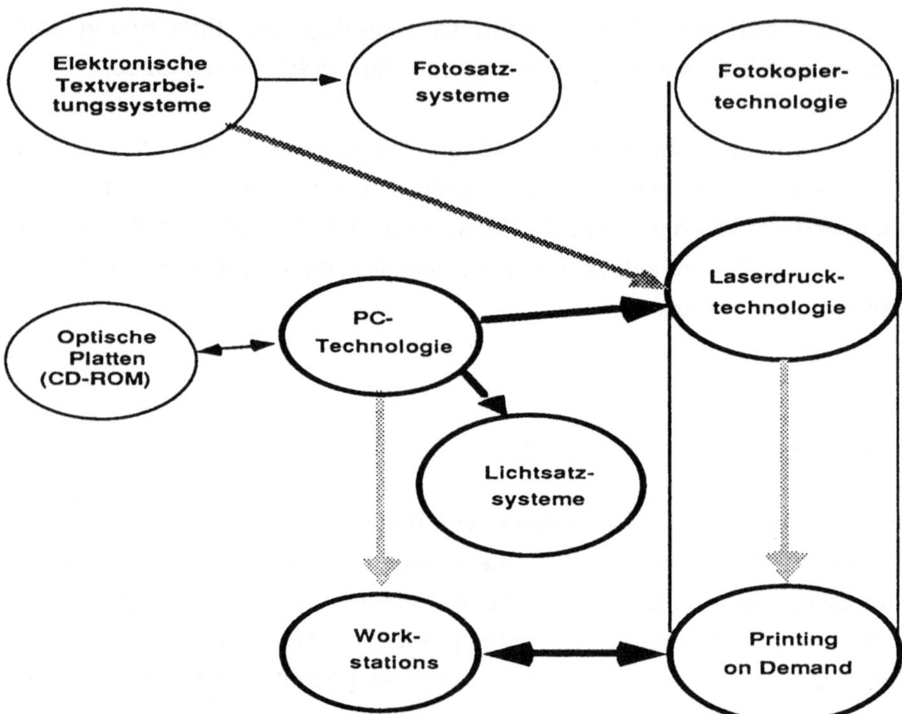

Abb. 2: Historische Entwicklung der einzelnen CAP-Elemente

Die Integration von unterschiedlichen Anwendungen (vgl. Abb. 3) erlaubt es heute, alle Informationen, die im Rahmen eines Publikationsprozesses anfallen, auf einem elektronischen Medium zu bearbeiten.

Alle Dokumente, die in einem Dokumentations- bzw. Publikationsprozeß anfallen, können von allen Beteiligten auf einem einheitlichen, standardisierten Medium erfaßt bzw. modifiziert werden. Das Medium muß die unterschiedlichen Gerätetypen mit den spezifischen Eigenschaften in das Gesamtnetzwerk so integrieren, daß der Benutzer sich alle Funktionen nutzbar machen kann.

Durch den Einsatz dieser zwar kommunikationsfähigen Systeme wird jedoch eine Reduzierung bzw. eine Vereinfachung des Abstimmungsprozesses nicht erreicht bzw. möglich.

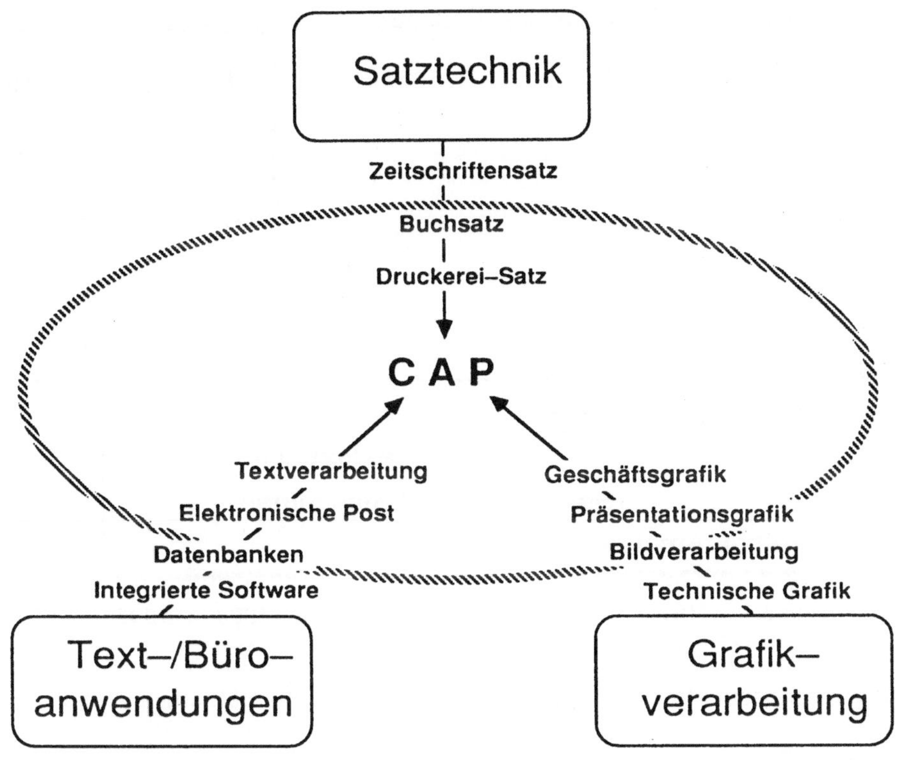

Abb. 3: Integration unterschiedlicher Technologiebereiche zum CAP

Die organisatorischen Aufgaben, die die beteiligten Mitarbeiter im Rahmen des gesamten Publikationsprozesses zu übernehmen haben, bleiben weiterhin die gleichen:

- Diagnose,
- Planung,
- Kontrolle,
- Beratung und
- Therapie.

Eine weitere bedeutsame Entwicklung führt von der einfachen Textverarbeitung über die zur Zeit sehr intensiv diskutierten Seitengestaltungsprogramme (Stichwort: DTP) hin zur Dokumentenverarbeitung (vgl. Abb. 4). Dokumentenverarbeitungssysteme stellen alle Funktionen zur wirtschaftlichen und reibungslosen Abwicklung von Dokumentations- und Publikationsaufgaben dar.

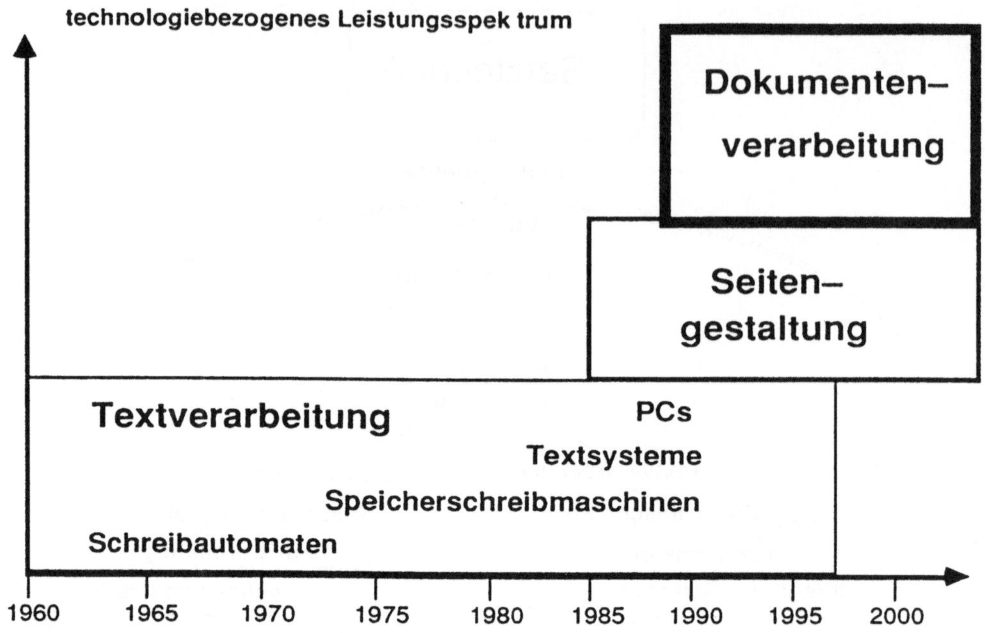

Abb. 4: Leistungsspektren der einzelnen Publikationsunterstützungssysteme

3. Bedeutung der Kooperation im Publikationsprozeß

Die Tätigkeiten, die im Rahmen der Erstellung einer Publikation anfallen, sind stark durch die Komplexität der Problemstellung geprägt und erfordern daher auch unterschiedliche Kooperationen der beteiligten Mitarbeiter. Zentraler Ansatzpunkt für die Beseitigung der vorhandenen Schwachstellen in den Abläufen stellt die kooperative Aufgabenabwicklung dar (vgl. Abb. 5).

Als Planungsziele sind daher zu nennen:
- Vereinfachung und Schaffung von Transparenz bei der Aufgabenabwicklung,
- Vermeidung von Medienbrüchen,
- Möglichkeit der Auslagerung von speziellen Funktionen,
- aktuelle, einheitliche und ganzheitliche Vorgangsbearbeitung,
- gerechte Lastverteilung unter den Kooperationspartnern und
- Entscheidungsunterstützung.

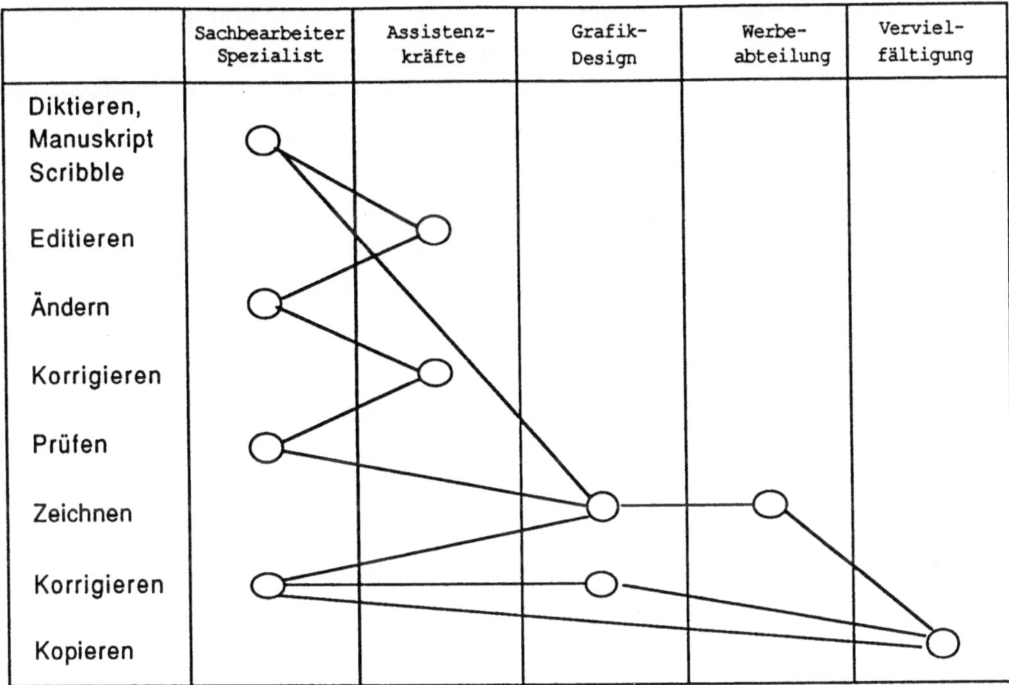

Abb. 5: Vereinfachte Darstellung der Kooperationsstruktur zur Prozeßabwicklung

4. Technologische Basis der Aufgabenflexibilisierung

Während früher die einzelnen Tätigkeiten und Funktionen durch den ausschließlichen Einsatz von monofunktionalen und nicht kommunikationsfähigen Text-

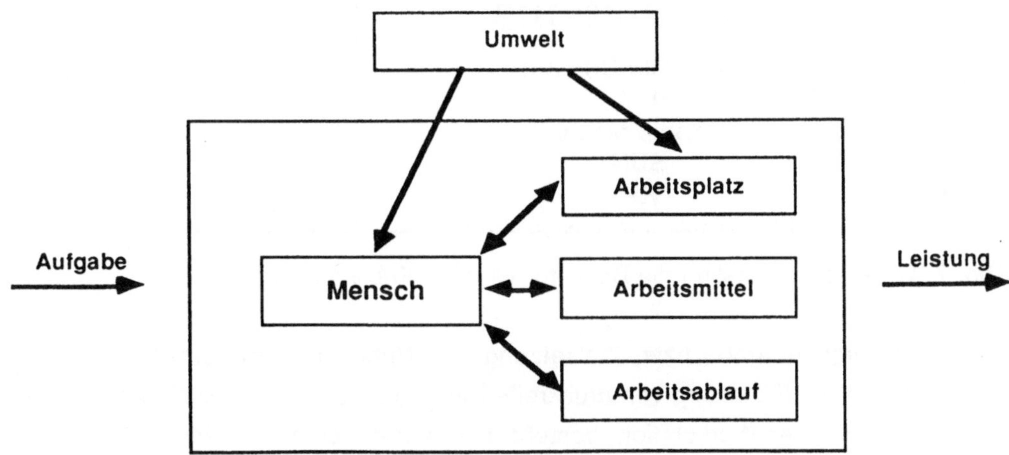

Abb. 6: Überkommende Sichtweise eines Arbeitssystems

verarbeitungssystemen bzw. durch die Nutzung des Foto- und Lichtsatzes beschleunigt wurden (vgl. hierzu das Paradigma eines Arbeitssystems Abb. 6), ermöglichen heute und in Zukunft integrierte Dokumentations- und Publikationssysteme neue Organisationsformen des Produktionsprozesses.

Die Organisationslehre fordert zwar prozeßbezogene Abläufe, kann aber bis heute
keine sinnvollen Handlungsanleitungen anbieten. Die Planung und Realisierung
integrierter Systeme scheiterte in der Vergangenheit häufig an den vorhandenen
technischen Möglichkeiten.

Seit einiger Zeit existieren jedoch preislich erschwingliche Workstations, die die
technologische Basis für den Aufbau von netzwerk-basierten Publikationssystemen
darstellen können; dies auch hinsichtlich der erforderlichen Bildschirmauflösung,
Farbverwendung und Prozessorleistung. Diese Workstations sind zwischen den
bisherigen Personal Computern und den Mini- bzw. Supermini-Computern ein-
zuordnen (vgl. Abb. 7).

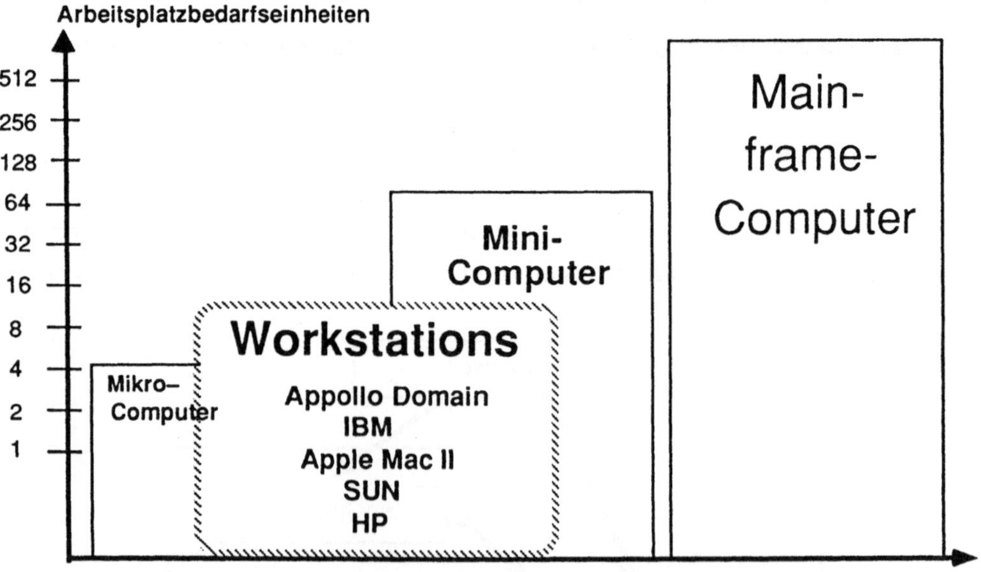

Abb. 7: Workstations stellen die Basis für verteilte Publikationssysteme dar

Da die alleinige Aufgabe bzw. Zielsetzung von Publikationssystemen nicht in der
Unterstützung der Erstellung von druckreifen Vorlagen, unter Einbeziehung von Text
und Grafik auf einer Workstation, besteht, sondern die sinnvolle Unterstützung aller
anfallenden Aktivitäten eines Dokumentations- bzw. Publikationsprozesses gefordert

ist, müssen folgende Aktivitäten auch unterstützt werden können:
- das Erfassen von Texten und Grafiken,
- das Übersetzen von fremdsprachlichen Texten,
- das Korrigieren der Texte,
- das gestalterische Anordnen und
- das Ausdrucken.

Da die anfallenden Tätigkeiten bei der Erstellung von Dokumentationen bzw. Publikationen meistens in einen kooperativen Prozeß eingebunden sind, die im Team abgewickelt werden, sind entsprechend verteilte Anwendungen notwendig.

Um die reibungslose Abwicklung zwischen den beteiligten Partnern zu gewährleisten, ist eine ständige Abstimmung erforderlich. Um diesen Informationsaustausch zu gewährleisten, sind entsprechende Kommunikationsmittel den Partnern zur Verfügung zu stellen. Die heute noch meist genutzte Kommunikationsform, das Gespräch, sei es per Telefon bzw. Face-to-Face, wird zukünftig durch den Einsatz alternativer Kommunikationsmedien (z. B. Electronic-Mail) teilweise substituiert werden.

Einen hervorragenden Ansatz, die geschilderten Probleme zu bewältigen, stellen daher Netzwerke dar, die den Verbund der einzelnen Arbeitssysteme (hier auch als Workstations verstanden) untereinander gewährleisten.

Während die erste Generation von Netzwerken nur behilflich bei der Vermeidung von "Medienbrüchen" war (vgl. Abb. 8), werden die Netzwerkanwendungen der zweiten Generation die Realisierung von verteilten Systemen ermöglichen.

Die zweite Generation der Netzwerk-Software wird auch verteilte Anwendungssysteme unterstützen. Verteilte Systeme zeichnen sich u. a. dadurch aus, daß sie aus einer beliebigen Anzahl von Arbeitssystemen bestehen, die über ein lokales oder öffentliches Netz untereinander verbunden sind. Die Topologie des Netzwerkes spielt nur eine untergeordnete Rolle.

Verteilte Systeme besitzen gegenüber den bekannten Mehrplatzsystemen einige bedeutende Vorteile:
- sehr kostengünstig, weil aus preiswerten Elementen aufbaubar,
- beliebig erweiterungsfähig, da Prozessorleistung einfach integrierbar,
- höhere Interaktivität, da neuartige Applikationen möglich und
- fehlertolerante Funktionen realisierbar, da Parallelarchitektur möglich.

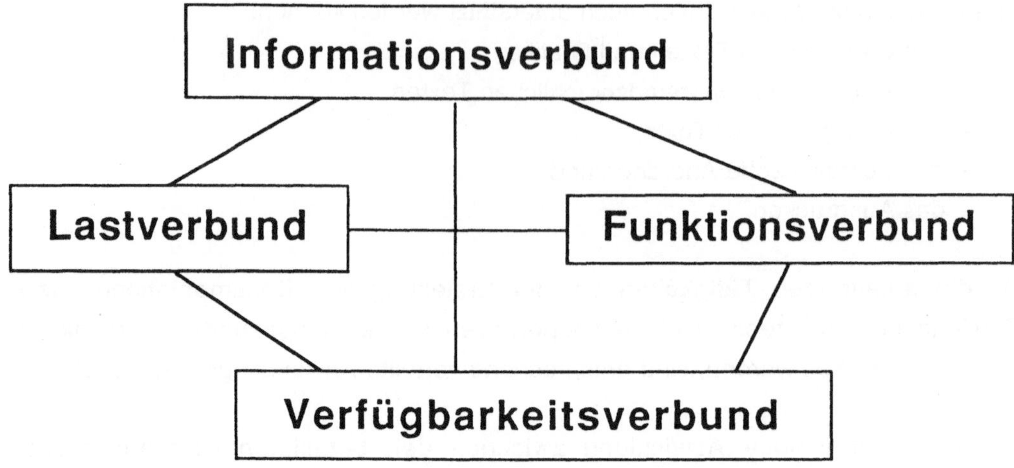

Abb. 8: Zielsetzungen von Netzwerkinstallationen der 1. Generation

Verteilte Systeme erlauben mehr als nur den einfachen Austausch von Daten. Sie stellen auch die verfügbaren Ressourcen allen Netzwerknutzern zur Verfügung, indem alle Prozessoren, die in das Netzwerk integriert sind, untereinander kommunizieren. Die einzelnen verteilt laufenden Prozesse tauschen zur Synchronisation der Aufgabenteilung Informationen aus. Dabei folgen die Systeme u. a. dem Client-Server-Modell. Eine wichtige, zukunftsweisende Funktion ist das verteilte Editieren von Texten. Vom verteilten Editieren spricht man, wenn mehrere Autoren gemeinschaftlich an einem einzigen Text arbeiten.

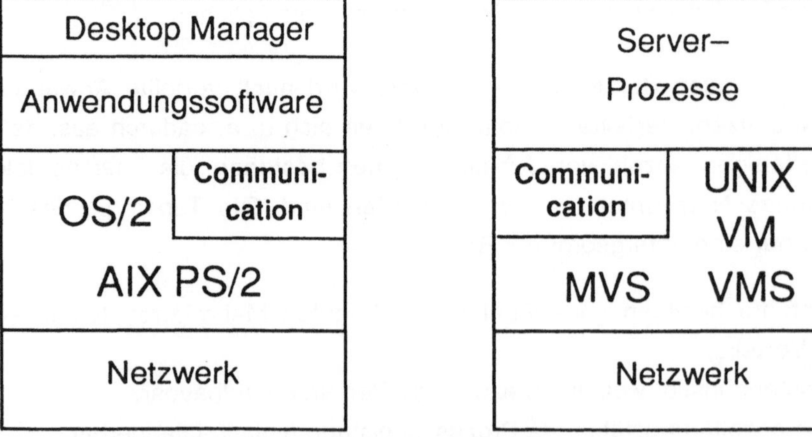

Abb. 9: Mögliche Software-Architektur für verteilte Systeme

Die Hardware-Basis für diese mehr oder weniger wissensbasierten Netzwerk-Applikationen stellen sehr leistungsfähige Workstations (32 bit-Prozessor, Multitasking, ausgeprägte Grafikfähigkeit) dar, die über Hochgeschwindigkeitsnetze mit Servern, die hohe Speicherkapazitäten aufweisen, in Kommunikation treten können. Die Hardware-Basis erweist sich als Voraussetzung zum Einsatz neuer Betriebssysteme (vgl. Abb. 10).

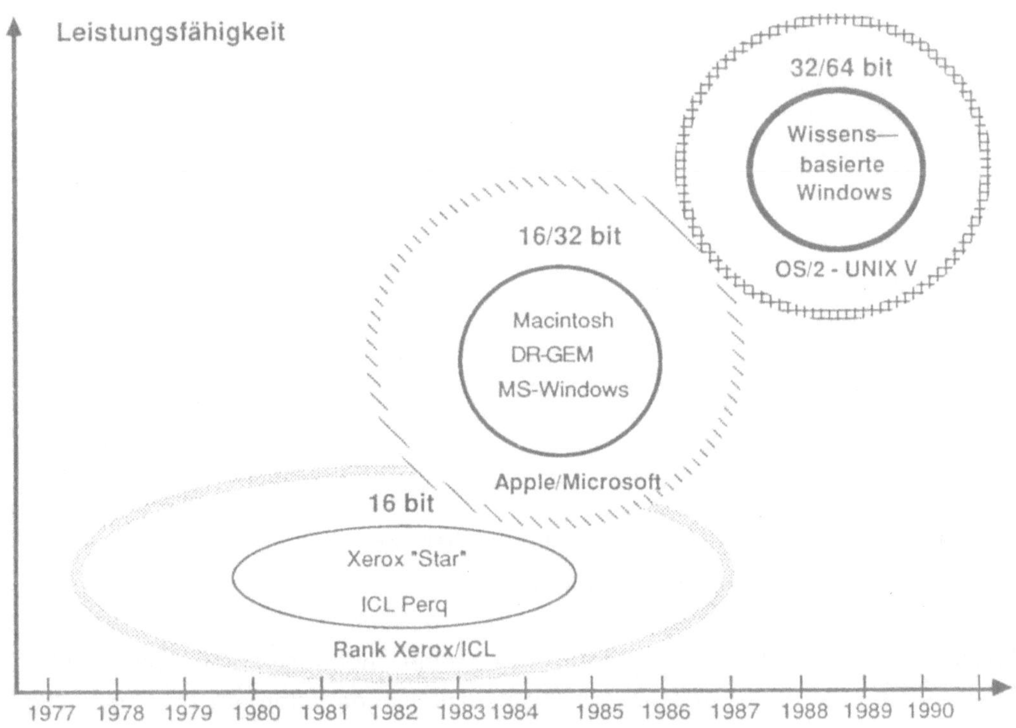

Abb. 10: Hardware- und Software-Entwicklungen in der Zukunft

Als Software-Basis lassen sich ggf. der LAN-Manager unter OS/2 bzw. ein adäquates Produkt einsetzen, die verteilte Anwendungen unterstützen werden. Er bietet eine Aufteilung in Front-End-Lösungen und Back-End-Prozeduren.

Insbesondere die vielfältige Einbindbarkeit unterschiedlicher Server-Systeme (z. B. unter UNIX, VM, MVS oder VMS) macht das Konzept der verteilten Systeme sehr variabel und zugleich zukunftssicher.

146

In die verteilten Anwendungssysteme werden aber auch zukünftig weiter zentrale Ablagesysteme eingebunden sein, so daß eine vollständige "Arbeitssystemisierung" nicht eintreten wird (vgl. Abb. 11).

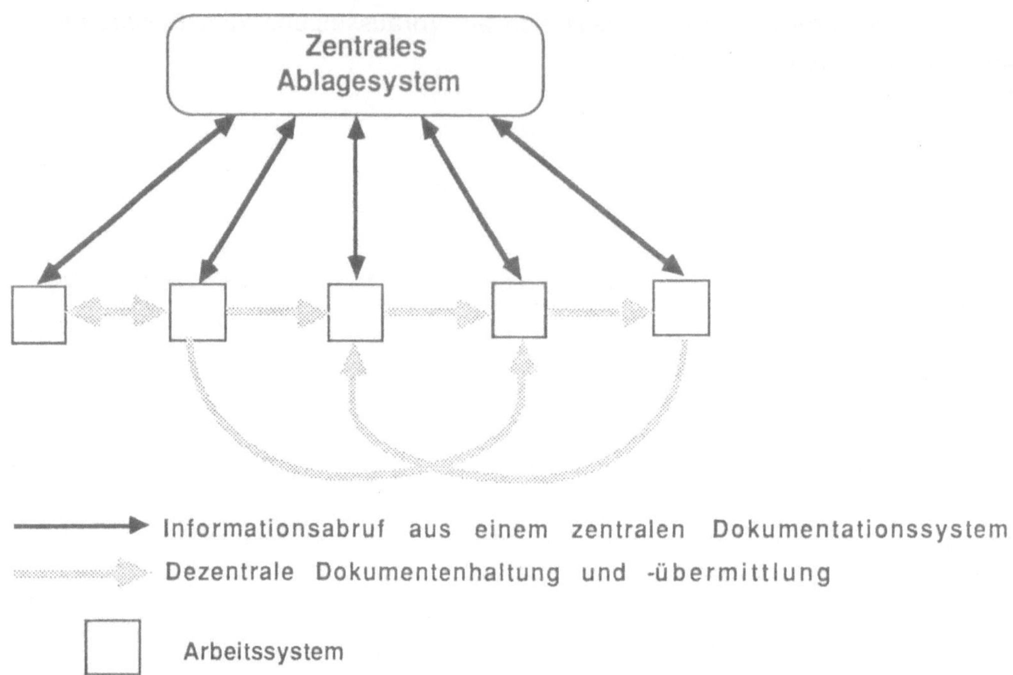

Abb. 11: Mögliche Kommunikationspfade innerhalb verteilter Systeme unter
Einbeziehung zentraler Ablagesysteme

Verteilte Systeme stehen erst am Anfang einer noch sicherlich stürmischen Entwicklung. Die zu bewältigenden Problemstellungen erfordern noch gewaltige Entwicklungsaufwendungen. Die Vorteile, die die Anwender aus der flexiblen Benutzung von verteilten Systemen gewinnen können, rechtfertigen diese Anstrengungen jedoch.

5. Bedarf an wissensbasierten Komponenten

Wie oben dargestellt, lassen sich die gestellten Anforderungen nur bedingt durch die traditionelle Softwaretechnologie realisieren (vgl. Abb. 12). Insbesondere die Abwicklung der Kommunikation mit anderen Systemen im Hintergrund macht es erforderlich, daß entsprechende kooperative Prozeßfunktionen die Abwicklung automatisch unterstützen bzw. steuern.

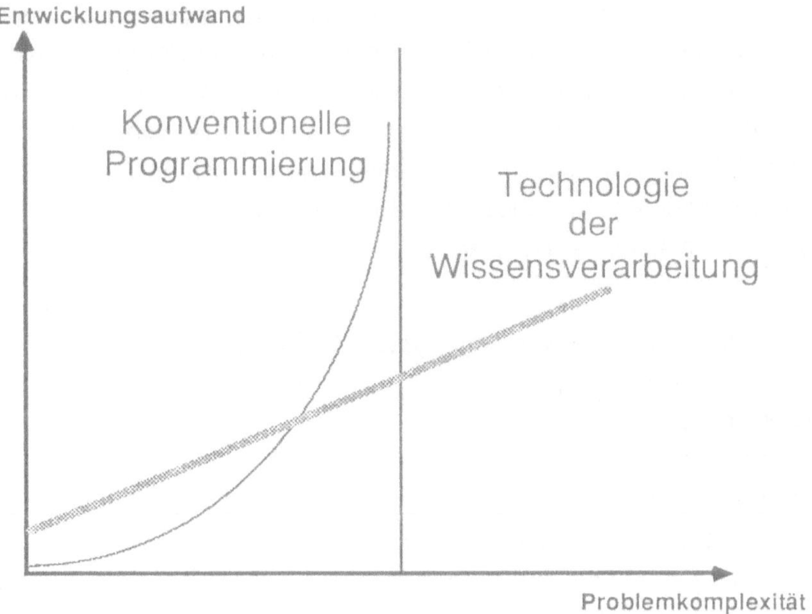

Abb. 12: Die Komplexitätsbarriere der traditionellen Software-Technologie

Nachfolgend soll am Beispiel eines Publikationsunterstützungssystems die bedeutende Rolle der Projektmanagementkomponente dargestellt werden.

Aufgrund der hochkomplexen Aufgabenstellungen und der sich stets wandelnden organisatorischen Voraussetzungen können wirklich kooperativ-rationale Entscheidungen nur noch aufgrund wechselseitiger Abstimmungen zwischen den beteiligten Kooperationspartnern getroffen werden. Dies verlangt jedoch einen intensiven und reibungslosen Informationsfluß.

Die Unüberschaubarkeit und Vielfältigkeit der Aktivitäten, die im Rahmen eines Publikationsprozesses durchlaufen werden müssen, erschweren die Ableitung der notwendigen Transparenz, um einen steten Überblick über den Status des Dokumentations– bzw. Publikationsobjektes zu erlangen. Die Komplexität von Publikationsprozessen und der oft vorhandene Zeitdruck verlangen von den beteiligten Partnern meist eine sofortige Entscheidung, die auf unsicheren Informationen und Erfahrungswissen beruht. Eine stete Kommunikation und Kooperation der beteiligten Partner ist aus der Sicht der Unternehmensleitung der Gesamtorganisation nur nützlich.

Aus den o. g. Gründen ergibt sich eine Vielzahl von Anforderungen an die beteiligten Kooperationspartner. Die bekannten Projektplanungs- und Kontrolltechniken sind für die vorliegende Problemstellung nicht anwendbar. In der Vergangenheit sind zwar zahlreiche Methoden, Techniken und Instrumente des Projektmanagements in der Literatur behandelt worden, jedoch sind diese Ansätze bislang für die oben geschilderte Problemstellung zu allgemein und durch den fehlenden Anwendungsbezug nicht unmittelbar einsetzbar.

Folgende Mindestfunktionen müssen von dem System erfüllt werden:
- Terminplanung und -kontrolle,
- Budgetüberwachung,
- Abwicklungsplanung,
- Koordination von Aktivitäten,
- akustische und visuelle Hinweise bzw. Warnungen,
- Überprüfung der Texte auf ggf. zu verändernde Inhalte.

In der Vergangenheit hat es bereits vereinzelt Ansätze gegeben, in denen aber nur singuläre Korrektursysteme entwickelt wurden. Ein sehr früher Ansatz war Epistle von IBM. Weitere wissensbasierte Dienstleistungen, die in ein Netzwerk eingebunden werden können, sind Sprachübersetzungsfunktionen, an deren Realisierung z. Z. sehr aktiv in den USA, Japan und Westeuropa gearbeitet wird. In diesem Zusammenhang fällt auch die frühzeitige Anforderung an die aktivierungssteigernde Gestaltungswirkung von Bildern, deren Testbarkeit und die Integration mit dem Aussageinhalt des Textes.

Gerade im Investitionsgüterbereich gilt, daß die Qualität von Informationen den Kaufentscheid stark beeinflußt. Die Marktentwicklung und Praxisanforderungen zielen heute darauf ab, Texte, Aufmachung und Bilder bzw. Grafiken auch noch in einem fortgeschrittenen Stadium des Publikationsprozesses um verarbeitungsrelevante Informationen ergänzen zu können oder kurzfristig Änderungen vornehmen zu können.

Im grafischen Gewerbe ist heute noch eine sehr hohe Arbeitsteilung vorherrschend. So arbeitet der Auftraggeber einer Publikation oft mit einer Werbeagentur, mit einer Lichtsatzfirma, einer Druckerei und eventuell einer Reproanstalt eng zusammen. Der Anteil der ausgetauschten Informationsmengen ist angesichts des produzierten Text-und Grafikvolumens außerordentlich groß.

Die Dienstleistungen, die z. B. von einer Werbeagentur übernommen werden, umfassen meist folgende Tätigkeiten:
- Textgestaltung,
- Visualisieren,
- Layout,
- Verhandlungen mit Partnerfirmen,
- Vergabe von Unteraufträgen.

In der Werbeagentur erfolgt die organisatorische und inhaltliche Planung bzw. letzte Gestaltung der Druckvorlagen. Hierbei benötigen die Werbeagenturen einen schnellen und sicheren Zugriff auf die Dokumentenbestände bei den Auftraggebern bzw. Kooperationspartnern, um iterativ Korrekturen in den bereits zusammengestellten Dokumenten vornehmen zu können. Die Abstimmung zwischen den Partnern übernimmt oftmals die Werbeagentur. Um alle Beteiligten befriedigen zu können, sind häufige Kontakte zum gegenseitigen Informationsaustausch notwendig.

Das beschriebene wissensbasierte Publikationsunterstützungssystem kann nur sinnvoll durch die Einbeziehung eines verteilten Projektmanagementsystems, das zur Unterstützung und Steuerung der vielfältigen Aktivitäten dient, die im Rahmen eines Publikationsprozesses anfallen und die häufigen Abstimmungen erforderlich machen, sinnvoll realisiert werden.

6. Zukünftige Entwicklungen

Bereits heute lassen sich sichere Aussagen bezüglich der Leistungsfähigkeit von zukünftigen Softwarekomponenten machen. Die neuen Systeme zeichnen sich durch eine Vielzahl von Schnittstellen aus. Auch wenn die Forderung nach offenen Systemen gestellt wird, werden die ersten Systeme einer einheitlichen Hardware- und Software-Philisophie folgen müssen.

Ein intelligentes Projektmanagementsystem kann die Abwicklungsplanung optimieren. Mehrere solcher Projektmanagementsysteme können miteinander kommunizieren, um die günstigste Reihenfolge der Auftragsbearbeitung festzulegen. Das elektronische Projektmanagementsystem kann somit als ein Teil eines ganzheitlichen intelligenten Unterstützungsfeldes gesehen werden, das zur

Unterstützung der Kommunikations- und Informationsansprüche innerhalb von kooperativ zusammenarbeitenden Arbeitsgruppen dient.

Das System muß dementsprechend modular aufgebaut sein und z. B. eine Projektbibliothek, eine Terminbibliothek und eine Bibliothek zur Vorgehensweise bei der Projektabwicklung enthalten.

In das System muß auch eine Dokumentenverwaltung integriert sein. Zu bestimmten Zeitpunkten muß das System auch in der Lage sein, automatisch die Unterlagengenerierung anzustoßen bzw. zu überwachen. Auch sollte das System in der Lage sein, alle notwendigen Ressourcen zu planen und deren aktuelle Verwendung zu steuern.

Das Kommunikationsmodul ist ein erweitertes Electronic Mail-System mit der Fähigkeit, Mitteilungen nach bestimmten Regeln automatisch zu generieren bzw. zu filtern (Junk Mail Filter). Auf diese Art kann ein inhaltliches Zusammenwirken mehrerer Stellen an einer gemeinsamen Aufgabe erleichtert werden.

Große Aufmerksamkeit muß der Entwicklung einer anwenderfreundlichen Mensch-Computer-Schnittstelle gewidmet werden, die die Kommunikation (Kooperation) der einzelnen Arbeitsgruppen bzw. zwischen den Mitarbeitern untereinander erleichtern soll.

Hauptansatzpunkt des Anwendungsystems ist die Unterstützung der unternehmens-übergreifenden Schwachstellenbeseitigung innerhalb des Publikationsprozesses. Nicht einzelne Tätigkeiten sollen hierbei technisch unterstützt werden, sondern die Aufgabenabwicklung in allen ihren Teilschritten besser gesteuert werden.

Als Konsequenz hieraus ergibt sich, daß die derzeitigen Verflechtungen zwischen Organisationseinheiten und einzelnen Arbeitsplätzen - zumindest im ersten Schritt - eine wesentliche Einflußgröße für die Entwicklung von Einsatzkonzepten im Bereich der Bürokommunikation darstellt.

Es wird dadurch eine Transparenz der inhaltlichen Zusammenarbeit innerhalb des gesamten Publikationsprozesses zwischen den Beteiligten erreicht. Auch wird eine homogene Prozeßkette durch eine einheitliche elektronische Abwicklung des Informationsflusses geschaffen.

Als Arbeitssystemfunktionen, die auch wissensbasiert ausgeführt werden können, sind zu nennen:
- Koordination Autor/Co-Autoren,
- Versionsverwaltung,
- Verwaltung der Abbildungen,
- grammatikalische Verbesserungen bzw. Korrekturen,
- Hilfe- bzw. Hinweissystem.

Für die an einem Publikationsobjekt beteiligten Autoren bzw. Redakteure kann es äußerst interessant sein, angezeigt zu bekommen, welche Korrekturen an dem eigenen Text bzw. dem Gesamttext in der Zwischenzeit bzw. der Abwesenheit vorgenommen wurden.

Überlagert wäre das System von einem wissensbasierten Window- bzw. Desktop Manager, der die gesamte Verwaltung der "Bildschirm-Schreibtischoberfläche" unterstützt und die Verwaltung des persönlichen Notizbuches bzw. Terminkalenders übernimmt. Ggf. könnte der Desktop Manager auch eine automatische Verteilung der Texte an die beteiligten Personen über öffentliche Telekommunikationsdienste veranlassen und überwachen.

Letztendlich könnte der Desktop Manager auch die Kontrolle über das Operating der lokal verfügbaren Ressourcen (Drucker, Scanner) übernehmen.

7. Wissen als neuer Produktionsfaktor

Um zu den entsprechenden wissensbasierten Softwarekomponenten zu gelangen, ist eine Aquisition des Wissens unabdingbare Voraussetzung. Zukünftig wird daher nicht mehr die Konzentration auf die Organisation der Abläufe gelegt werden, sondern die Aufbereitung des Wissens wird den Hauptaufwand erfordern.

Die gesamte Publikationskette muß alle Stationen integrieren können. Der oben skizzierte Ansatz eines wissensbasierten, verteilten Publikationssystems muß jedoch integriert in das Gesamtinformationssystem sein. Nur so kann ein produktivitätssteigernder Effekt erzielt werden, der die Voraussetzung für eine Akzeptanz aller Beteiligten darstellt.

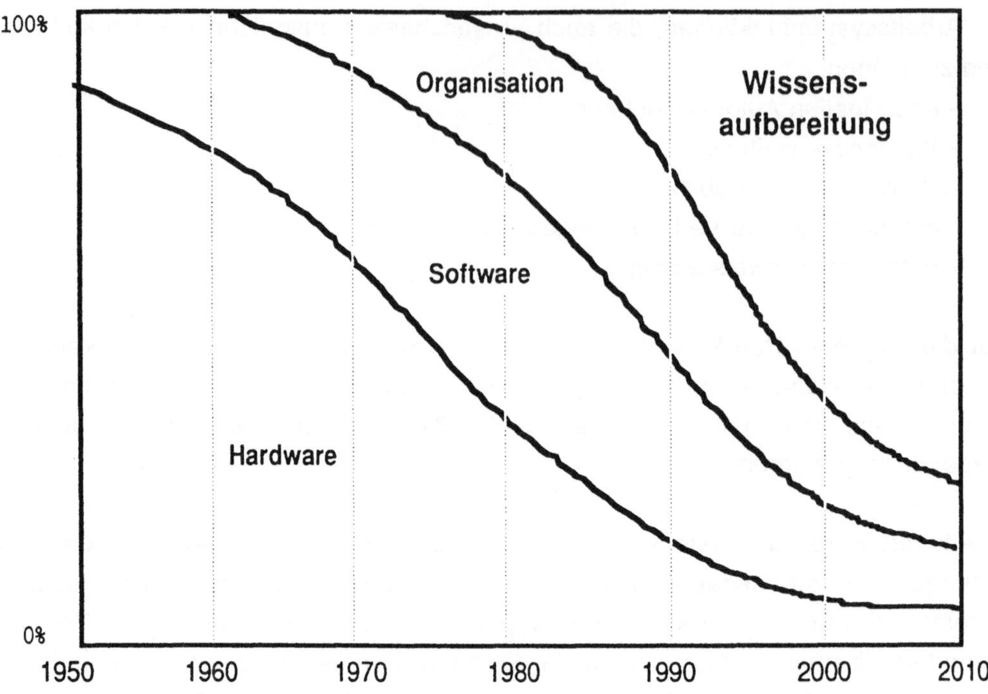

Abb. 13: Bedeutung der Wissensaufbereitung im Rahmen der Systementwicklung

8. Veränderungswirkungen und neue Potentiale

Die Bedienungsoberflächen der heute angebotenen Layout-Programme sind bereits gegenüber früheren Systemen sehr benutzerfreundlich, so daß ihre Anwendung relativ leicht ist, allerdings sind für die Anwendung noch zusätzliche Kenntnisse im Umgang mit den Standardsoftwareprodukten der Text- und Grafikverarbeitung erforderlich. Auch wird von den Mitarbeitern weiterhin verlangt, daß sie Koordinierungs- und Steuerungsaufgaben neben der Publikationsaufgabe übernehmen. Dafür stehen ihnen jedoch keinerlei Werkzeuge auf den Arbeitssystemen zur Verfügung.

Auch für die Gestaltung von Dokumenten bzw. Publikationen ist es neben der Beherrschung des Funktionsspektrums der entsprechenden erforderlich, daß die Anwender typografische Kenntnisse und Grundlagenwissen über die Gestaltung bzw. die Anordnung von Objekten innerhalb eines Dokumentes besitzen.

Da in der Vergangenheit der verantwortliche Mitarbeiter sich weder um den Schrifttyp noch die Schriftgröße kümmern mußte bzw. sonstige Hervorhebungen und das Mischen von Text und Grafik Fachleuten überlassen konnte, muß der Mitarbeiter zukünftig gerade dieses Wissen erwerben.

Die zunehmend komplexeren Funktionen, die im Bürobereich durch Informationssysteme übernommen werden, überfordern gegenüber den traditionellen Kenntnissen und Fertigkeiten der Schriftguterstellung den Anwender und hemmen damit die qualitativ möglichen Verbesserungen.

Wenn nicht zukünftig geeignetere Werkzeuge angeboten werden, kann durch fehlende Transparenz der Abläufe die Integration der Anwendungen behindert werden. Die unzureichende Vorbereitung der Mitarbeiter führt unweigerlich zu weiteren Akzeptanzproblemen, die den Mißerfolg der Gesamtplanung bedeuten können.

Um die Anwender deshalb in die Lage zu versetzen, die o.g. Probleme selbstständig zu lösen, müssen sie gut geschult werden oder ihnen "intelligentere" Werkzeuge zur Verfügung gestellt werden. Mit dem Einsatz der neuen Techniken im Bürobereich wird den Mitarbeitern zugleich auch ein größeres Aufgabenfeld zugewiesen, verbunden mit einer entsprechend höheren Verantwortung.

Die bislang im Büro vorherrschenden Berufsbilder werden mit der Verbreitung des Computer Aided Publishing auf breiter Ebene die bisherigen Berufsbilder mit zusätzlichen Anforderungen versehen bzw. auch neue Berufsbilder entstehen lassen.

Wie leicht erkennbar ist, kommen auf den Fortbildungsbereich neue Anforderungen zu, die nur mit neuen Konzepten bewältigt werden können. Hierzu gehören mit Sicherheit auch neuartige Lernprogramme, mit deren Hilfe der spätere Anwender direkt am Arbeitsplatz sich mit den Funktionen der Software vertraut machen kann.

Insbesondere kleine und mittlere Betriebe, die die erheblichen Rationalisierungspotentiale durch den Einsatz von CAP-Anwendungen schnell erschließen können, müssen auf eine zügige und zugleich systematische Wissensvermittlung bedacht sein. Mit dem geplanten technologischen Wandel einhergehen müssen auch Veränderungen der Aufbau- und Ablauforganisation, damit die vorhandenen Motivationspotentiale der Mitarbeiter adäquat genutzt werden können.

Die Probleme, die die neuen Technologien auf der einen Seite sowohl für den Unternehmer, als auch für den Arbeitnehmer aufwerfen, können auf der anderen Seite auch dazu genutzt werden, innerhalb der Unternehmen die bislang starren Arbeitszeitregelungen zukünftig zu flexibilisieren.

Als Argument gegen die Einführung flexibler Arbeitszeitregelungen wird von der Arbeitgeberseite häufig vorgebracht, daß ein Mitarbeiter, der nur vier Stunden am Tag arbeitet bzw. sich mit einem anderen Mitarbeiter einen gemeinsamen Arbeitsplatz teilt (Job sharing), nicht das Wissen ansammeln kann, welches für die Steuerung und Koordination der einzelnen Aufgaben notwendig ist. Zweifelsohne ist die Erfüllung der Arbeitsaufgaben mehr oder weniger stark an die einzelne Person gebunden.

Da in den meisten Unternehmen im Verwaltungsbereich meist eine starke Arbeitsteilung vorherrschend ist, ist eine ständige Kooperation aller Beteiligten bei der Prozeßabwicklung heute noch unabdingbar. Diesem Hauptablehnungsgrund der Einführung von flexiblen Arbeitszeitregelungen war nur wenig entgegenzusetzen. Doch wissensbasierte Systeme können hier einen neuen Qualitätssprung bewirken.

9. Zusammenfassung

Zusammenfassend kann festgehalten werden, daß CAP bzw. Desktop Publishing heute bereits in den Unternehmen in vielfältigster Art und Weise sinnvoll zur Effizienzsteigerung eingesetzt werden kann. Allerdings darf dabei nicht vergessen werden, daß nicht nur die Erstellung von qualitativ hochwertigen Dokumenten gefragt ist, sondern, wenn es um die Nutzung aller Vorteile dieser neuen Technologien geht, die Leistungskraft der Gesamtorganisation gesteigert werden muß. Dazu müssen jedoch bereits heute die noch vorhandenen organisatorischen Abläufe infrage gestellt werden. Um die Chancen der neuen Software-Technologien zu nutzen, gilt es heute die Bereitschaft, zur Veränderung als dauerhafte Aufgabe zu institutionalisieren. Alle Wertschöpfungsaktivitäten innerhalb eines Publikationsprozesses, die unterschiedlich intensiv miteinander verkettet sind, müssen sorgfältig aufeinander abgestimmt werden. Die neuen Technologien können helfen die ganzheitliche Sicht auf die Unternehmensprozesse wiederzugewinnen. Zukünftig wird man sich dank der höheren Konfigurationsflexibbilität und Kompatiblität der Systeme nicht mehr mit "nur" suboptimalen Lösungen abfinden müssen.

Literaturhinweise:

Earnshaw, R. A. (Hrsg.): Workstations and Publikation Systems.
   Berlin 1987.

Hoff, A., Weidinger, M.: Innovative Arbeitszeitgestaltung.
   In: Arbeitszeitflexibilisierung.
   Bonn 1986.

Kredel, L.: DTP zwischen Textverarbeitung und Satztechnik.
   in: Pape, U. (Hrsg.)
   Berlin 1988.

Porter, M. E.: Competitive Advantage.
   New York 1985.

Schrefl, M.: Konsequenzen der Techniktrends bei CAP-Systemen
   Darmstadt 1987.

Stumm, M: Verteilte Systeme.
   In: Informatik-Spektrum, 10 (1987) 5, S. 246ff.

Archivsysteme im Vergleich

Prof. Dr. Matthias Blumenfeld, Berlin

Die Grundfunktion eines Archivsystems besteht darin, Dokumente wegzuspeichern und auf Anfrage wieder hervorzuholen. So einfach das auch klingen mag, es bleiben doch eine ganze Reihe von Fragen offen:

-   Was sind eigentlich Dokumente? Sind sie die kleinste Einheit, auf die man sich beziehen kann?

-   Wie kommen sie in das System hinein? Wie werden sie gespeichert?

-   Welche Art von Anfragen sind erlaubt? Muß der Benutzer schon von vornherein wissen, wo die Dokumente gespeichert sind, oder hilft ihm das System beim Suchen?

-   Wie geschieht die Wiedergabe?

Wenn man genau hinsieht, sind aus der einen Grundfunktion eines Archivsystems nicht weniger als vier geworden:

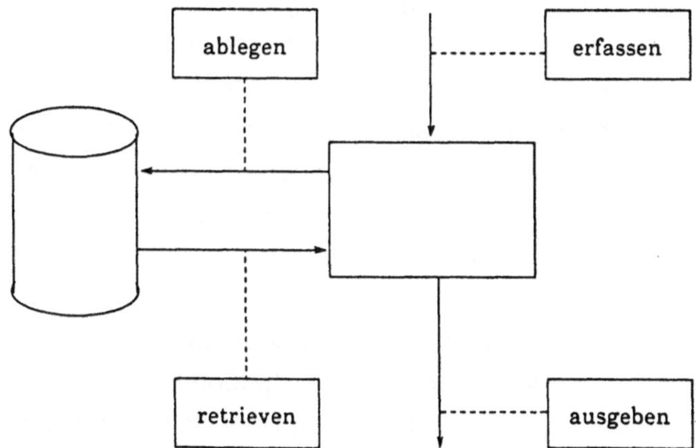

Abbildung 1: Grundfunktionen eines Archivsystems

Diese vier Funktionen hängen natürlich stark davon ab, wie das Speichermedium des Archivsystems nun eigentlich aussieht. Das ist überhaupt der wesentliche Parameter eines jeden Archivsystems. Die Auswahl ist groß:

I.   Analoge Speichermedien
   A. Papier
   B. Mikrofilm
      a. Microfiche
      b. Rollfilm
      c. Jackets

II.   Digitale Speichermedien
   A. Magnetische Speicher
   B. Optische Speicher
      a. einmal beschreibbare Platten (WORM)
      b. nur lesbare Platten (CD-ROM)

Jedes dieser Medien hat seine Stärken und Schwächen. Für die Auswahl eines Archivsystems ist es daher von entscheidender Wichtigkeit, über die Schwächen und Stärken Bescheid zu wissen.

Papierarchive und ihre Vor- und Nachteile

Der entscheidende Vorteil von Papier besteht darin, daß es Menschen viel leichter fällt, mit Papier zu arbeiten als etwa am Bildschirm. Untersuchungen haben gezeigt, daß die Lesegeschwindigkeit auf Papier dreimal schneller ist als am Terminal. Auch läßt sich Papier leicht bearbeiten, man denke nur an die Randnotizen. Es läßt sich leicht transportieren, wie der abendliche Aktenordner zu Hause zeigt. Mit anderen Speichermedien ist das gar nicht so einfach, denn sie setzen voraus, daß zu Hause ein System vorhanden ist, auf dem sie sich lesen lassen.

Nachteilig ist Papier vor allem, wenn es in großen Mengen auftritt. Dann ist es nämlich keineswegs mehr "leicht" zu transportieren, sondern ist tonnenschwer. Die Keller der großen Behörden, Versicherungen, Institutionen sind voll davon und der Zugriff auf einzelne Dokumente ist eine Qual: nicht umsonst dauert es manchmal Wochen, bis die angeforderten Akten endlich dort angelangt sind, wo sie gebraucht werden.

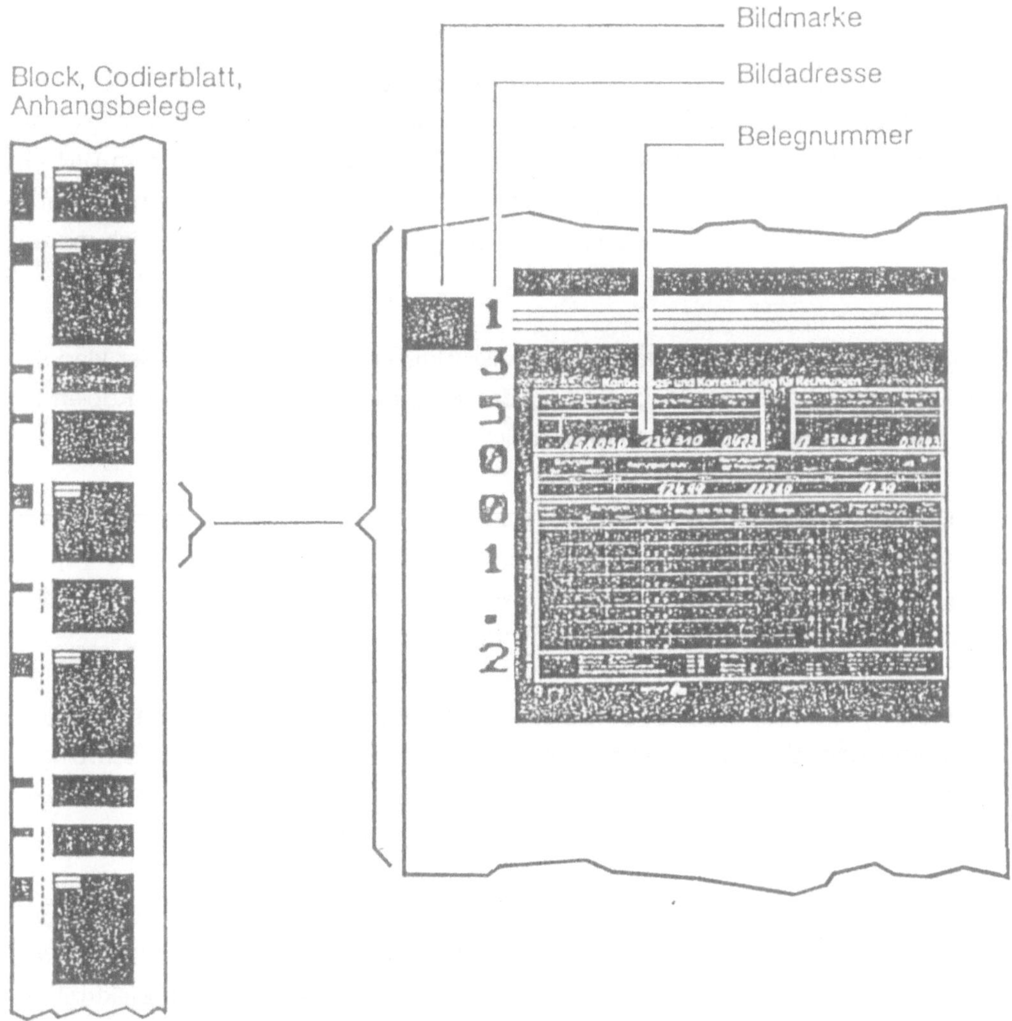

Abbildung 2: Bildmarken und Bildadressen auf Rollfilmen

Vollends unmöglich wird es aber, wenn Vorstände - von ihrer EDV-Anlage dazu verführt - Wünsche anmelden wie

"Bitte legen Sie mir alle Kaufdokumente aus den Jahren 1950 bis 1960 vor, in denen die Kaufsumme die Grenze von 10 000 DM übersteigt!"

Eine derartige Recherche in einem größeren Papierarchiv durchführen zu wollen, erfordert Monate Arbeit, da jede einzelne Akte inspiziert werden muß, ob sie im richtigen Zeitraum und in der richtigen Größenordnung liegt.

Mikrofilm und seine Vor- und Nachteile

Es gibt Mikrofilm in einer Reihe von Erscheinungsformen. Mikrofiches sind wahrscheinlich am bekanntesten. Sie werden geliefert, wenn ich mir in der Bibliothek eine amerikanische Doktorarbeit bestelle oder einen Report vom MIT. Auf einem DIN A6 Mikrofiche finden sich meistens 7 Zeilen und 14 Spalten von DIN A4 Seiten. Ich kann sie mir an einem Mikrofiche-Lesegerät vergrößert anzeigen lassen, an dem ich mir zur Not auch Papierkopien machen kann.

Damit sind auch schon zwei Stärken des Mikrofilms gegenüber dem Papier klar: sie nehmen erheblich weniger Platz ein und das Herstellen von (Mikrofilm-) Kopien ist recht preiswert. Auch der Nachteil ist offensichtlich: ich brauche ein Lesegerät.

Daß ich die Seiten auf dem Mikrofiche nicht mehr bearbeiten kann, darf man nicht unbedingt als Nachteil werten - im Gegenteil, manchmal ist es ein wesentlicher Vorteil. Dann nämlich, wenn das Dokument zu Beweiszwecken archiviert wird, so wie es das Gesetz für eine ganze Reihe von Belegen vorschreibt.

Für Situationen, in denen das Austauschen von Seiten erforderlich ist, hat man das Jacket erfunden, das ist eine Filmtasche mit Fächern, in die einzelne Seiten eingeschoben werden können. Das erlaubt es, einen aktuellen Stand beizubehalten, erfordert dafür aber auch den manuellen Aufwand des Einsortierens.

Wie beliebt Mikrofilm zur Sichererung von Belegen ist, läßt sich an den COM-Fiches ablesen. COM ist eine Abkürzung für "Computer Output on Microfilm". Hier werden digitale Daten, wie z.B. die Daten aller Stromrechnungen, die von einem Elektrizitätsunternehmen im Monat Januar verschickt worden sind, auf ein Magnetband geschrieben und dieses wird dann von COM-Dienstleistungsfirmen in analoge, d.h. lesbare Zeichen auf Mikrofiches umgesetzt ohne den Umweg, diese vorher auf Papier auszudrucken und dieses Papier dann zu verfilmen.

Völlig automatisieren läßt sich der Zugriff auf Mikrofiches nicht, da sie zumindestens in das Lesegerät eingelegt werden müssen. Hier eignen sich Rollfilme besser. Ein Rollfilm faßt etwa 5000 Seiten. Wie läßt sich eine Seite oder ein Dokument auf einer Filmrolle wiederfinden?

Zu diesem Zweck gibt es Bildadressen. Sogenannte Bildmarken bezeichnen die Positionen auf den Rollfilmen, an denen neue Dokumente oder neue Seiten beginnen.

Daneben sind dann auch die Bildadressen vermerkt, siehe Abb. 2. Will man ein Archivsystem für Rollfilme aufbauen, so muß man sich merken, welche Dokumente an welchen Bildadressen abgespeichert sind, denn nur so lassen sie sich wiederfinden. Beim Erfassen werden also die Dokumenten-Identifikation und die Bildadresse an eine EDV-Anlage weitergereicht und dort gespeichert. Wenn der Benutzer nun ein bestimmtes Dokument sucht, dann erfragt er die zugehörige Bildadresse bei der EDV-Anlage.

Noch besser sind natürlich halbautomatische Systeme, bei denen der Benutzer nur noch aufgefordert wird, einen bestimmten Rollfilm einzulegen. Das mit der EDV-Anlage gekoppelte Mikrofilmterminal positioniert dann selbständig an die richtige Bildadresse, ohne daß der Benutzer sich damit herumplagen muß. Der letzte Schritt zu einer vollständigen Automatisierung wird in Mikrofilm-Archivsystemen getan, in denen auch noch das Einlegen der Filmkassetten aus einem Kassetten-Speicher automatisch vorgenommen wird. Das entsprechende System von CANON faßt 192 Rollfilm-Kassetten mit Zugriff auf bis zu eine Million DIN A4 Seiten.

Die Nachteile des Mikrofilms liegen vor allem in seinem analogen Aufzeichnungscharakter. Da die Welt der EDV digital ist, lassen sich mikroverfilmte Dokumente weder über EDV-Netze transportieren, noch in EDV-Anlagen verarbeiten, d.h. es lassen sich keine Seiten einfügen, verändern, löschen. Auch ist die Zugriffsgeschwindigkeit auf die erste Seite eines Dokuments langsam, selbst bei voll automatisierten Systemen, da sequentiell an die richtige Bildadresse vorgespult werden muß. Sie beträgt im Mittel mindestens 10 Sekunden. Und schließlich hören wir immer wieder Klagen über die Qualität der Papierreproduktionen, die nur dann akzeptabel sei, wenn jede Seite manuell fokussiert würde.

Die digitale Speicherung von Dokumenten

Bevor wir uns mit den digitalen Speichermedien befassen, müssen wir eine Vorstellung gewinnen, wie sich Dokumente überhaupt digital speichern lassen.

Am einfachsten ist die Situation, wenn ein Dokument an einem Rechner erstellt wurde, etwa ein Geschäftsbrief, der mit einem Textsystem erstellt wurde. Dann liegt ja schon eine digitale Form des Briefes vor, und zwar als Text bestehend aus Zeichen.

Etwas schwieriger ist es im Falle eines Berichtes, der mit einem Publishing-System erstellt wurde, und der neben Text auch noch Grafiken enthält. Ein solches Dokument besteht aus (mindestens) zwei Teilen: einer Grafikdatei und einem Textteil, in den Hinweisen eingestreut sind, wohin die Grafik zu plazieren ist.

Wenn eingescannte Bilder hinzukommen, wird es noch schwieriger. Denn gescannte DIN A4 Vorlagen brauchen viel Platz. Wieviel Platz, hängt natürlich von der Auflösung ab, mit der gescannt wird. Sie wird in Punkten pro Inch, kurz dpi (dots per inch), angegeben:

Auflösung	Punkte pro Zeile	Punkte pro Spalte	Punkte insgesamt	Speicherbedarf (Megabytes)
200 dpi	1 728	2 336	4 036 608	0,48
240 dpi	2 048	2 800	5 734 400	0,68
300 dpi	2 560	3 500	8 960 000	1,07
400 dpi	3 456	4 672	16 146 432	1,92

Die von einem Scanner erzeugten Datenmengen sind also gewaltig. Als reines Punktbild gespeichert wächst die Datenmenge quadratisch mit der Auflösung.

Um diese Datenmengen zu komprimieren, werden sie **kodiert**. Ein weitverbreitetes Kodierprinzip ist die **Lauflängenkodierung**. Die Seite wird dabei Punktzeile für Punktzeile durchgegangen und jedes Mal, wenn die Farbe der Punkte wechselt, wenn also auf einen weißen ein schwarzer Punkt folgt oder umgekehrt, wird die Anzahl der Punkte derselben Farbe notiert. Diese Punkte ein und derselben Farbe nennt man auch Läufe und ihre Anzahl Lauflänge.

Die Folge der Lauflängenzahlen ist nicht zufällig verteilt: bei den schwarzen Läufen sind Längen von 3 und 4 am häufigsten vertreten und bei den weißen Längen zwischen 2 und 7. Daher möchte man diese Zahlen mit möglichst kurzen Kodewörtern notieren. Und je seltener eine Lauflänge auftritt, desto länger darf auch das Kodewort sein, mit dem sie verschlüsselt wird. Nach diesem Prinzip der statistischen Kodierung arbeiten die sogenannten Huffman-Kodes. Ein Beispiel ist der **Modified Huffman-Kode**, so wie er im CCITT Standard T.4 (Faksimile Gruppe 3) festgelegt ist, siehe auch Abb. 3.

Weiße und schwarze Lauflängen werden unterschiedlich kodiert, da sie unterschiedliche statistische Verteilungen haben. Nur Lauflängen kleiner als 64 werden dabei direkt kodiert, größere Lauflängen werden mit Hilfe von "Make-up Codes" zusammengesetzt.

Terminating Codes			
White run length	Code word	Black run length	Code word
0	00110101	0	0000110111
1	000111	1	010
2	0111	2	11
3	1000	3	10
4	1011	4	011
5	1100	5	0011
6	1110	6	0010
7	1111	7	00011
8	10011	8	000101
9	10100	9	000100
10	00111	10	0000100
11	01000	11	0000101
.	.	.	.
.	.	.	.
.	.	.	.
.	.	.	.
62	00110011	62	000001100110
63	00110100	63	000001100111

Make-up Codes			
White run length	Code word	Black run length	Code word
64	11011	64	0000001111
128	10010	128	000011001000
192	010111	192	000011001001
256	0110111	256	000001011011
.	.	.	.
.	.	.	.
.	.	.	.
1664	011000	1664	0000001100100
1728	010011011	1728	0000001100101
EOL*	000000000001	EOL*	000000000001

*EOL: (End-of-Line). This code word follows each line of data.

Abbildung 3: Die Kodetabelle des Modified Huffman-Kodes

Wie gut komprimiert die Modified Huffman Kodierung und wie wurde sie überhaupt festgelegt? Dazu dienten die acht Testbilder der CCITT, die einen weiten Ausschnitt von möglichen Seiten umfassen: angefangen von einem englischen Brief mit wenig Text, über eine französiche Journal-Seite mit engbedrucktem Text bis hin zu einer Kanji-Seite mit sehr viel Information.

Im CCITT Dokument T.6, das die Kodierung des Faksimile-Standards der Gruppe 4 festlegt, wird ein besser komprimierendes Kodierverfahren festgelegt, die **Modified Modified Read Kodierung**, kurz auch MMR oder MR2 (Modified Read 2) genannt. Dieses Verfahren baut auf den Modified Huffman-Kode auf, ist aber eine **zweidimensionale Kodierung**. So nennt man Kodes, die nicht Zeile für Zeile kodieren, sondern in denen die Verschlüsselung der aktuellen Zeile relativ zur vorangehenden erfolgt. D.h. wenn ein Farbwechsel in derselben Spalte stattfindet wie in der vorangegangenen Zeile, wird nicht die Lauflänge notiert, sondern eben diese Tatsache. Und da bei den CCITT Dokumenten diese Situation bei 50% aller Farbwechsel auftritt, hat man ihr den kürzestmöglichen Kode zugeordnet: ein einziges Bit, eine 1.

Bei Patent-Dokumenten, die wir mit 300 dpi Auflösung eingescannt haben, so wie es im Patentwesen vorgeschrieben ist, haben wir folgende durchschnittliche Kompressionsfaktoren beobachtet:

	Modified Huffman	Modified Modified Read
unkodierte A4-Seite	1,07 MB	1,07 MB
Kompressionsfaktor	9	18
Speicherplatzbedarf	0,12 MB	0,06 MB

Soweit der Platzbedarf von Faksimile-Seiten.

Wenn diese Seiten schon auf einem Rechner existieren, notiert in einer Satzsprache wie beispielsweise PostScript, dann ist es natürlich Unsinn, sie als Faksimile einzuscannen. Danach nehmen sie, selbst wenn sie kodiert sind, mindestens zehnmal soviel Platz ein wie vorher. Aber meistens exitiert nur die Papierform von Seiten, die zu archivieren sind. Sie als Text erfassen zu wollen, nur um Speicherplatz zu sparen, wäre ein Schildbürgerstreich, denn die Erfassung einer Seite kostet mehrere DM, und die reinen Speicherkosten betragen, wie wir sehen werden, auf optischen Platten nur wenig mehr als ein Pfennig.

Archivsysteme mit optischen Speichern

Das Kodieren und Dekodieren gerasterter Seiten steht im Mittelpunkt eines jeden Archivsystemes, das auf optischen Platten als Speichermedium basiert. Abb. 4 macht das deutlich, sie zeigt den funktionalen Aufbau eines optischen Archivsystems.

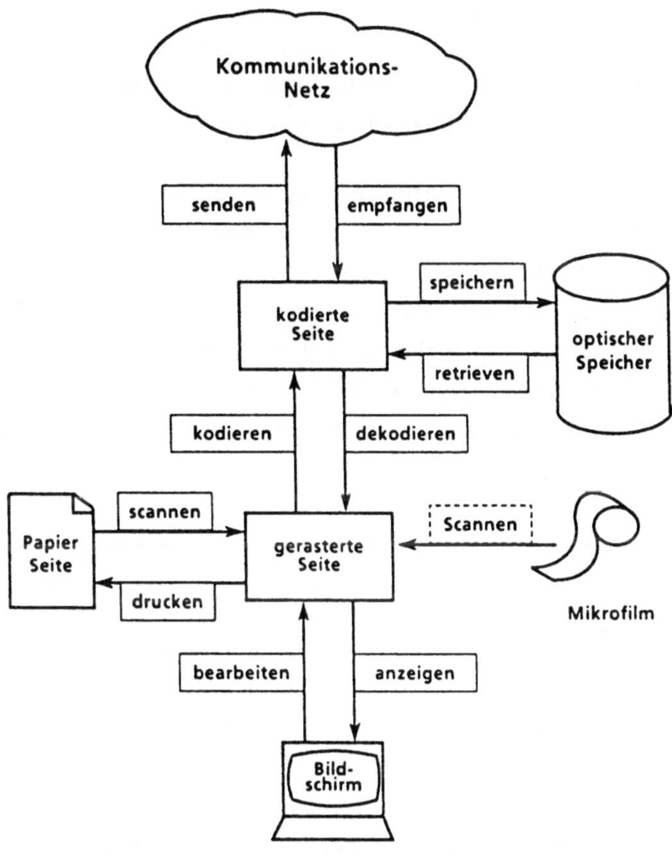

Abbildung 4: Funktionaler Aufbau eines optischen Archivsystems

Aus der Abb. 4 wird auch deutlich, daß sich in einem solchen System mehrere bekannte Geräte "verstecken":

ein digitaler Kopierer:	Diese Funktion erhält man, wenn man eine Seite scannt und gleich wieder ausdruckt.
ein Faxgerät:	Eine Seite zu faxen geschieht, indem sie gescannt, kodiert und per Telefon gesendet wird. Umgekehrt werden Seiten empfangen, dekodiert, und auf dem Laserdrucker aus gegeben.
ein Publishing-System:	Der hochauflösende Bildschirm, auf dem Faksimileseiten angezeigt werden können eignet sich auch hervorragend, um diese Seiten per Publishing-Software zu bearbeiten.

ein Speichersystem: Man kann auf einem optischen Speicher alles speichern, was sich beispielsweise auch auf Magnetbändern speichern läßt.

Außerdem, und das ist der Kern eines optischen Archivsystems, wird noch eine **Retrieval-Software** zur Verwaltung der archivierten Dokumente gebraucht. Im einfachsten Fall ist das nur wenig mehr als ein Dateisystem, in dem mit logischen Dokumenten-Bezeichnern auf die physikalischen Adressen der WORM zugegriffen werden kann, an denen diese gespeichert sind. Im besten Fall besteht die Retrieval-Software aus einem **Datenbank-System** mit SQL-Schnittstelle, so daß der Benutzer sich auch über Schlüsselwörter zu den Dokumenten durchfragen kann, die ihn interessieren.

Auch wenn die von den verschiedenen Firmen angebotenen Archivsysteme dieselben funktionalen Komponenten haben, so unterscheiden sich doch die einzelnen Bestandteile. Beispielsweise die optischen Platten.

Optische Speicherplatten

Optische Speicherplatten gibt es in verschiedenen Größen, und mit verschiedenen Eigenschaften. **CD-ROMs** basieren auf der Hi-Fi Compact DiscTechnologie: sie haben einen Durchmesser von 120 mm, werden von einem Master gepreßt und enthalten ca. 550 MegaByte an lesbarer Information, d.h. sie könnten etwa 9000 durchschnittliche Faksimile-Seiten aufnehmen. **Bildplatten** (Videodiscs) können ähnlich wie CD-ROMs nur gelesen werden. Diese 12 Zoll Platten wurden entwickelt, um (analoge) Videoinformation aufzunehmen, können aber auch digitale Information enthalten. Bildplatten werden vor allem im Ausbildungsbereich angewendet. **Löschbare** (erasible) **optische Platten** ebenso wie **OROMs** (Optical Read Only Memory) sind 5¼ Zoll groß, wurden am Markt vorgestellt, haben aber noch keine praktische Bedeutung erlangt. Anders die letzte Gruppe, die **WORM**-Platten (Write-Once, Read-Multiple), die einmal beschreibbaren Platten. Es gibt sie in verschiedenen Größen (5¼ Zoll, 8 Zoll, 12 Zoll, 14 Zoll). Die folgenden Platten haben alle einen 12 Zoll Durchmesser, sind aber dennoch inkompatibel, da sie verschiedene Technologien verwenden:

Die **OSI**-Platte (CDC/Philips) wird dadurch beschrieben, daß ein Laserstrahl kleine Löcher (pits) in die obere Schicht brennt. Auch die Hitachi- und die **NEC/3M**-Platten werden beschrieben, indem Pits von einem Mikron Durchmesser gebrannt werden.

Anders als bei der OSI-Platte wird dadurch eine stärker reflektierende Schicht freigelegt, so daß beim Lesen die reflektierten Laser-strahlen die Information enthalten.

Wieder anders die **GigaDisc** von Alcatel/Thompson. Der Schreib-Laserstrahl verdampft eine tiefere Schicht, so daß die Informations-Schicht Blasen (bubbles) schlägt. An diesen Stellen werden die Lesestrahlen natürlich abgelenkt.

Bei der **Sony-Platte** läßt der Schreib-Laser zwei Legierungs-Schichten zu einer neuen kristallinen Verbindung verschmelzen, die den Lese-Strahl dann stärker reflektiert.

Darüber hinaus gibt es Unterschiede in den Fehlerkorrektur-Verfahren, den Sektorgrößen (512, 1024 oder 2048 Bytes), den Aufzeichnungs-Spuren (spiralförmig oder konzentrische Kreise) und der Aufzeichnungsdichte: das CLV-Verfahren (constant linear velocity) schreibt die Information stets in gleichen Abständen, muß daher aber die Drehgeschwindigkeit ändern, während das CAV-Verfahren (constant angular velocity) bei konstanter Drehgeschwindigkeit die Information außen weniger dicht packt. Bei Sony läßt sich der Unterschied besonders leicht demonstrieren, da das Laufwerk WDD-3000 beide Formate lesen kann: eine CLV-Platte enthält (beidseitig) 3,2 GigaBytes und hat eine mittlere Zugriffszeit von 0,8 Sekunden, während die CAV-Platte "nur" 2,1 GigaBytes speichert und ein mittlere Zugriffszeit von 0,3 Sekunden hat.

Ein Vergleich ergab, daß die Sony 12" CLV-Platte das zur Zeit preiswerteste Medium bietet: bei einem Fassungsvermögen von mehr als 50 000 DIN A4 Seiten (à 60KB) kostet die Platte in OEM-Stückzahlen unter 700 DM, d.h. 1,4 Pfennige pro Seite bzw. 22 Pfennige pro Megabyte.

Jukeboxes

Sollen wesentlich mehr als 100 000 Seiten im Online-Zugriff gehalten werden,so empfiehlt sich der Einsatz sogenannter "Juke"-Boxes, das sind Geräte, welche automatisch Speicherplatten wechseln können. Wie der Name schon andeutet, ähneln diese Jukeboxes in ihrer Funktion den Plattenwechslern, die seit den 50er Jahren in Gaststätten zu finden sind: sie holen die "Platten", drehen sie, wenn nötig, und legen sie im "Platten"-Spieler auf.

Jede Sony-Jukebox hat ein Fassungsvermögen von 50 (doppelseitigen) CLV-Platten, die in eine der beiden einseitig lesenden Laufwerke eingeschoben werden können.

Das entspricht 160 Gigabytes oder umgerechnet 2,5 Millionen Patentseiten à 60 KiloBytes. Um eine neue Platte einzulegen, braucht die Jukebox acht Sekunden.

Schließt man einen leistungsfähigen Laserdrucker an, so ergibt sich ein "Image Reproduktion System", das bei Bedarf die archivierten Faksimileseiten wieder ausdrucken kann. Wir erreichen dabei eine Rate von 5 beidseitig bedruckten Seiten pro Minute. Das erscheint zunächst wenig, verglichen mit Textdruckern, viel jedoch, wenn man bedenkt, daß dafür pro Sekunde 170 KiloBytes der 1.07 Megabyte großen Faksimileseite zum Drucker transportiert werden müssen.

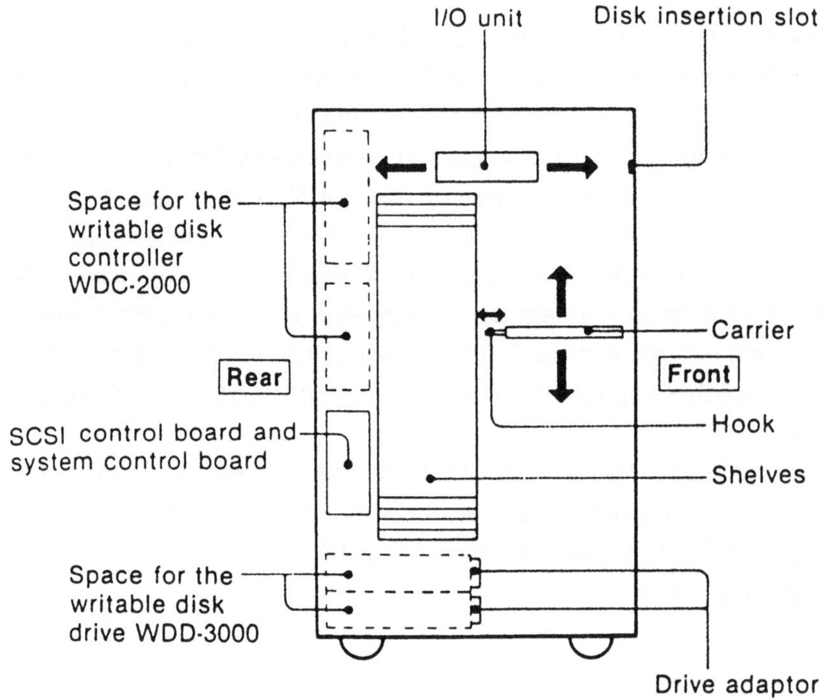

Abbildung 5: Schematischer Aufbau der Jukebox von Sony

Eine Übersicht über Anbieter optischer Archivsysteme

Der Markt ist zur Zeit etwas unübersichtlich. Ganz grob läßt er sich unterteilen in

A.   Einzelplatz-Systeme

Diese Systeme wurden konzipiert als Einzelplatz-Systeme, und nicht als Teil eines lokalen Netzes. Das ist das ursprüngliche Marketingkonzept der meisten japanischen

Firmen, die optische Archivsysteme entwickelt haben. Sie zielen auf einen Einsatz in japanischen Büros, für die eine thematische Ablage seit langem ein Zwang ist, da sich Kanji-Zeichen für eine alphabetische Ordnung nicht eignen. Es sollen mehr als 3000 derartiger Systeme in Japan im Einsatz sein und Marktvorhersagen sprechen von 5000 im Jahr 1989 und 20000 bis 1994.

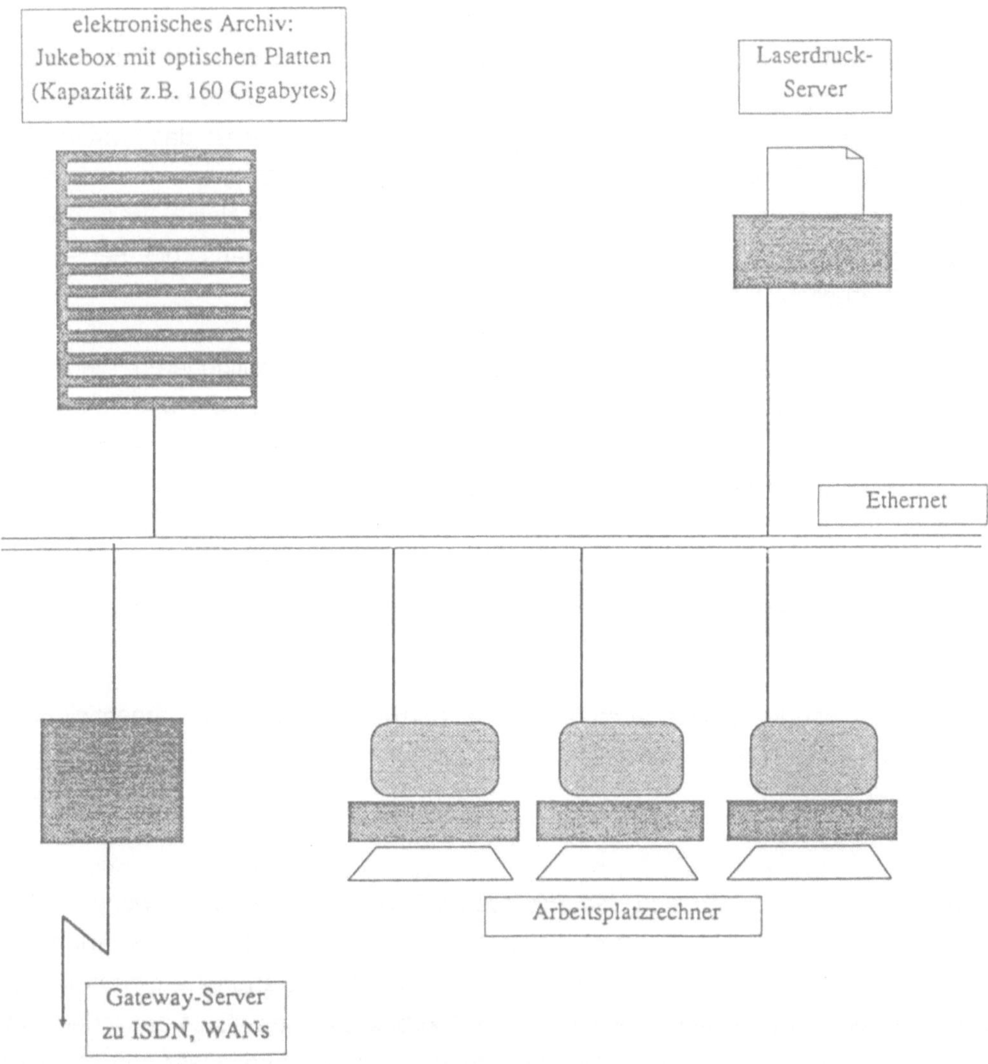

Abbildung 6: Ein lokales Archivnetz mit verteilten Rollen

Toshiba war die erste Firma, die 1980 mit dem Tosfile 2000 ein solches System vorstellte. Sie ist auch heute noch deutlicher Marktführer in Japan. 1985 hat sie mit dem Tosfile 3200 ein "System der zweiten Generation" vorgestellt. Die bekanntesten unter den japanischen Anbietern sind Matsushita (Panasonic) mit dem Panafile PF-10 bzw. PF-3000, Hitachi mit Hitfile 60, Canon mit Canofile, Sony mit dem SIOS, NEC mit Neofile 1000, Ricoh mit dem IF2200 ,sowie Systeme von Sanyo und Fujitsu - insgesamt sollen es 11 Anbieter sein.

B.   Vernetzte Systeme

Einige der obigen Einzelplatzsysteme haben inzwischen eine Ethernet-Option erhalten, so daß man sie auch vernetzen kann. Anders sehen Systeme aus, die als vernetzte Systeme konzipiert wurden. Ein Musterbeispiel dafür ist das System der amerikanischen Firma FileNet, das in Europa von Olivetti angeboten wird. Die funktionalen Rollen sind dort nicht in einem Gerät vereint, sondern im Netz verteilt: es gibt eine Eingabestation mit einem Scanner, ein optisches Archiv, einen Druck-Server und Bildschirmarbeitsplätze, - alles über Ethernet vernetzt.

Vernetzte Systeme eigen sich besser, um große Systeme zu konfigurieren. Die Anforderungen der Firmen, mit denen wir gesprochen haben, sehen ganz anders aus als die japanische Marketingvorstellung vom (kleinen) Einzelplatzsystem. Eines der Kernprobleme ist immer wieder, daß das neue optische Archiv in die bestehende EDV-Landschaft integriert werden muß. Das heißt insbesondere, daß eine Kopplung zu den Großrechenanlagen, meist Siemens BS2000 oder IBM, hergestellt werden muß und, mehr noch, daß die Retrievalsoftware auf dem Großrechner, eine Datenbank wie Golem oder Stairs, und die Archivsoftware integriert werden müssen.

Daher war diese Integration auch immer der Schwerpunkt der Softwareentwicklungen, die ich bei der Sietec geleitet habe.

C.   Große Systeme

Große Systeme zeichnen sich dadurch aus, daß sie eine Jukebox verwenden. Das bekannteste europäische System ist das MEGADOC von Philips. Es ist auch das älteste, es ist seit 1983 auf dem Markt. Eine der bekanntesten Installationen ist das Archiv bei Gruner und Jahr mit inzwischen 3 Jukeboxes mit jeweils 64 optischen Platten mit (beidseitig) 2 Gigabytes. Die dreijährige Pilotierungsphase war von so vielen Hürden geprägt, daß viele der großen Institutionen sich in dieser Zeit abwartend verhielten.

Ein großes System, das wir konzipiert haben, basiert auf Sony-Hardware und ist für das Europäische Patentamt bestimmt. Es ist ein über Ethernet gekoppeltes Zwillings-System - aus Gründen der Ausfallsicherheit - mit je zwei Jukeboxes und zwei schnellen Laserdruckern. Die Online-Kapazität entspricht mit 320 Gigabytes fast dem von Gruner und Jahr.

D. Subsysteme

Die erste Generation der optischen Archivsysteme war geprägt von neu entwickelter dedizierter Hardware. Seit aber die Unix-Arbeitsplatzrechner, wie die von SUN oder Apollo, immer preiswerter werden, werden auch optische Archive immer häufiger als Zusatz zu diesen Rechnern angeboten. Dieser Trend ist in den USA viel ausgeprägter als in Europa, aber auch hier haben sich Systemintegratoren des Themas angenommen. Ein Beispiel dafür ist ODIN, das von Apollo offeriert wird, andere wie Sigma oder MC2 haben sich die MicroVax als Rechner auserkohren. Hersteller wie ICL, Bull oder Philips runden ihre Systemangebote mit Archivkomponenten ab.

E. Hybrid-Systeme

Hybrid nennt man Archivsysteme, die auf mehr als einer Speichertechnologie beruhen. Musterbeispiele sind die Systeme von Kodak und Canon - sie verwenden neben den optischen Platten auch noch den (Mikro-)Rollfilm. Dabei kann auf den Mikrofilm nicht geschrieben, sondern nur gelesen werden und zwar von einem Mikrofilmscanner, der, wie ein Papierscanner auch, die (Mikrofilm-) Vorlage zeilenweise scannt und so in eine digitale Form bringt, so daß sie am Rasterbildschirm angezeigt und am Laserdrucker ausgedruckt werden können. Hybrid-Systeme vereinigen die Vorteile beider Speichermedien.

Auswahlkriterien

Die wichtigsten Auswahlkriterien sind die Kapazität des untersuchten Archivsystems, seine Performance und sein Preis.

Bei der Kapazität eines Systems darf man sich nicht einfach auf die Herstellerangaben in soundsovielen Gigabytes verlassen, denn es gehen eine Reihe von Parametern in die Überlegungen ein.

Einer ist die Auflösung. Da 200 Punkte pro Inch meistens nicht ausreichen, sondern erst 300 Punkte akzeptabel sind, - das ist die Auflösung des menschlichen Auges, wird behauptet - und mit 400 Punkte pro Inch aufgelöste Seiten wiederum deutlich mehr Speicher brauchen, spielt die Auflösung des Systems eine wesentliche Rolle.

Der zweite Parameter ist das Kodierverfahren. Wenn, wie zum Teil noch üblich, nur mit dem eindimensionalen Modified Huffman kodiert wird, dann paßt nach unserer Beobachtung nur halb soviel auf die Platte wie bei einer zweidimensionalen Kodierung.

Der dritte Parameter ist die Größe einer Plattenseite. Sie variiert von 1 Gigabyte bis 1,6 Gigabyte bei Sony CLV Platten.

Der vierte und letzte Parameter ist schließlich das Fassungsvermögen der Jukebox.

Für das von uns eingesetzte SIOS-System hier die Zahlen zum Vergleich: für (doppelspaltige) Patentseiten brauchen wir im Schnitt 60 Kilobytes bei 300 dpi und MMR-Kodierung. Wenn Sie einspaltigen Text oder gar CAD-Zeichnungen archivieren wollen, werden ihre Anforderungen deutlich geringer ausfallen.

Von diesen Patentseiten passen 25 000 auf eine Plattenseite. Auch hier muß man aufpassen, denn manche Dateisysteme arbeiten so ineffizient, daß nur zwei Drittel des Platzes als Nutzfläche übrigbleibt. Bei 100 Plattenseiten in einer Sony-Jukebox ergeben sich also insgesamt 2,5 Millionen Patentseiten als Kapazität.

Bei der Performance ist es wichtig, daß man nicht relativ bedeutungslosen Zahlen wie der nominalen Geschwindigkeit von Scanner oder Drucker vertraut, sondern die Zeiten für ganze Dokumente betrachtet: wie lange dauert die Erfassungszeit vom Scanner über die Kodierung bis zur optischen Platte für nSeiten im Einzug? [SIOS: (4+4*n) Sekunden].

Wieviele Sekunden dauert es, um diese n Seiten von der optischen Platte zu lesen, sie zu dekodieren und auf dem Laserdrucker auszugeben ? [SIOS: (6+6*n) Sekunden].

Wieviele Sekunden dauert es, um diese n Seiten von der optischen Platte zu lesen, sie zu dekodieren und am Bildschirm darzustellen ? [SIOS: (2+2*n) Sekunden].

Und dann natürlich die Kosten. Für ein Standalone-System zahlt man zwischen 150 000 und 400 000 DM. Und auch das Preisschild an den Jukeboxen ist nicht zu unterschätzen - eine SONY Jukebox kostet etwa 250 000 DM. Interessant ist aber, diese

Systemkosten auf die Seiten umzurechnen. Während die reinen Mediakosten pro Patentseite (60KB) nur 1,4 Pfennige betragen, ergibt sich als Systempreis pro Seite knapp 20 Pfennige. Läßt man dagegen Seiten als Dienstleistung einscannen und als Faksimile auf optischen Platten speichern, so kostet das - ohne daß eine aufwendige Indizierung darin enthalten wäre - zwischen 30 und 50 Pfennigen pro Seite. D.h. die Erfassung ist teurer als das System.

Von der Kostenseite haben sich optische Archivsysteme und Mikrofilm-Archive inzwischen angenähert. Daher liegt es nahe, wo immer möglich und sinnvoll, auf diese digitale Speicherform umzustellen.

Dokumentenretrieval in Dokumentations- und Publikationssystemen

Dr. Dietmar Freiburg, Software AG Darmstadt

1. Einleitung

Textmanipulation, Ablegen und Suchen von Texten (Informationen) sind eine der häufigsten Aktivitäten im Umfeld Büro. Die hierbei anfallenden Informationen (Briefe, Nachrichten, Notizen, Berichte, Zeitungsartikel und dergleichen) sind in der Regel unstrukturiert, stark kontextabhängig und beinhalten häufig einen Zeitbezug. Bemühungen, **büroadäquate Retrievalsysteme** auf der Basis von Datenbanksystemen oder traditionellen Dokumenten- Retrievalsystemen zu konzipieren, haben bislang aus verschiedenen Gründen keine befriedigenden Ergebnisse erbracht.

Die meisten der heute kommerziell angebotenen Dokumenten-Retrievalsysteme für den Einsatzbereich Büro sind in multifunktionalen Bürokommunikationssystemen integriert. Ihre Funktionalität ist äußerst begrenzt und entspricht weitgehend einer direkten Abbildung traditioneller, manueller Ablageorganisationen nach dem Schema: Aktenschrank, Fach, Ordner. Der Benutzer organisiert dabei seine Informationen zwangsweise in einer strengen Hierarchie, die er bei der späteren Informationssuche berücksichtigen muß. Hierbei führen potientiell nur solche Anfragen zum Erfolg, die implizit die zugrundeliegende logische Datenstrukturierung berücksichtigen.

Als weiteres Problem erweist sich die Tatsache, daß die Büroumgebung nicht mit der Einsatzumgebung traditioneller Dokumenten-Retrievalsysteme vergleichbar ist. Dokumenten- Retrievalsysteme wurden in der Vergangenheit und werden heute noch überwiegend im Bibliothekswesen eingesetzt und auch speziell dafür konzipiert. Verschiedene Untersuchungen machen diese Unterschiede deutlich und unterstreichen die Forderung nach Systemen, die den Anforderungen einer modernen Bürolandschaft gerecht werden.

Für die weitere Diskussion ist es notwendig, zunächst die entscheidenen Unterschiede dieser beiden Anwendungsbereiche aufzuzeigen. In Abb. 1 werden beide Berreiche entlang einer Reihe von Kriterien differenziert.

Bei der Analyse beider Spalten wird deutlich, daß sowohl die Systemumgebung als auch die Benutzercharakteristik stark voneinander abweichen. Der Grund liegt darin, daß traditionelle Dokumenten–Retrievalsysteme überwiegend für eine enge Benutzergruppe in einem relativ abgegrenzten Anwendungsbereich (in der Regel die Recherche wissenschaftlicher Literatur) konzipiert wurden. Die Übertragung derart dedizierter Systeme und Konzepte auf stark erweiterte Anwendungsbereiche, wie sie Büroumgebungen darstellen, muß zwangsläufig zu unbefriedigenden Lösungen führen.

	Traditionelle Dokumenten–Retrieval-Systeme	Büro–Dokumenten–Retrieval-Systeme
Systemumgebung	einfach, isolierte Systeme	komplex, dynamisches Umfeld
Systemcharakteristik	große Datenmengen, langsames Wachstum, homogene Informationen	kleine Datenmengen, dynamisches Verhalten, inhomogene Informationen
Datentypen	Text	Text, Zahlen, Grafiken
Taxonomie	weitgehend bekannt	relativ unbekannt, vielschichtig
Zeit–Faktor	keine Bedeutung	große Bedeutung
Datenschutz	keine privaten Daten	private und allgemeine Daten
Benutzertyp	Dauerbenutzer (Rechercheur), mittlere bis gute Systemkenntnisse	Gelegenheitsbenutzer, keine oder wenig Systemkenntnisse
Benutzerverhalten	einfache uniforme Anfragen, keine Manipulationen	vielfältige Anfragen, häufige Manipulation

Abb. 1: Charakteristik von Büro– und traditionellen Dokumenten–Retrievalsystemen

2. Überblick über grundlegende Retrievalmethoden

> Unfortunately, document retrieval design
> has been the poor stepchild of the computer
> revolution.
>
> (D. C. Blair, 1984)

Das Spektrum informationsverarbeitender Systeme reicht von der Verarbeitung unstrukturierter, willkürlich ausgewählter Informationen in Dokumenten-Retrievalsystemen, bis hin zur Verarbeitung und Repräsentation hochgradig strukturierter und kontextselektierter Informationen in Datenbanksystemen. Die wichtigsten Systemvarianten sind in Abb. 2 zusammengefaßt. Es sind dies: **Datenbanksysteme, Management-Informationssysteme, Frage-Antwort-Systeme und Informations-Retrievalsysteme.**

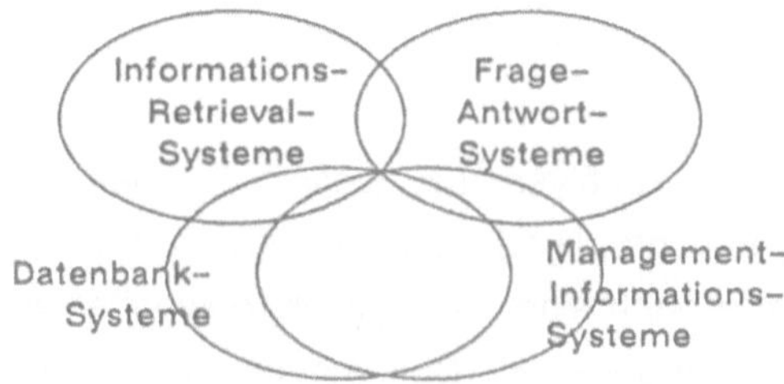

Abb. 2: Zusammenhänge zwischen verschiedenen informationsverarbeitenden Systemen

Primäres Ziel beim Einsatz von Dokumenten-Retrievalsystemen besteht in der Abspeicherung und Wiedergewinnung natürlichsprachlicher Texte (Dokumente) nach inhaltlichen, bedeutungstragenden Merkmalen. Bislang können vier grundsätzlich verschiedene Methoden unterschieden werden, nach denen Texte in Dokumenten-Retrievalsystemen repräsentiert und referenziert werden. Dies sind: der **datentechnologische Ansatz**, der **linguistisch orientierte Ansatz**, der **wissensbasierte Ansatz** und der **kognitive Ansatz**. Im Folgenden werden diese Ansätze kurz dargestellt.

2.1 Der datentechnologische Ansatz

Die meisten der heute kommerziell angebotenen Dokumenten-Retrievalsysteme basieren auf dem datentechnologischen Ansatz. Es ist der klassische Ansatz der Informatik und umfaßt folgende Verfahrenstypen:

- Volltextverarbeitung
- Invertierung (Indexing)
- Clustering (statistische Methode)
- Superimposed Coding / Signature Files

Allen Verfahren ist gemeinsam, daß sie auf Repräsentations- und Transformationskonzepten basieren, die prinzipiell nur eine **Informations- bereitstellungsfunktion** haben. Verfahren zur inhaltlichen Erschließung der Informationen sind in derartigen Systemen nicht enthalten.

2.2 Der linguistisch orientierte Ansatz

Linguistische Ansätze versuchen den regelhaften Charakter der gesprochenen Sprache in Form von Algorithmen auf Computersysteme abzubilden und liegen damit qualitativ oberhalb des datentechnologischen Ansatzes. Ihre Leistungsfähigleit reduziert sich jedoch prinzipiell auf das Erkennen und Erzeugen von syntaktisch definierten Satzstrukturen.

Welches Maß an Syntaxanalyse für dieses Zueinander-in-Beziehung-Setzen im Rahmen des Dokumentenretrievals auf der einen Seite unbedingt nötig, auf der anderen jedoch gerade noch sinnvoll ist, stellt, obwohl es eine zentrale Frage für den Einsatz syntaktischer Verfahren im Dokumentenretrieval ist, ein ungelöstes Problem dar.

Hierbei wird insbesondere die Frage berührt, ob eine nichtformale Sprache (wie sie die gesprochene natürliche Sprache ist) sich durch ein endliches Regelsystem formalisieren läßt.

2.3 Der wissensbasierte Ansatz

Die Zuordnung von Bedeutungen zu sprachlichen Ausdrücken setzt Wissen über Begriffe und Zusammenhänge (Umweltwissen) des betrachteten Gegenstandsbereichs voraus. Somit ist Sprachverstehen unmittelbar mit Wissensrepräsentation verbunden. Während der linguistische Ansatz syntaktisches Wissen in Form von Grammatiken abbildet, beruht der wissensbasierte Ansatz auf Repräsentations- und Transformationsformalismen der **künstlichen Intelligenz.**

Mit Systemen dieser Art wird versucht, auf der Basis einer natürlichsprachlichen Anfrage, Texte "inhaltlich" zu durchsuchen und als Ergebnis einschlägige Textpassagen und inhaltliche Zusammenhänge zu erzeugen.

Das Problem all dieser Ansätze ist, daß mit der Tiefe der Wissensdarstellung über einen Gegenstandsbereich die Unhandlichkeit der maschinellen Repräsentation ansteigt. Große Mengen von Einzeldaten müssen mit bedeutungsprägenden Strukturen verknüpft werden. Das führt dazu, daß mit derartigen Strukturen nur ein kleiner, wohldefinierter Ausschnitt (Mikrowelt) der realen Umwelt modelliert werden kann. Die Systeme bleiben damit prinzipiell unvollständig, was gerade für den Gegenstandsbereich der natürlichen Sprache im Dokumenten-Retrieval (sowohl bei der Anfrage als auch bei der Repräsentation) eine große Fehlerquelle bedeutet.

2.4 Der kognitive Ansatz

Die Grundlage dieses Ansatzes bilden die **kognitiven Charakteristiken des menschlichen informationsverarbeitenden Systems.** Auf der Basis psychologischer Theorien über menschliches Erinnern wird versucht, den menschlichen Retrievalprozeß explizit beim Entwurf von Dokumenten-Retrievalsystemen und hier insbesondere in der Auslegung der Benutzerschnittstelle zu modellieren. Im Gegensatz zu anderen Ansätzen wird hierbei **der Mensch als zentrale Komponente** eines "Gesamtsystems" betrachtet, wobei seine Vorstellungen und Erwartungen in Form heuristischer Regeln in das System integriert werden. Diese wirken dann als eine Art kognitiver Verstärker der menschlichen informationsverarbeitenden Prozesse.

3. Menschliche Suchstrategien im Dokumentenretrieval

Häufig ist die schwierigste Aufgabe bei einem Suchprozeß das Finden der richtigen Fragen. Aus diesem Grund ist es vielfach angebracht und einfacher, Fragen nicht in Form von spezifischen Fakten zu formulieren, sondern in Form von Analogien (Beispielen) oder Verallgemeinerungen. Diese These begründet sich aus Beobachtungen über das menschliche Verhalten bei Suchprozessen. Im Verlauf solcher Prozesse rekonstruiert oder ergänzt der Mensch Wissen über einen Gegenstandsbereich auf der Basis von Teilinformationen (Informationsfragmenten), die er während des Suchprozesses auffindet und die einen direkten oder indirekten Bezug zu dem betrachteten Gegenstandsbereich haben. Dieser Prozeß ist iterativ, wobei Informationen, die im Verlauf des Such/Retrieval-Prozesses als relevant erkannt werden, eine Teilbeschreibung der Lösung bilden. Diese Teilbeschreibung stellt wiederum die Basis für eine neue Anfrage dar, aus der heraus weitere Teilbeschreibungen der Lösung gewonnen werden können. Der Suchprozeß nähert sich auf diese Weise iterativ dem gewünschten Ziel, ohne daß der Fragesteller mit seiner einleitenden Frage den eigentlichen Kern des Problems berührt.

Übertragen auf einen computergestützten Retrievalprozeß beinhaltet dieser Ansatz zunächst, daß die Systemphilosophie grundsätzlich auf derartigen menschlichen Verhaltensweisen basieren muß. Idealerweise repräsentieren und unterstützen dabei die in einem bestimmten Zustand des Systems gültigen Operationen die Suchstrategien des Benutzers. Insbesondere können folgende Strategien abgeleitet werden:

(1) **wiedererkennendes Suchen** (Retrieval by Location),

(2) **beschreibendes Suchen** (Retrieval by Content) und

(3) **konzeptuelles Suchen** (Retrieval by Concept).

1) Wiedererkennendes Suchen (Retrieval by Location)

Bei dieser Art des Suchens macht der Mensch vor allem Gebrauch von seiner ausgeprägten Fähigkeit des Wiedererkennens. So ist beispielsweise für einen Menschen wesentlich einfacher aus einer Liste einen Namen oder Dokumententitel wiederzuerkennen, als sich aktiv daran zu erinnern. Bei traditionellen Dokumenten-Retrievalsystemen spielt dieser Aspekt nur eine untergeordnete Rolle. Denn im Gegensatz zu büroorientierten Systemen, bei denen der Benutzer seine Dokumente persönlich verwaltet (also auch in etwa weiß, was er wann in das System eigegeben hat), wird in traditionellen Retrievalsystemen die Dokumentenablage, die Recherche und die Dokumentennachfrage von drei verschiedenen Personenkreisen vorgenommen.

Forderung 1: Im System sind Methoden zu integrieren, die es dem Benutzer ermöglichen, aus verschiedenen Listen (Deskriptorliste, Titelliste und dergleichen) gezielt Dokumente zu selektieren. Hierfür sind geeignete Browsing- und Selektions-Funktionen bereitzustellen.

2) Beschreibendes Suchen (Retrieval by Content)

Häufig tritt bei der Informationssuche die Situation ein, daß der Suchende das gewünschte Zielobjekt nicht mehr explizit beschreiben kann (beispielsweise mit dem Dokumententitel). In diesem Fall ist er wahrscheinlich in der Lage, das Zielobjekt inhaltlich, in Form von Deskriptoren oder anderen Ablagekriterien (Datum, Dokumententyp und dergleichen), zu beschreiben. Diese Methode ist umso effektiver, je näher solche Ablagekriterien am Problembereich des Benutzers orientiert sind.

Forderung 2: Der Benutzer muß die Möglichkeit haben, Dokumente in Form von Deskriptoren und an seinem Problembereich orientierten Ablagekriterien inhaltlich zu beschreiben und zu selektieren. Hierfür sind ebenfalls geeignete Browsing- und Selektions-Funktionen bereitzustellen.

3) Konzeptuelles suchen (Retrieval by Concept)

Im Rahmen von Suchprozessen ist häufig die schwierigste Aufgabe das Finden oder Formulieren der "richtigen" Fragen. Vage Vorstellungen und Ideen (Konzepte) von potentiellen Zielobjekten, verbunden mit gradueller Unsicherheit über deren Relevanz, bilden eine massive Hemmschwelle hinsichtlich der Nutzung computergestützter Retrievalsysteme. Hieraus leitet sich die Forderung nach der systemseitigen Unterstützung einer Strategie ab, die einerseits solche Unsicherheiten zuläßt, andererseits aber auch Methoden bereitstellt, die eine erfolgreiche Terminierung des Suchprozesses ermöglichen. Die Grundidee zu dieser Strategie basiert auf den stark ausgeprägten menschlichen **assoziativen Gedächtnisleistungen**.

Forderung 3: Um derartige Suchstrategien zu unterstützen, muß das System über folgende Eigenschaften verfügen:

- Die Konstruktion einer Anfrage muß interaktiv möglich sein.

- Anfrageergebnisse (Teilbeschreibungen des Zielobjekts) müssen dem Benutzer direkt präsentiert werden.

- Es muß möglich sein, Anfrageergebnisse einer direkten, interaktiven Bewertung/Kritik zu unterziehen (Reformulierung).

- Es sind adäquate interaktive Navigations- und Browsing-Funktionen vorzusehen, die den Informations-Extraktionsprozeß unterstützen und dem Benutzer die Möglichkeit bieten, sich "im System zu bewegen".

4. Textretrieval – Textverarbeitung – Desktop Publishing

Welche Bedeutung hat nun das Text– oder Dokumentenretrieval im Bereich der Textverarbeitung und des Desktop Publishing? Betrachtet man die Fülle von dedizierten Systemen zum Desktop Publishing, muß man feststellen, daß die Integration von Text und Grafik (insbesondere bei Grafiken aus externen Umgebungen) nur unzureichend gelöst ist und die Möglichkeiten des Textretrievals in diesen Systemen überhaupt nicht gegeben sind. Das trifft ebenso für Systeme der Textverarbeitung zu. In Abbildung 3 ist diese Situation dargestellt.

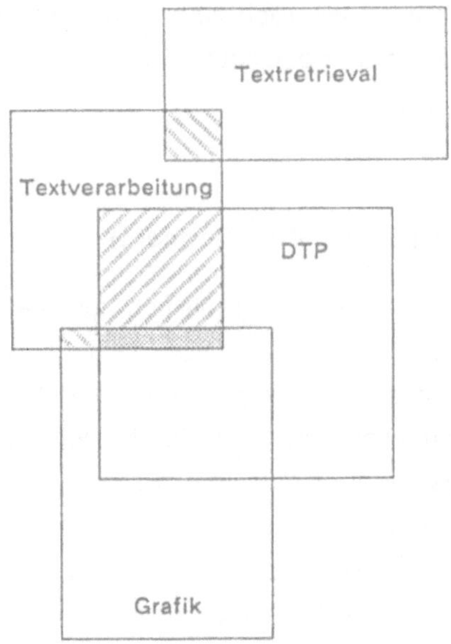

Abb. 3: Aktuelle Situation bei Systemen zur Text– und Grafikverarbeitung

Diese heute noch sehr unterschiedlichen Bereiche werden in der Zukunft weiter zusammenwachsen. Die Gründe der skizzierten Situation haben einerseits ihren Urprung in der historischen Entwicklung – unterschiedlicher Systeme aus unterschiedlichen Beweggründen – andererseits lassen vorhandene Randbedingungen der Hardware – beispielsweise die 640kB Hauptspeichergrenze bei MS–DOS – zumindest im PC–Bereich keine umfassenden Lösungen zu.
Die Frage stellt sich, ob wir solche alles könnenden "Monstersysteme" brauchen?
Der Trend geht in diese Richtung, aber es entstehen dabei bei den Anwendern Verwirrungen hinsichtlich der Aufgabenverteilung – wer macht was beim Desktop Publishing? Hier sind noch viele Fragen zu beantworten.

Textdatenbankorientiertes Publizieren

Manfred Krüger, ConText, Heidelberg

Bei vielen der heute eingesetzten Text- und Layoutsystemen wird eine formbezogene Auszeichnungstechnik verwendet. Eine Bezugnahme auf die inhaltliche Gliederung wird hierbei nur explizit berücksichtigt. Diese Systeme sind meist optimiert auf die Erfassung und Bearbeitung der eingebenen Texte. Das technische Verarbeitungssystem ist nicht auf die Weiterbearbeitung der Texte - in nachgelagerten Stufen - ausgerichtet. Unterstützt werden vorwiegend individualisierte Dokumentationen und Publikationen. Jeder Bearbeiter kann mit diesen Systemen seine individuellen Produktionsprozeduren manuell anwenden. Diese Vorgehensweise ist in der Regel sehr preiswert, wenn es sich um eine einmalige Ausgabe handelt; wird aber eine Weiterbearbeitung in einem anderen Kontext notwendig, kann dies u. U. zu erhöhten Kosten gegenüber einer universellen Textauszeichnung führen. Die konventionelle Textauszeichnung in den Varianten einer direkten Kodierung der Verarbeitungsinstruktionen innerhalb des linearen Textstromes bzw. der generischen Markierung (WYSIWYG), erzeugt jeweils systemspezifische Datenstrukturen. Diese Textauszeichnungsvarianten sind jedoch zum Zweck einer automatisierten Dokumentenverarbeitung, die z. B. die spätere Eingliederung des Textes in eine Textdatenbank vorsieht, völlig ungeeignet.

Die textdatenbankorientierte Strukturierung von Dokumenten und Publikationen muß deshalb zukünftig als Alternative zu den konventionellen Auszeichnungstechniken gesehen werden.

Das textdatenbankorientierte Publizieren basiert auf dem Konzept bekannter und integrierbarer Datenstrukturen. Die Texte der einzelnen Dokumente bzw. Dokumentteile lassen sich in eine Textdatenbank unproblematisch eingliedern.

In textdatenbankorientiert strukturierten Dokumenten sind - bei aller Individualität der Strukturausprägungen der einzelnen Dokumente - die Elemente, ihre Beziehungen untereinander und ihr Auftreten in bestimmten Umgebungen bekannt. Solche Dokumente sind sicher und mit automatisierten Prozeduren oder Programmen "anfaßbar".

Nur unter diesen Bedingungen läßt sich eine Übernahme und Weiterverarbeitung in unterschiedlicher Art und Weise (z. B. für Satzarbeiten, Aufbereitung für anderweitige

Textdatenbankanwendungen) realisieren. Diese Abläufe sind auch wieder automatisierbar.

Das textdatenbankorientierte Publizieren kann somit auch als Strategie zur wirtschaftlichen und technischen Optimierung von Publikationsprozessen angesehen werden.

Sowohl die konzeptionelle Trennung von Erfassung, Berarbeitung und Speicherung der Texte, als auch die Erstellung der einzelnen Publikationsprodukte, setzen jedoch eine klare Ablauforganisation voraus. Die erforderlichen Arbeitsumgebungen müssen für die Erfassung und Bearbeitung optimiert werden. Um möglichst schnell die publikationsreifen Dokumente erstellen zu können, ist es erforderlich, daß das Anwendungssystem weitgehend unabhängig von technischen Restriktionen ist. Auch die Datenbestände sollten möglichst systemunabhängig verwaltet werden.

Die Erstellung der Publikationsprodukte sollte weitgehend automatisiert werden können. Hierzu gehört auch, daß die Entscheidung für das geeigneteste Produktionsmittel und für den besten Produzenten noch in letzter Minute getroffen werden kann.

Textdatenbankoriertiertes Publizieren kann innerhalb von Printing-on-Demand-Systemen zu einer Reduzierung der Lagerbestände von Fertigprodukten, in denen stets die Gefahr veralteter Informationen steckt, genutzt werden. Textdatenbankorientiertes Publizieren kann neben der Erhöhung der Flexibilität dazu beitragen, einen höheren Aktualitätsgrad zu erreichen. Je nach Benutzerbedürfniss kann sogar die Komposition der Publikation vorgenommen werden.

Die organisatorische Voraussetzung zur Verwirklichung einer solchen Strategie ist, daß eine inhaltsbezogene Strukturierung (bzw. Auszeichnung oder Markierung) unabhängig von irgendwelchen technischen Verarbeitungssystemen, Technologien, Produktformen bzw. der späteren Gestaltung vorgenommen werden kann. Hierzu ist die Strukturierung der einzelnen Texte nach einen organisatorischen Gesamtkonzept notwendig. Die Einzelinformationen und Dokumente bzw. deren Elemente müssen deshalb in unterschiedliche Klassen aufgeteilt werden (Definition eines organisierten Satzes von Dokumenttypen).

Hierzu ist die Erarbeitung der strukturellen Ausprägungen von Dokumenten notwendig. Die Kenntnis der einzelnen Strukturen muß als Vorbereitung der Produktgestaltung und der späteren Produktionsprozesse angesehen werden.

Nur dadurch wird eine Freiheit bei der Gestaltung der Dokumentenstrukturen, der Arbeitsplätze zur Erfassung und Berarbeitung von Dokumenten, der Produkte und Produktionsprozesse unter der Verwendung von Standards und standardisierten Werkzeugen ermöglicht. Dies alles klingt recht kompliziert, ist es aber nicht, wenn man die entsprechenden organisatorischen Vorkehrungen einmal getroffen hat.

Als mögliche Funktionen, die diese Systeme bieten, kommt eine Validierung der formalen Textstruktur, sowie eine inhaltliche Überprüfung und Bearbeitung der Texte unter Nutzung der Textstrukturen in Betracht.

Auch steht der Export von Textdaten in das SGML-Datenformat und der Export als reine Text-Datei zur Weiterverarbeitung auf beliebigen Systemen zur Verfügung. Bei Bedarf können auch beliebige Texte von anderen Textsystemen zur Weiterbearbeitung importiert werden.

Durch die Verfügbarkeit unterschiedlicher Hardware- und Software-Systeme, die alle die gleichen Funktionalitäten bieten, besteht die Möglichkeit z. B. die Erfassung und Bearbeitung der Texte auf unterschiedlichen Systemen zu realisieren.

Die Bearbeitung von fremderfaßten Texten gestaltet sich auf diesem Weg auch wesentlich leichter als mit konventionellen Systemen. Insbesondere die Handhabungsmöglichkeiten sehr umfangreicher Dokumente wird damit vereinfacht.

Durch die Speicherung der Texte im SGML-Datenformat besteht die Möglichkeit, vielfältige Konvertierungen in unterschiedliche Satzbefehlsspracghen zur Lichtsatzsystemansteuerung vorzunehmen.

Die Zielsetzung einer hochqualitativen Satzaufbereitung mit einem automatischen Seitenumbruch und einer automatischen Erstellung von Verzeichnissen wird damit auch Rechnung getragen.

Strukturierte Texterstellung

Die Kodierungen sind meist allgemeinverständliche "Tags", die aus normalen alphanumerischen Zeichen bzw. grafischen Symbolen gebildet werden.

Bei der Textstrukturierung werden meist nur einfache grafische Zeichen wie -,+,# usw. zur Gliederung von Titel, Autor, Kapitel, Kapitelüberschrift usw. eingesetzt. Im

Lichtsatzsystem werden diese Kodierungen entweder durch beliebige andere formbezogene Auszeichnungsparameter ersetzt bzw. weiterverarbeitet.

Bei der Weitergabe der Texte wird durch diese Kodierungen eine Unabhängigkeit von Hard- und Software erreicht.

Bereits vor vielen Jahren hat man die Vorteile, die sich aus einer solchen inhaltsbezogenen Kodierungssystematik ergeben können, erkannt. Im Jahr 1986 einigte man sich international auf eine einheitliche Auszeichnungssprache (ähnlich einer Programmiersprache, mit der die inhaltliche Struktur von Dokumenten bzw. Publikationen vollständig beschrieben werden kann.

Diese Sprache wird als Standard Generalized Markup Language (SGML) bezeichnet und ist im ISO-Standard 8879 definiert.

Von zukünftiger Bedeutung ist der Auszeichnungsstandard strukTEXT, eine Entwicklung des Börsenvereins des Deutschen Buchhandels und des Bundesverbands Druck auf der Basis des ISO-Standards 8879 (SGML). Um diesen Auszeichnungsstandard herum gruppieren sich Anwendungsprogramme, die die Eingabe, Darstellung und Kontrolle von strukTEXT bzw. jeder anderen SGML-Anwendung unterstützen.

Der Auszeichnungsstandard strukTEXT

Das wegweisende Konzept von strukTEXT bzw. SGML beruht auf der Nutzung von Text-Markierungen zur Strukturierung und damit auch Gestaltung von elektronischen Dokumenten. Die Benennung dieser Text-Markierungen richtet sich nach der inhaltlichen Struktur des Texts und lehnt sich in den Formulierungen an die tatsächlichen Bezeichnungen der jeweiligen Elemente an. Sie besitzen also deskriptiven Charakter.

In der Dokumententyp-Definition wird festgelegt, welche Elemente zur Auszeichnung verwendet werden dürfen und in welchen Beziehungen sie zueinander stehen. Das ermöglicht die automatische Prüfung der gesamten Struktur als Voruassetzung einer automatisierten Satzverarbeitung. Aufbauend auf strukTEXT wird beim DIN zur Zeit eine Norm zur strukturierten Texterstellung erarbeitet.

Der Auszeichnungsstandard strukTEXT kann mit jedem Textverarbeitungsprogramm benutzt werden; die marktüblichen Programme verfügen in der Regel jedoch nicht über die Möglichkeit, die Auszeichnungselemente via Menü abzurufen, ihre Gestaltung am Bildschirm darzustellen und die Strukturprüfung durchzuführen.

Ein Jahr nach der Verabschiedung des ISO-Standards 8879, auf dem strukTEXT basiert, sind in Deutschland Editoren im Angebot, die sowohl die strukturgeführte Eingabe als auch die gestaltete Darstellung anhand der Auszeichnungs-Markierungen unterstützen. Das besondere an diesen Editoren ist die vollautomatische Überprüfung der Auszeichnung.

Jede Dokumenttyp-Definition legt fest, welche Textelemente zwangsläufig vorkommen müssen bzw. welche Textelemente auch noch vorkommen dürfen. Desweiteren kann festgelegt werden, ob eine bestimmte Reihenfolge bzw. Wiederholungsattribute der Textelemente berücksichtigt werden müssen. Bei der Texterstellung wird dann der entsprechende Text in die vorgegebene Struktur eingefügt.

Bereits heute sind textdatenbankorientierte Systeme realisierbar. Als mögliche Produkte werden nachfolgend beispielhaft der Softquad Autor/Editor und der ArborText Publisher vorgestellt.

Softquad Autor/Editor

Wer den Siegeszug des Macintosh im vergangenen Jahr - vor allem mit seinem wohldurchdachten Desktop Publishing-Konzept und seiner äußerst freundlichen Benutzeroberfläche - beobachtet hat, wird sich wahrscheinlich nicht wundern, daß es nun auch für den Macintosh einen strukturgeführten Editor gibt. Mit ihren Softquad Autor/Editor hat die Firma Softquad in Toronto dem Macintosh den Anschluß an einen weiteren zukunftsweisenden Trend in der elektronischen Textbe- und verarbeitung verschafft.

Dem Softquad Autor/Editor kommt die gute Grafikfähigkeit des Macintosh zugute. Die Darstellung der Schriften und Auszeichnungselemente am Bildschirm verschaffen einen guten Überblick über die typografische Gestaltung des Textes und seiner logischen Strukturierung.

Wer sich allerdings in längeren Texten zurechtfinden muß, wird dankbar auf eine zusätzliche Darstellungsform zurückgreifen. Das Textfenster läßt sich teilen, und dahinter verbirgt sich eine reduzierte Version des kompletten Texts. Sollen z. B.

Kapitel umgestellt werden, so kann man sich nur die Kapitelüberschriften anzeigen lassen und damit die gewünschten Umstellungen durchführen, da sich die Operationen in dieser Darstellungsform auf das gesamte Kapitel auswirken und nicht nur auf die sichtbare Überschrift.

Der Softquad Autor/Editor wird standardmäßig mit der strukTEXT-Dokumenttyp-Definition ausgeliefert, er beinhaltet jedoch auch einen Compiler, mit dem eigene Dokumenttyp-Defintionen auf der Basis des SGML-Standards erstellt werden können.

Beim Programmaufruf entscheidet sich der Benutzer, mit welchem Dokumenttyp er arbeiten will. Auch wenn ein bereits bestehendes Autor/Editor-Dokument geöffnet werden soll, wird ganz explizit darauf verwiesen, welcher Dokumenttyp dafür verwendet wird.

Hat man sich für ein neues Dokument entschieden, erscheint ein leerer Bildschirm - es stehen einem (vorerst jedenfalls) alle in diesem Dokumenttyp möglichen Tags zur Verfügung. Sobald man jedoch den ersten Tag in wohlbekannter Macintosh-Manier via Menü abgerufen hat (es sind auch Tastatur-Kommandos möglich) und einen weiteren einfügen will, tritt die Logik der Strukturführung in Kraft. Nun werden nur noch die Tags angeboten, die innerhalb dieses Kontext auch wirklich zugelassen sind. Dadurch werden häufige Eingabefehler vermieden, und kein Benutzer braucht sich ernsthaft mit der SGML-Philosophie auseinandersetzen, solange er sich vorwiegend als bloßen Textersteller sieht.

Hat man bei der Eingabe mit untergeordneten Tags begonnen, so steht man über kurz oder lang vor dem Problem, auch die übergeordneten Ebenen ergänzen zu müssen. Aber keine Angst, auch hier ist an eine bequeme Ergänzungsmöglichkeit gedacht: Sobald man mit der Markierung eines Anfangs-Tags begonnen hat, greift die Markierung automatisch auf den gesamten Inhalt einschließlich Ende-Tag über, so daß man nur noch den gewünschten nächsthöheren Tag mit dem "surround"-Befehl abrufen muß. Ein weiterer praktischer Befehl ist das "Split"-Kommando, das den Tag, in dem man sich gerade befindet, dupliziert, so daß nicht wieder das Menü aufgerufen werden muß oder das "Join"-Kommando, das die Inhalte zweier gleichartiger Tags zu einem verbindet.

Nach der Teilung des Bildschirms wird in der einen Hälfte der erfaßte Text gezeigt, während in der anderen - je nachdem was angewählt wurde - nur die Überschriften, Kapitel- oder Absatzanfänge gezeigt werden. In der verkürzten Darstellung kann man nun den Absatz oder das Kapitel anwählen, das man gern bearbeiten möchte, und sich dieses Kapitel mit einem Befehl in den Texteditor laden. Bei der Bearbeitung von längeren Dokumenten kann durch ein solches Vorgehen viel Zeit und Sucherei eingespart werden. Dies ist jedoch nicht die einzige Verwendungsmöglichkeit dieser Option. Im strukturierten Editor kann - wie im normalen Text auch - gelöscht, kopiert und verschoben werden - betroffen sind dann allerdings je nach Anwahl, automatisch ganze Kapitel oder Abschnitte.

Der Softquad Autor/Editor ist entsprechend der Macintosh-Philosophie ein WYSIWYG-Editor mit der Zusatzoption der Tag-Darstellung am Bildschirm. Bei dieser Art der Texterstellung und -bearbeitung wird der Komfort, den der Macintosh mit seiner durchgängigen Benutzeroberfläche und Geschwindigkeit bietet, in voller Breite ausgeschöpft. Die Weiterverarbeitung kann dann ohne größere Probleme an anderen Geräten erfolgen.

Publisher von ArborText

Der Zweite im Verbund der SGML-Editoren ist der Publisher von ArborText für SUN-3-Workstations. Zusätzlich zu seinen Leistungen als strukturgeführter Editor zeigt er in einem zweiten Fenster das fertig gestaltete Dokument in WYSIWYG-Manier, so daß die Eingaben bezüglich der Gestaltung sofort überprüft werden können.

Beim Publisher zeigen sich die Vorteile des SGML-Konzepts am deutlichsten, da sie am anschaulichsten zum Einsatz kommen. So sieht man z. B. im Eingabefenster von den Möglichkeiten zur automatischen Generierung von Inhaltsverzeichnissen, bibliografischen Verweislisten oder Registern nur die Markierung, die angibt, wo im späteren Umbruch das entsprechende Element stehen soll. Im umbrochenen Dokument, der WYSIWYG-Darstellung, dagegen sind alle diese Listen sichtbar und damit leicht auf ihre zweckgerechte Gestaltung hin zu überprüfen.

Aufgrund der hohen Qualität der Seitenformatierung können die vom Publisher ausgegebenen Seiten direkt als Druckvorlagen benutzt werden. Daher eignet sich der Publisher auch als zentrale Verarbeitungsstation für Texte, die auf anderen Geräten und in anderen Programmen erstellt wurden. Beim Einlesen von fremderfaßten SGML-Texten muß nur darauf geachtet werden, daß die sich entsprechenden Auszeichnungselemente identisch benannt sind.

Der Publisher enthält umfangreiche und mächtige Werkzeuge sowohl für Bitmap- als auch für Vektor-Grafiken. Außerdem ist es möglich, neue Auszeichnungslemenete zu definieren.

Hier können sehr umfangreiche Dokumente erstellt und verarbeitet werden - mit allem Zusatzkomfort, den man sich denken kann! Bereits auf der Eingabeseite stehen über den strukturgeführten WYSIWYG-Editor hinaus, der analog dem Softquad Autor/Editor arbeitet, noch zusätzliche Eingabefenster für komplizierte Tabellen, mathematische Formel, Vektor- und Bitmap-Grafiken zur Verfügung, die jeweils genau an der Stelle aufgerufen werden können, an der das Gewünschte eingefügt werden soll.

Darüber hinaus kann man in einem weiteren Fenster das fertig seitenumbrochene und für die Druckausgabe aufbereitete Dokument überprüfen. Da beide Fenster nebeneinander stehen (zur SUN Workstation gehört ein 19"-Bildschirm), können Fehler oder Unregelmäßigkeiten des Layouts im Editor sofort korrigiert werden. Man hat also eine doppelte Kontrollmöglichkeit!

Die Formatierung stützt sich auf das Satzprogramm TEX, das für die professionelle satztechnische Umsetzung verantwortlich zeichnet. Mit Hilfe der TEX-Makros sind auch Feinheiten und Besonderheiten des Layouts möglich, wie sie im Bereich der Mikrocomputer sonst üblich sind: mehrspaltiger Umbruch, Wechsel der Spaltenanzahl mitten im Text, automatische Index- und Inhaltsverzeichniserstellung, Integration von Grafiken, automatische Zählung von Listen, Fußnoten, Abbildungen, automatisierte Seitenverweise etc. Nicht zu vergessen die mathematischen Formeln, komplexen Tabellen und Vektor- sowie Bitmap-Grafiken. Und das alles in einem einzigen Dokument und - auf jeder Ebene - in WYSIWYG-Manier!

Integrationsansätze

Durch die beiden strukturgeführten Programme Softquad Autor/Editor und Publisher ergibt sich eine fast ideale Situation für alle Bereiche, in denen Dokumente aus unterschiedlichen Quellen in derselben Publikationsumgebung erscheinen sollen. Der Macintosh ist in seiner Verbreitung, Preisgünstigkeit und Benutzerführung kaum zu schlagen. Die Verarbeitung zu professionellen Dokumenten kann dann auf der leistungsfähigen SUN-Workstation erfolgen.

Eine direkte Vernetzung von Macintosh und SUN-Workstation ist möglich (durch eine Ethernet-Karte in einem Macintosh SE); aber auch auf dem Umweg über einen IBM-Computer (oder kompatiblen) funktioniert es (via MacLink und Ehternet beispielsweise).

Als Ergänzung zum Publisher von Arbor-Text kann die Software WriterStation gesehen werden, die die Texterfassung sinnvoll unterstützen kann.

WriterStation

Die WriterStation für IBM PCs und Kompatible zeigt kontextabhängig die Auszeichnungselemente, d. h. die im jeweiligen Zusammenhang erlaubten Kodierungen, in einer speziellen Statuszeile an. Mit einem einfachen Tastendruck werden sie jeweils abgerufen. Anschließend kann die Struktur mit dem zur Verfügung stehenden Validierungsinstrument überprüft und notfalls korrigiert werden.

Die strukTEXT-Auszeichnungen bleiben verdeckt; auf dem Bildschirm wird der Text in gestalteter Form dargestellt. Die Datei enthält nur den Textinhalt mit den Markierungen in Form von reinen Textzeichen.

Die besondere Stärke der WriterStation ist ein Hochleistungseditor, der u. a. erlaubt, Tasten mit Makro-Kommandos und Prozeduren zu belegen und die Bildschirmattribute zu ändern. Der Text kann aufgabenabhängig in verschiedenen Darstellungsformen und Selektionen bearbeitet werden. Die WriterStation verfügt über eine sehr mächtige Suche-/Ersetze-Funktion, die vor allem Texten zugute kommen, die mit einem anderen System erfaßt wurden und daher fremde Steuerzeichen enthalten. In jedem Fall aber können die strukTEXT-Auszeichnungen schnell und sicher nachgetragen werden.

Auch ist das Einlesen eines mit strukTEXT ausgezeichneten und in der WriterStation vollautomatisch konvertierten Dokuments in den Ventura Publisher möglich, so daß ein komplex strukturiertes und anhand der Dokumenttyp-Definition validiertes Dokument bereits richtig formatiert im Seitenlayout erscheint und sofort gedruckt werden kann.

Die WriterStation ist in zwei Ausführungen verfügbar - als reiner Texteditor und als Texteditor mit den SGML-Werkzeugen, die es ermöglichen, eigene Dokumentenstrukturen zu programmieren. Beide Versionen werden mit der Dokumentenstruktur von strukTEXT geliefert.

Das Zusammenfügen "extern" erfaßter Texte und deren elektronische Weiterverarbeitung sollte auf leistungsfähigeren Maschinen erfolgen, z.B. Workstations. Voraussetzung dafür ist ein strukturgeführter Editor, der mit denselben Tags und Regeln arbeitet wie der Softquad Autor/Editor.

Alle drei genannten Programme produzieren Daten im gleichen SGML-Datenformat. Sie erfüllen außerdem die nachfolgend genannten Mindestanforderungen, die bei der Beurteilung moderner Textbearbeitungs-, Satz-, Dokumentenverarbeitungssysteme heute berücksichtigt werden müssen:

- offene und auf Standards basierende Schnittstellen, die sowohl auf der Input- und Output-Seite einen beliebigen Text- und Grafik-Import/Export ermöglichen.

- Unabhängigkeit von Datenformaten bestimmter Systemen.

- Unabhängigkeit der Software von den Rechnern eines bestimmten Herstellers.

Bei der Zugrundelegung dieser genannten Mindestanforderungen sind Fehlentscheidungen hinsichtlich bestimmter Programme und Rechner später noch leicht korrigierbar. Die Anpassungen an neue Software- und Hardware-Entwicklungen wird daher vereinfacht.

Die sorgfältige Planung von derartigen Systemen erfordert spezifische Kenntnisse, zahlt sich aber im Nachhinein aus, zumal Diletantismus bei der Planung von integrierten Dokumentations- und Publikationssystemen sehr teuer werden kann.

Die zu verwendenden Textstrukturen, Produktgestaltungen, und Produktionsmittel sind unter organisationsbezogenen Zielsetzungen auszuwählen. Die Entscheidungen darüber sind daher organisationsspezifisch zu treffen.

Die Speicherung von Dokumenten in Textdatenbanken ist konzeptionell einer Verarbeitung beispielsweise zum Satz gleichzusetzen. Die einzusetzenden Datenbank-Programme sind genauso wie andere Software-Systeme zu beurteilen.

Bedarfsgesteuerter Laserdruck - Laserprinting on Demand

Prof. Dr. Matthias Blumenfeld, Berlin

Die Geburtsstunde des "Desktop Publishings" schlug Anfang 1985, als Apple den LaserWriter vorstellte und Aldus den PageMaker. Ohne Laserdrucker wäre ja auch "die Druckerei auf dem Schreibtisch" nur schwer vorstellbar. Neben diesen persönlichen Laserdruckern gibt es auch noch zwei weitere Klassen: eine (preislich) mittlere Klasse von Laserdruckern, die sich als Druck-Server in Netzen einsetzen lassen, und eine obere Klasse von Hochleistungs-Laserdruckern, die für den Auflagendruck geeignet sind. Für alle drei Klassen geben wir Anwendungsbeispiele für bedarfsgesteuertes Drucken.

1. Funktionsmodell des elektronischen Publizierens

Um den bedarfsgesteuerten Laserdruck im Rahmen des elektronischen Publizierens richtig einordnen zu können, wollen wir mit einem Funktionsmodell des elektronischen Publizierens beginnen (Abbildung 1).

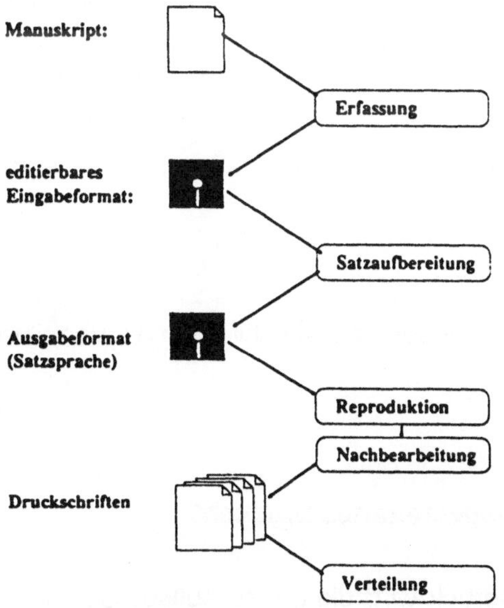

Abbildung 1: Funktionsmodell des elektronischen Publizierens

Es umfaßt die folgenden fünf Schritte auf dem Weg vom Manuskript zur fertigen Druckschrift beim Kunden:

(1) Erfassung:
Zunächst einmal wird das Manuskript erfaßt. Das Ergebnis, das editierbare Eingabeformat für den Satz, besteht meist aus Text mit eingestreuten Makrobefehlen. Es ist zu hoffen, daß hier in Zukunft eine gewisse Standardisierung stattfinden wird und zwar in Richtung einer Markupsprache wie beispielsweise SGML (Standard Generalized Markup Language), in Deutschland auch unter dem Namen Struktext [1] bekannt.

(2) Satzaufbereitung:
Als Ergebnis der elektronischen Satzaufbereitung erhalten wir eine Datei im Ausgabeformat, d.h. in einer Satzsprache wie beispielsweise PostScript. Das ist die Stelle, an der DTP heutzutage meist aufhört, wie das folgende Zitat belegt:

"Heutzutage endet das elektronische Publizieren mit der Satzaufbereitung - was bleibt, ist arbeitsintensiv und zeitaufwendig." Ausspruch von Gary E. Sharpe am 10.9.87 auf der Dataquest-Konferenz in Madrid.

Die letzten drei Schritte des Produktionsprozesses sind:

(3) Reproduktion:
Ausgehend von der Datei im Ausgabeformat werden die einzelnen Seiten der Druckschriften in der gewünschten Auflage gedruckt.

(4) Nachbearbeitung:
Um zu fertigen Druckschriften zu kommen, müssen diese sortiert und geschnitten sowie gebunden oder geheftet werden.

(5) Verteilung:
Der letzte Schritt im Produktionsprozeß ist schließlich die Verteilung der Schriften, z.B. per Post.

Was ist denn nun bedarfsgesteuertes Drucken?

Im traditionellen Auflagendruck wird die ganze Auflage auf einmal gedruckt. Es entstehen dann größere Kosten für die Lagerhaltung und - da der wirkliche Bedarf vorher häufig nicht bekannt ist - eine gewisse Überproduktion, die später vernichtet werden muß. Eines der wichtigsten Themen bei der Modernisierung von Produktionsprozessen ist die Reduzierung der Lager. Dieser Trend ist überall in der Fertigung zu finden, besonders ausgeprägt in den komplett rationalisierten Fabriken der Automobilindustrie. Bei einer bedarfsgesteuerten Produktion wird jeweils nur der aktuell bestehende Bedarf befriedigt. Da diese Mengen relativ klein sein können, fordert man in der Industrie auch für neue Produktionswege "die Losgröße eins", d.h. die Möglichkeit auch einmal nur ein Exemplar zur Zeit produzieren zu können. Angewandt auf die Druckindustrie, bedeutet bedarfsgesteuertes Drucken also, von Zeit und Kosten her auch kleine Auflagen drucken zu können, so wie sie aktuell benötigt werden.

2. Der traditionelle Offsetdruck

Um den traditionellen Prozeß zur Produktion von Druckschriften verbessern zu können, müssen wir ihn darauf hin untersuchen, wieviel Zeit und Kosten in welchem Schritt aufgewendet werden.

Reproduktion:

(3a) Die Datei im Ausgabeformat wird zum Belichter geschickt und man erhält Druckvorlagen.

(3b) Die Druckvorlagen werden zusammengestellt, wo nötig werden Abbildungen manuell einmontiert und die Druckmatrizen hergestellt und eingespannt.

(3c) Die vorgegebene Auflage wird gedruckt.

Nachbearbeitung:

(4a) Die Druckseiten werden gefalzt und in die richtige Reihenfolge sortiert.

(4b) Die Druckschrift wird gebunden oder geheftet.

Verteilung:

(5a) Die Druckschriften werden bis zum Versand zwischengelagert.

(5b) Die Druckschriften werden adressiert und versandt.

(5c) Falls die Möglichkeit besteht, daß nachgedruckt werden muß, werden auch die Druckmatrizen eingelagert.

Dieser Produktionsprozeß enthält mehrere Medienwechsel: von dem elektronischen Format zum belichteten Film, vom (manuell montierten) Film zu den Druckmatrizen und von dort zu den offset-gedruckten Seiten.

Der manuelle Aufwand läßt sich zwar mit Hilfe von Maschinen reduzieren, aufgrund der Medienwechsel bleibt aber ein hoher Sockel. Als besonders nachteilig erweist es sich, daß jede Seite in einer festen, vorgegebenen Auflage einzeln gedruckt wird, und die Seiten daher in einem Zwischenschritt erst zusammengetragen werden müssen.

Beim (Laser-)Druck auf Abruf hingegen können die Druckschriften Seite für Seite in der richtigen Reihenfolge gedruckt werden und an die Stelle des Zusammentragens tritt das Vereinzeln, d.h. das Trennen der einzelnen Exemplare. Da ein Exemplar nach dem anderen entsteht, kann jedes Exemplar auch schon mit der Adresse versehen werden, an die es geschickt werden soll. Der Prozeß der Nachbearbeitung kann beim Druck auf Abruf also vollständig automatisiert werden.

Die Nachteile des traditionellen Verfahrens mit Belichter und anschließendem Offset-druck sind also:

1.   Der Prozeß ist "arbeitsintensiv und zeitaufwendig".

2.   Aktuelle Änderungen sind während des Drucks kaum möglich.

3.   Die Lagerhaltung ist ein wesentlicher Kostenfaktor.

4.   Die Rüstkosten machen niedrige Auflagen unwirtschaftlich.

Dieser letzte Punkt verdient, genauer diskutiert zu werden.

Unter Rüstkosten verstehen wir die Kosten pro DIN A4 Seite, die anfallen, bevor Stückzahlen gedruckt werden können. Also die Kosten für die Belichtung, die zwischen 10 und 20 DM liegen, und die Kosten für die Erstellung der Druckmatrix. Fairerweise sollte man auch die Kosten der Anlage (per Abschreibung), ihr Platzbe-darf (per Miete) und die Kosten für das Personal (Lohnkosten) hinzrechnen. Diese

Kosten hängen natürlich wesentlich von der Auslastung ab, d.h. von der Anzahl Seiten, die pro Monat produziert wird. In jedem Fall werden sie beim Offsetdruck von den Personalkosten dominiert, die schätzungsweise zwischen 10 und 30 DM liegen. Damit erwarten wir insgesamt Rüstkosten zwischen 20 und 50 DM pro DIN A4 Vorlage.

Fortdruck-Kosten sind das Gegenstück zu Rüstkosten. Hier erfaßt man die Kosten, die anfallen, um weitere 1000 Exemplare einer Seite zu drucken. Diese Kosten sind beim Offsetdruck recht niedrig und werden mit gut 10 DM angegeben. Für hohe Auflagen (größer als 3000) erweist sich das als ausschlaggebend. Der Trend geht aber zu niedrigen (kleiner als 2000), dafür aber stets aktuellen Auflagen. In diesem Fall sind hohe Rüstkosten unwirtschaftlich.

Die Ziele des bedarfsgesteuerten Laserdrucks lassen sich den obigen Nachteilen des traditionellen Verfahrens direkt entgegensetzen:

1.   Drucke die Seiten in der Reihenfolge, wie sie benötigt werden!

2.   Halte die Dokumente stets auf dem neuesten Stand!

3.   Speichere (und verteile) die Dokumente soweit als möglich elektronisch!

4.   Drucke nur soviel, wie gerade benötigt wird!

Dieses letzte Ziel soll also die Entstehung von Lagern überhaupt vermeiden helfen, Ziel 1 die Nachbearbeitung rationalisieren, Ziel 2 kommt dem wachsenden Bedürfnis nach Aktualität entgegen und Ziel 3 sieht auf den ersten Blick gar nach dem Schlagwort vom papierlosen Büro aus. Das ist aber keineswegs gemeint. Wir wollen im folgenden nur untersuchen, wo eigentlich gedruckt werden sollte, zentral oder lokal.

3.   (Hochleistungs-) Laserdruck

Gibt es überhaupt Laserdrucker, die von der Geschwindigkeit her in der Lage sind, den traditionellen Produktionsprozeß abzulösen?

Ein Beispiel aus dieser Klasse von Laserdruckern ist der 100 Seiten pro Minute schnelle ND3 von Siemens. Er wurde entwickelt, um Geschäftsformulare zu drucken, wie Rechnungen, Lieferscheine oder Kontoauszüge.

Ein neues Anwendungsgebiet für diese Laserdrucker sind die personalisierten Werbemittel - die Werbebriefe von "Frau Quelle" oder "Herrn Otto" mit persönlicher Anrede. Das erfordert eine ausgefuchste Papiervor- bzw. Nachbearbeitung, wie sie beispielsweise die Firma Hunkeler zeigt (Abbildung 2).

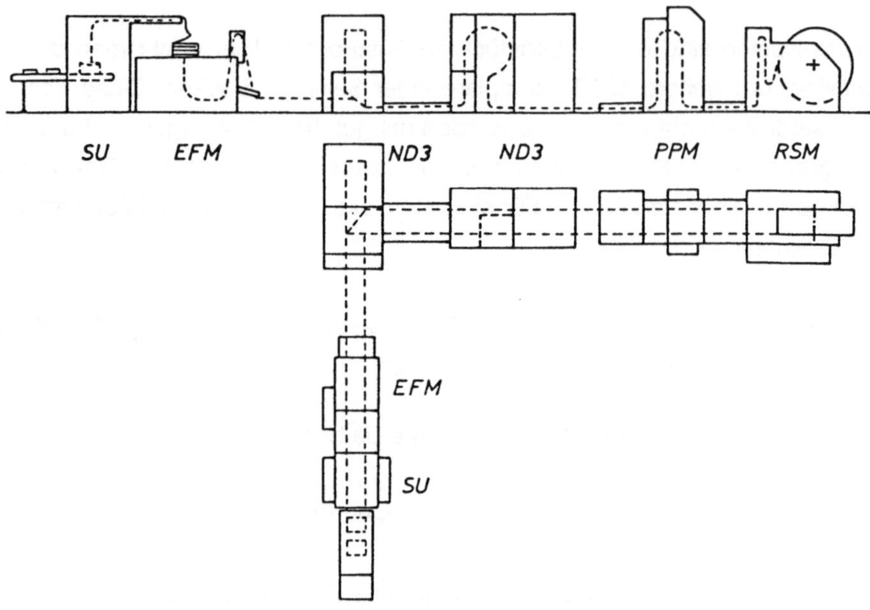

Abbildung 2: Broschürenherstellung mit dem Hunkeler Popp System

Aber nicht nur Werbeschriften, auch der Druck ganzer Broschüren läßt sich mit derartigen Systemen vornehmen, wie auf der DRUPA 86 und auf der CEBIT 87 der Öffentlichkeit vorgeführt wurde. Demonstriert wurde dabei der Druck eines 112-seitigen Taschenbuchs ("Danke, liebes Hausgespenst" von Marie Luise Fischer): jedes Exemplar war innerhalb einer halben Minute fix und fertig produziert.

Die Produktions-Stationen sind:

RSM: Auf dem Rollenständer-Modul befindet sich eine unveredelte Papier-Rolle, die bedruckt werden soll.

PPM: Im Perforier- und Stanz-Modul wird die Papierbahn mit einer Randlochung versehen, denn für den beidseitigen Druck wird eine genaue Führung benötigt.

ND3: Der erste Laserdrucker ND3 bedruckt die Vorderseite.

ND3: Der zweite ND3 bedruckt die Rückseite. Die Fixierung der Farbpartikel erfolgt nicht heiß, wie beim 200 Seiten pro Minute schnellen ND2, sondern kalt. Nur so ist es möglich, daß hintereinander Vorder- und Rückseite bedruckt werden.

EFM: Der Endlos-Falz-Modul übernimmt es, die Papierbahn an den Seitengrenzen zu falzen, und zu einem Stapel zusammenzulegen.

SU: Der Job-Trenn-Modul erhält die Papierbahn vom Zwangsstapler, trennt an im Laserdruck angebrachten Trennmarken und gibt die einzelnen Exemplare auf ein Transportband, wo sie der Weiterverarbeitung zugeführt werden. Diese - hier nicht abgebildet - besteht unter anderem im Binden und im Drei-Seiten-Beschnitt.

Mit dieser Produktions-Strecke wurde demonstriert, daß bedarfsorientiertes (Laser-) Drucken schon heute möglich ist.

Wo liegen die Grenzen?

Die laufenden Kosten betragen nach Angaben des Herstellers etwa 2 Pfennige pro DIN A4 Seite, inklusive aller Nebenkosten wie Abschreibung, Raum- und Personalbedarf, d.h. die Fortdruckkosten für 1000 Exemplare sind nicht 10 DM wie beim Offsetdruck, sondern 20 DM. Da aber die Rüstkosten (fast) vollständig entfallen, rentiert sich das Verfahren bei Auflagen, die kleiner als 2000 sind. Dabei wurden die traditionellen Rüstkosten mit (nur) DM 20 pro DIN A4 Seite angenommen. Liegen sie höher, so liegt auch die Rentabilitätsgrenze entsprechend höher.

Eine andere Grenze wird von der erreichten Druckqualität markiert. Beim ND3 beträgt die Auflösung nur 240 Punkten pro Inch, das entspricht knapp 10 Punkten pro Millimeter. Wenn man das mit Auflösungen von 100 Punkten pro Millimeter auf Belichtern vergleicht, so muß man einen deutlichen Qualitätsunterschied feststellen, siehe auch Abbildung 3. Es gibt eine Reihe von Anwendungen, in denen die Druckqualität nicht die entscheidene Rolle spielt, die anderen Vorteile des bedarfsorientierten Drucks also voll zur Geltung kommen.

Für die Zukunft läßt sich ansonsten vorhersagen, daß die Aufösung von Hochleistungslaserdruckern innerhalb der nächsten zwei Jahre in Bereichen zwischen 480 und 600 Punkten pro Inch angelangt sein wird. Das ist zwar nur halb soviel, wie Auflösung von Belichtern, dieser Unterschied wird aber mehr als aufgewogen durch die Tatsache, daß jede Druckschrift ein Original ist, das heißt daß der Qualitätsverlust durch den nachgeschalteten Offsetdruck nicht mehr eintritt. Sobald also diese höheren Auflösungen im Hochleistungs-Laserdruck erreicht sind, wird man das Qualitätsargument nicht mehr gegen dieses Produktionsverfahren vorbringen können.

Zusammenfassend noch einmal die Leistungsdaten der Klasse Hochleistungs-Drucker:

- es werden 50 Seiten pro Minute oder mehr gedruckt,
- sie sind standfest genug, dies im Dauerbetrieb zu machen,
- sie kosten 300 Tausend DM oder mehr und
- die Druckkosten pro DIN A4 Seite liegen bei etwa 2 Pfennigen.

Das Laserdrucksystem von Siemens arbeitet nach dem elektrofotografischen Druckprinzip auf der Basis der Laserstrahltechnologie. Das Kernstück ist ein rotierender, mit einem Fotohalbleiter beschichtetem Zylinder (Fotoleitertrommel), der elektrostatisch aufgeladen wird. Durch partielles Entladen der Halbleiterschicht zeichnet der Laserstrahl die zu druckende Information auf. In der Entwicklerstation nehmen diejenigen Stellen Toner auf, die der Laserstrahl entladen hat. Das so auf der Trommel entstandene Druckbild wird in der Umdruckstation auf das zugeführte Papier übertragen und in der nachfolgenden Fixierstation wischfest mit dem Untergrund verbunden.

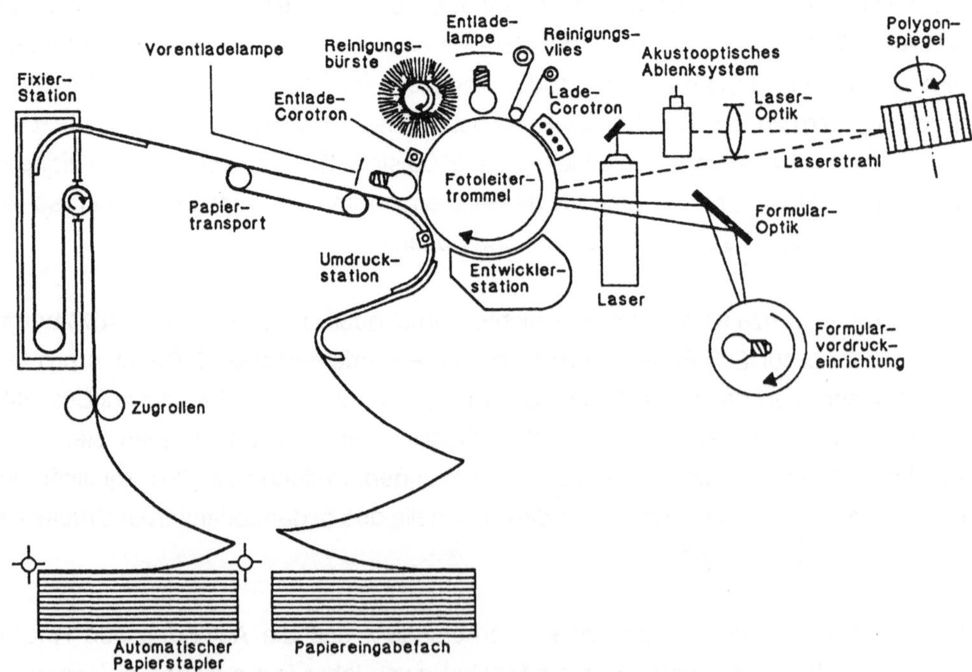

Abbildung 3: Schematisches Druckprinzip des Siemens ND3 (gedruckt auf einem ND3)

4.   Persönliche Laserdrucker

Die Leistungsdaten der persönlichen Laserdrucker, wie sie durch den HP Laserjet oder den Apple LaserWriter repräsentiert werden, stehen in einem deutlichen Kontrast dazu:

-   es werden nominell bis zu 10 Seiten in der Minute gedruckt, real aber häufig deutlich weniger,

-   sie sind nicht auf Dauerbetrieb ausgelegt, auch wenn monatliche Druckleistungen von 3000 A4 Seiten oder mehr angegeben werden,

-   sie kosten zwischen 5 und 15 Tausend DM und

-   es fallen Druckkosten von mehr als 10 Pfennigen pro DIN A4 Seite an.

Wie läßt sich mit derartigen Druckern bedarfsgesteuert und rentabel drucken? Derartige Anwendungen gibt es tatsächlich. Ein Beispiel ist das "Database Publishing", zu deutsch etwa "Dokumentenretrieval aus Datenbanken" übersetzbar.

Konkret wollen wir diese Anwendung am Beispiel der "Roten Liste" illustrieren, siehe auch [3]. Dieses dicke rote Buch enthält die Gebrauchsinformationen für Arzneimittel (Bezeichnungen, Bestandteile, Gegenanzeigen, Nebenwirkungen, Dosierungen, usw.). Ärzte und Apotheker verwenden die Rote Liste, um sich die Informationen über ein Medikament zu beschaffen. Das Hauptproblem mit der jetzigen Buchform liegt in der mangelnden Aktualität der Informationen, da das Buch nur jährlich erscheint.

Ein Modell, wie sich aktuelle Information rentabel zu den Ärzten und Apothekern transportieren läßt, kann man Abbildung 4 entnehmen.

Das Retrieval erfolgt in folgenden Schritten:

(a)   Eingabe der Recherche an einem PC, der am Arbeitsplatz des informationssuchenden Arztes oder Apothekers steht; beispielsweise also der Name des Medikaments oder eines Wirkstoffs.

(b)   Diese Recherche wird über ein öffentliches Netz wie etwa Datex-P (zukünftig dann ISDN) an den zentralen Rechner mit der Fachinformations-Datenbank übermittelt und dort ausgewertet. Zurückgeschickt wird

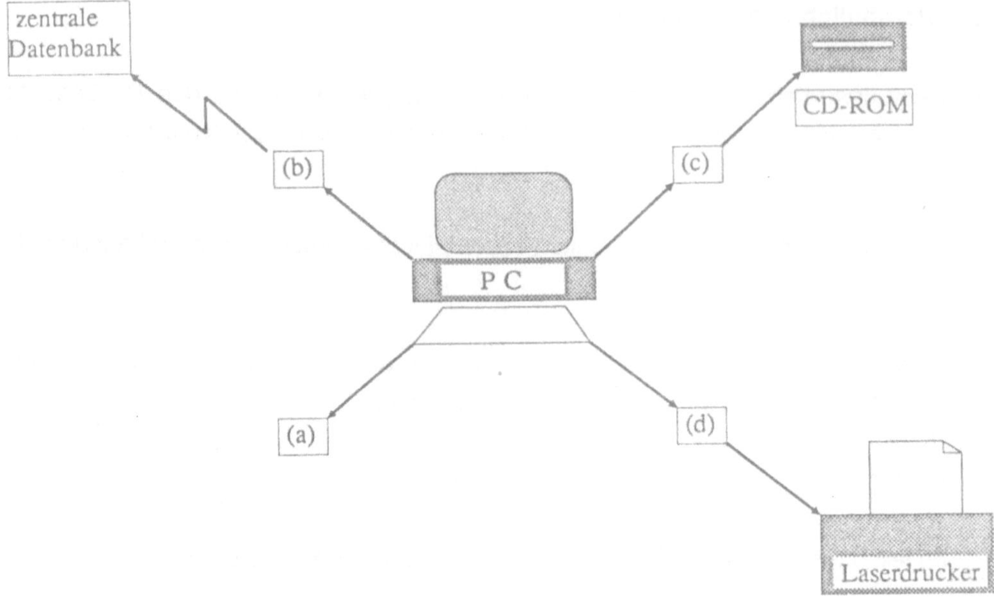

Abbildung 4:   Retrieval von Fachinformation am Beispiel der Roten Liste

(i)   die Adresse auf der CD-ROM, wo sich die Fachinformation befindet, und vor allem

(ii) alle aktuelleren Informationen, die zu dem gesuchten Stichwort existieren.

(c)   Die Fachinformation wird von der lokal angeschlossenen CD-ROM gelesen und korrigiert um die aktuellere Information.

(d)   Sie wird am lokal angeschlossenen persönlichen Laserdrucker ausgedruckt.

Warum wird nicht die gesamte Fachinformation vom zentralen Datenbankrechner geholt? Der Grund liegt darin, daß eingestreute Faksimileinformationen - d.h. Fotos oder Grafiken - einzelne Fachinformationen auf mehrere hundert Kilobyte anschwellen lassen können, und daher die Übertragungskosten und die Übertragungszeiten recht hoch ausfallen können. Da sich diese Information aber nur selten ändert, kann man sie lokal auf CD-ROMs speichern und nur den aktuellen Änderungsdienst zentral anbieten.

Bei einer Auflage von mehr als Hundert sind CD-ROMs ein sehr kostengünstiges Speichermedium. Es bietet sich daher an, im Fall der "Roten Liste" diese CD-ROMs vierteljährlich zu erneuern, um so die Kosten für die Übertragung der aktuellen Information zu reduzieren.

Vom persönlichen Laserdrucker eine Seite ausdrucken zu lassen, kostet zwar mehr als 10 Pfennige, dafür ist die Information aber auch sofort an Ort und Stelle. D.h. die Kosten für die Verteilung fallen nicht mehr an, wenn lokal ausgedruckt wird. Da immer nur wenig gedruckt wird, sind persönliche Laserdrucker in dieser Konfiguration rentabel.

5.   Abteilungs-Laserdrucker

Ein typischer Repräsentant dieser mittleren Klasse von Laserdruckern ist der CANON LBP20. Er unterscheidet sich deutlich sowohl von den Hochleistungs-Laserdruckern als auch von den persönlichen. Typische Merkmale von Abteilungs-Laserdruckern sind:
-    sie kosten ca. 50 000 DM,
-    sie haben maximale Druckgeschwindigkeiten von 20 Seiten pro Minute, erreichen diese aber nur, wenn dieselbe Seite mehrfach gedruckt wird. Einfache Textseiten drucken sie aber auf jeden Fall schneller als 10 Seiten pro Minute,
-    die Auflösung beträgt entweder 300 oder 400 Punkte pro Inch und
-    die Kosten pro DIN A4 Druckseite betragen ca. 6 Pfennige.

Das ist zwar günstiger als die 10 (und mehr) Pfennige, welche die Seite auf persönlichen Laserdruckern kostet, aber doch deutlich mehr als die 2 Pfennige auf Hochleitungs-Laserdruckern. Eine mittlere Position also.

Als Anwendungsbeispiel für derartige Laserdrucker soll das "Image Reproduktion System" beim Europäischen Patentamt in München dienen, kurz auch IRES genannt, das ich konzipiert habe:

Eine der Aufgaben des Europäischen Patentamts, kurz auch EPA genannt, ist es, Patentschriften auf Anfrage zu verschicken. Angeboten werden zur Zeit etwa 140 000 europäische Patentschrift mit einem durchschnittlichen Umfang von etwa 18 Druckseiten. Täglich angefordert werden zur Zeit etwa 2100 Schriften. Nicht alle Schriften verkaufen sich gleich gut: etwa 10% der Schriften sind ausgesprochene Renner - sie machen 90% des Umsatzes aus, während die restlichen 90% Ladenhüter nur die restlichen 10% ausfüllen.

Produziert werden die Schriften wie folgt: für jede der Patentschriften gibt es ein Fach, das maximal 20 Exemplare aufnehmen kann. Immer dann, wenn nur noch weniger als 11 Schriften vorrätig sind, werden 10 weitere Photokopien davon gemacht und damit das Fach wieder aufgefüllt.

Für jede Bestellung gehen die Mitarbeiter des EPA also durch die langen Gänge des Archivs, tragen die bestellten Schriften zusammen und bringen sie zur Poststelle. Da das Archiv des EPA im Zentrum von München schon fast voll ist, und weitere Archive dort kaum errichtet werden können, suchte man im EPA noch Produktionsverfahren, die weniger Raum beanspruchen.

Das neue Produktionsverfahren sieht vor, daß die Patentschriften Seite für Seite als Faksimile eingescannt und auf optischen Platten abgelegt werden. Der erwartete Speicherbedarf berechnet sich wie folgt: jede Seite beansprucht in einer 300 Punkte pro Inch Auflösung, so wie sie im Patentwesen vorgeschrieben ist, 1 Megabyte Speicherplatz. Kodiert man dieses Bit-Image nach dem CCITT Faksimilestandard Gruppe IV, d.h. nach Modified Modified Read (MMR), dann reduziert sich der Speicherbedarf bei den Patentseiten des EPA auf durchschnittlich 60 Kilobyte. Multipliziert mit 140 000 * 18 Seiten ergibt sich ein Speicherbedarf von etwa 150 Gigabytes, das sind ca. 160 000 000 000 Bytes.

Will man diese gewaltige Datenmenge im Online-Zugriff halten, so braucht man eine sogenannte "Jukebox", das ist ein Plattenwechsler für optische Platten. Eingesetzt werden im EPA Geräte der Firma Sony, die 50 optische Platten enthalten können mit jeweils 3,2 Gigabyte Speichervolumen, d.h. einem Gesamtspeichervolumen haben von 160 Gigabyte. Siehe auch Abbildung 5.

Der Raumbedarf für die 140 000 Patentschriften ist damit von etwa 2500 Kubikmetern auf weniger als 10 Kubikmeter für das optische Archivsystem gesunken. Eine angeforderte Schrift wird also von der optischen Platte gelesen, über das lokale Netz an einen Druckserver übertragen und dort ausgedruckt. Leider ist es zur Zeit noch nicht möglich, die gesamte Vervielfältigung von Patentschriften auf diesem Weg vorzunehmen, da die erforderliche Druckleistung nicht ausreicht. Man bedenke, daß für eine Druckseite nicht 4 Kilobyte übertragen werden müssen wie bei einer Textseite, sondern ein Bit-Image von einem Megabyte. Da der LBP 20 bei der verwendeten Konfiguration über eine Videoschnittstelle angeschlossen ist, erreichen wir Druckgeschwindigkeiten von etwa 10 Seiten pro Minute. Man vergleiche damit zum Beispiel die Zeit, die ein Apple LaserWriter für eine derartige Seite braucht: knapp eine Stunde!

Da die Druckgeschwindigkeit des IRES-Systems also nicht ausreicht, hilft man sich beim EPA mit einer ganz einfachen Maßnahme: elektronisch produziert werden nur die 10% Ladenhüter; die 90% Renner kopiert man wie gehabt nach dem alten Verfahren. Da die Ladenhüter aber 90% des Archivplatzes einnahmen, ist der Sinn des IRES-Systems auch so erfüllt. Außerdem wird die gesamte Abwicklung des Bestellvorgangs jetzt über das IRES erfolgen und es ergeben sich deutliche personelle Einsparungen. Damit läßt sich die Einführung des IRES-Systems beim EPA auch als Rationalisierungsmaßnahe begründen.

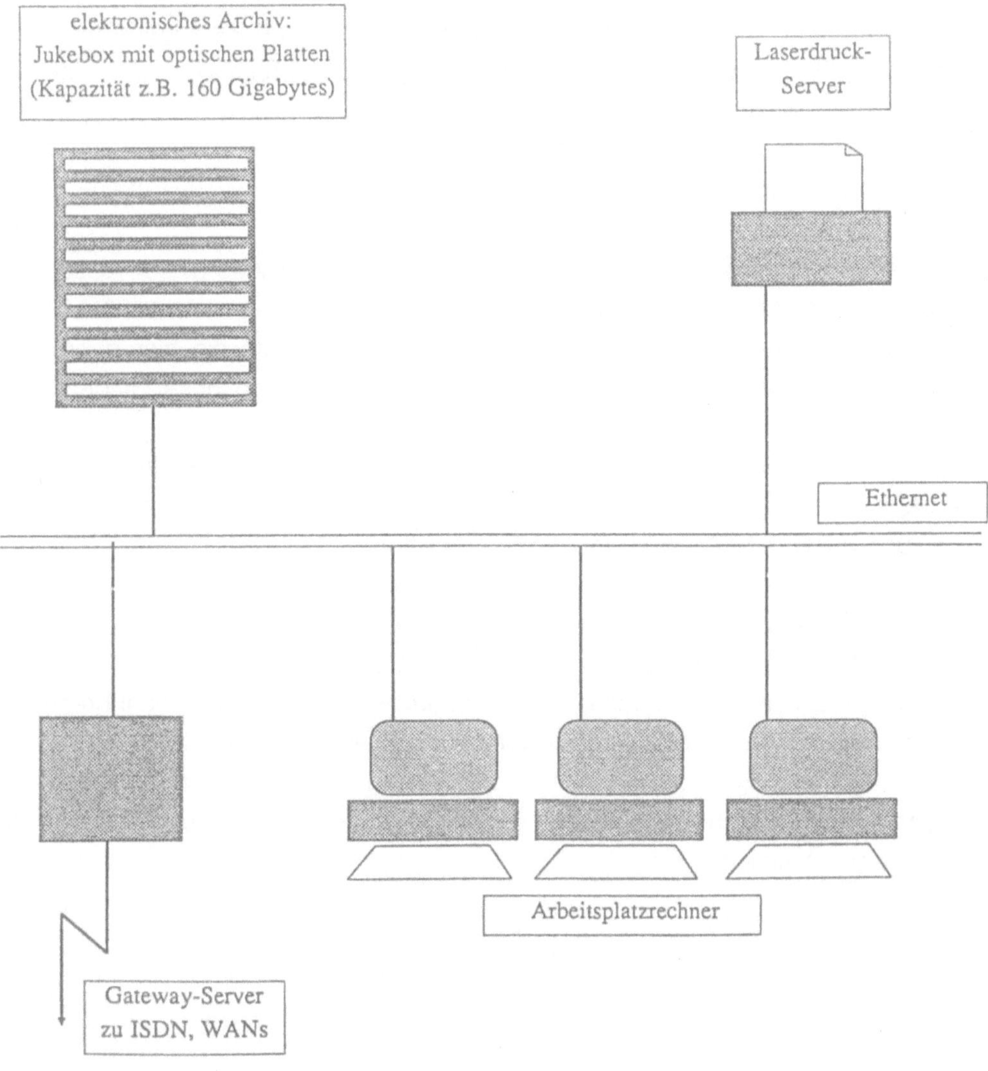

Abbildung 5: Lokales Netz mit Abteilungs-Laserdrucker als Druck-Server

Wie in Abbildung 5 zu sehen ist, können in dem lokalen Netz, hier Ethernet, auch eine Reihe von Arbeitsplatzrechnern angeschlossen sein. Wann immer einer der Mitarbeiter an diesen Plätzen etwas ausdrucken lassen will, schickt er einen Druckauftrag zum Druck-Server. Daher auch der Name Druck-"Server": er "dient" allen am Netz angeschlossenen Klienten. Und geht man davon aus, daß jede Abteilung einen solchen Laserdrucker im lokalen Netz hat, dann ist auch die Bezeichnung "Abteilungs-Laserdrucker" verständlich.

Die Vorteile einer solchen Konfiguration gegenüber persönlichen Laserdruckern an den Arbeitsplätzen liegt weniger in den Investitionskosten als in den Verbrauchskosten: statt mehr als 10 Pfennige kostet die Seite nur etwa 6 Pfennige. Auch ist die Standfestigkeit der mittleren Laserdrucker unvergleichlich höher als die der kleinen.

6. Zusammenfassung

Wir haben drei Klassen von Laserdruckern definiert und für jede dieser Klassen ein Anwendungsbeispiel aus unserem Erfahrungsbereich gegeben, welches das Thema des bedarfsgesteuerten Laserdrucks illustriert. Wann werden die hier gebrachten Beispiele das Stadium des Experimentellen verlassen und weiten Einsatz finden?

Für die Hochleistungs-Laserdrucker im bedarfsgesteuerten Auflagendruck wird das wohl erst in etwa 2 Jahren soweit sein, wenn Hochleistungs-Laserdrucker mit einer Auflösung von 600 Punkten pro Inch verfügbar sind.

Persönliche Laserdrucker für Datenbank-Retrieval finden schon jetzt ihren Einsatz. CD-ROM Anwendungen beginnen sich in den USA auszubreiten, man denke an Microsoft Bookshelf; im deutschen Sprachraum wird eine ähnlich bahnbrechende Anwendung wohl noch mindestens ein Jahr auf sich warten lassen.

Bei den optischen Archivsystemen mit bedarfsgesteuertem Laserdruck ist schon jetzt der Durchbruch erzielt.

Referenzen

[1]   Krüger, M.: Autorensprache strukTEXT, Bundesverband Druck e.V., Wiesbaden 1986.

[2]   Csaba Velsz: Laserdruck-Anwendung und neuartige Online-Verarbeitung, Deutscher Drucker Nr. 27 vom 3. 9. 87, w10-w20.

[3]   Fachinfo-Service und Anpassung der Fachinformation an das AMG, verabschiedet auf der außerordentlichen Hauptversammlung des BPI, Pharm. Ind. 48, Nr. 12(1986).

[4]   Blumenfeld, M.: Vier Terabyte Faksimile-Daten suchen Online-Speicher; Computerwoche vom 4. Dezember 1987, Seite 34-35.

Seitenbeschreibungssprachen im Laserdruck

Peter Schütz, SOFHA GmbH, Berlin

Ein Raster Image Processor (RIP) ist ein eigenständiger Rechner im herkömmlichen Sinn, ausgerüstet mit CPU, Speicher, Ein- und Ausgabeeinheit. Dieser Raster Image Processor ist bei kleineren Geräten in die Druckeinheit eingebaut. Druckeinheiten sind dabei Laserdrucker bzw. Fotosatzgeräte.

Der RIP liest von der Eingabe-Schnittstelle die Beschreibung einer zu druckenden Seite. Das heißt, ein RIP interpretiert die Ausgabe, die ein Formatiersystem auf einem vorgeschalteten Rechner produziert. Der RIP errechnet dann das Bild, wie es später auf dem Papier erscheinen soll. Im allgemeinen hat ein Raster Image Processor in einem Laserdrucker genügend Speicher, um eine komplette Seite aufnehmen zu können.

Die Leistung eines RIP ist maßgeblich von Prozessor-Leistungen abhängig.

Nachfolgende Tabelle zeigt den Speicherplatzbedarf für eine Druckseite. Auflösung in Dots per Inch.

	Bildschirm-anzeige	Laserdrucker		Belichter	
	75 x 75 dpi	300 x 300 dpi	480 x 480 dpi	600 x 600 dpi	1200 x 1200 dpi
1024 x 1024	128 kByte 1.000.000 pixel				
DIN A4-Seite		ca. 1,1 MByte 8.700.000 pixel	ca. 2,8 MByte 22.400.000 pixel	ca. 4,4 MByte 35.000.000 pixel	ca. 17 MByte 140.000.000 pixel
DIN A3-Seite		ca. 2,2 MByte 17.500.000 pixel	ca. 5,6 MByte 44.900.000 pixel	8,8 MByte 70.000.000 pixel	34 MByte 280.000000 pixel

Geräte mit einer Auflösung von 300 bis 480 dpi gibt es mit Druckleistungen von 4 bis 120 Seiten pro Minute (Drucker mit mehr als 50 Seiten pro Minute) haben meistens noch eine Auflösung von 240 dpi).

Die Angabe ppm (pages per minute) bezieht sich stets auf das DIN A4-Papierformat.

Nehmen wir als Beispiel eine 20 ppm-Maschine mit 480 x 480 dpi. Alle 3 Sekunden kann die Druckeinheit eine Seite drucken.

Um die Maschine mit voller Geschwindigkeit zu bedienen, muß das Bild erfahrungsgemäß für jede Seite in etwa der Hälfte der Zeit, die für das Ausdrucken benötigt wird, durchgerechnet sein. In diesem Fall in also max. 1,5 Sekunden.

Um eine solche Rechenleistung zu erreichen, genügt der Einsatz eines schnellen Prozessors wie Motorola 68020 oder Intel 80386 bei weitem nicht. Ein normaler M68000-Prozessor, mit 10 MHz getaktet, würde es vielleicht gerade schaffen, in dieser Zeit die 2,8 MByte des Arbeitsspeichers zu löschen.

Als Lösung bieten sich ähnliche Konfigurationen an, wie bei Grafik-Karten für Displays. Also der Einsatz von schnellen Grafik-Prozessoren.

Am verbreitetsten ist dabei der Grafik-Prozessor von Texas Instruments TMS 34010. Verbreitet heißt dabei, daß von den wenigen Firmen die RIP's konstruieren, zwei bekannt sind, die mit dieser Technologie arbeiten.

Die SOFHA GmbH ist schon frühzeitig einen eigenen Weg gegangen. Es ist ein Konzept eines Grafik-Prozessors entworfen worden, der weit mehr als ein allgemeiner Grafik-Prozessor auf die Belange von Seitenbeschreibungssprachen eingeht.

Ein erster diskret aufgebauter Grafik-Prozessor ist hier in Berlin im November 1984 vorgestellt worden.

Seitenbeschreibungssprachen

Jeder Drucker, sofern er ein Mindestmaß an Komfort bieten soll, benötigt eine Seitenbeschreibungsprache (Page Description Language: PDL).

Bei einfachen Nadeldruckern sind dies die sogenannten "Escape-Sequenzen", mit denen ein Fontwechsel oder Schattendruck etc. eingestellt werden.

Jeder Drucker-Hersteller hat dabei in der Vergangenheit eigene Vorstellungen von der Seitenbeschreibungssprache entwickelt.

Beispiele für Seitenbeschreibungssprachen:

Proprinter	IBM
FX-80	EPSON
Quick	QMS
Prescribe	Qasys
AFP	IBM
ACE	Chelgraph
TEX	DVIFormat
APS-5	Autologic
Impress	Imagen
hp-Laserjet(+/II)	Hewlett Packard-Printer Command-Language
Interpress	Xerox
DDL	Imagen
PostSripct	Adobe

Durch die Marktmacht von Hewlett Packard und IBM haben sich Quasi-Standards entwickelt.

Im Fall Hewlett Packard war dies die frühzeitige Einführung des hp-Laserjets, von dem es nach Auskunft von Marktforschungsfirmen bis Ende '86 schon über 300.000 Installationen weltweit gab.

Im Fall IBM war dies die Entscheidung, PostScript für die neue PC-Familie als Seitenbeschreibungssprache einzusetzen.

Sowohl die Hewlett-Packard Printer Dommand-Language als auch PostScript sind weit verbreitet, so daß es gilt, sich beim Kauf eines Gerätes für eine dieser Seitenbeschreibungssprachen zu entscheiden.

Nachfolgend sei daher das Konzept der beiden Sprachen kurz erläutert.

PostScript

Wie alle PDL's ist auch PostScript eine Interpretersprache. PostScript hat wesentliche Konzepte einer höheren Programmiersprache. Die ca. 270 Kommandos erlauben nahezu beliebige grafische Gestaltungsmöglichkeiten. Hervorzuheben ist die Möglichkeit, Fonts bzw. Objekte beliebig zu skalieren, zu drehen, zu strecken oder zu stauchen.

Da in PostScript außer von versierten Programmierern nicht programmiert wird, ist man auf Anwendersoftware angewiesen, die PostScript als Ausgabe produziert.

Die Anwendersoftware nutzt z.Z. nur einen geringen Teil der grafischen Gestaltungsmöglichkeiten, die PostScript bietet. Ansätze für Anwendersoftware sind z.B. Cricket Draw, Adobe Illustrator oder Fontgrapher.

Hewlett Packard Printer Command-Language

Die hp-Printer Dommand-Language ist weit weniger eine Sprache wie PostScript. Kommandos sind Escape-Sequenzen. Da die interne Fontdarstellung bitmap-orientiert ist, sind Fonts nicht skalierbar. Die grafische Gestaltungsmöglichkeiten sind weitaus geringer.

Datek: Die Marktforschungsfirma schätzt, daß der Anteil von Maschinen, die mit PostScript-Emulationen ausgestattet sind, zukünftig ca. 20% betragen wird.

Der Grund ist dabei, daß die Anforderungen an den RIP bei einer hp-Laserjet-Emulation weit geringer sind als bei einer PostScript-Emulation. Darüber hinaus sind die Lizenzgebühren recht hoch. Dies gilt nicht nur für PostScript, sondern auch für die PostScript-Clones.

Zukünftige Tendenzen im Bereich der Lichtsatz-technologien

Stellt der Laserdrucker eine Konkurrenz für den Lichtsatz dar?

A. Simon, Berlin

Als die Fa. Hell im Jahre 1965 die erste kathodenstrahlgesteuerte Lichtsatzanlage - genannt DIGISET - der Fachwelt vorstellte, gab es genügend Stimmen, die die Frage stellten, wozu solch eine schnelle "Satz"-Maschine eigentlich gut sein sollte; als Setzmaschine für Telefonbücher und ähnliches einmal abgesehen.

Der Fortschritt der Technik beantwortete diese Frage spätestens nach dem großen Druckerstreik Anfang der 70-er Jahre, der eigentlich ein Streik der Setzer war.

Der Streik der Setzer war gerichtet gegen die Einführung der sog. "Neuen Technik", der Redaktionssysteme. Diese Redaktionssysteme waren und sind Systeme für das computergestützte Publizieren. Zur Ausgabe der Dank des Redaktionssystems kurfristiger als im Bleisatz erstellbaren Satzes benötigte man nun schnelle Ausgabemaschinen.

Nun gab es in den folgenden Jahren immer wieder Versuche, Text und Bild zu integrieren, um so wiederum Zeit und Geld zu sparen. Nur war aufgrund der teueren Ganzseitenbildschirme und der nicht ausgereiften Software weder Zeit noch Geld zu sparen. Dies beginnt sich erst in jüngster Zeit zu ändern.

Schon frühzeitig beschäftigte sich die Fa. Hell mit der Entwicklung von laserstrahlgesteuerten Lichtsatzmaschinen, und zwar mit zwei, schon Ende der 70er Jahre deutlich absehbaren Tendenzen:

1. Die Kathodenstrahltechnik hatte sichtbare Grenzen im Bereich der qualitativen Wiedergabe von Rastern, also Halbtonbildern.

2. Die erkennbare Tendenz, Zeitungen und Zeitschriften farbig zu gestalten bei gleichzeitigem Einsatz des Ganzseitenumbruchs, konnte ebenfalls mit der CRT-Technik nicht realisiert werden.

Gleichzeitig gab es Vorstellungen der Verlags- und Druckindustrie über ein System zur schnellen Übertragung von Zeitungsseiten über große Entfernungen.

Es entstand hierfür das sog. Pressfax-System, ein Flachbett-Recorder aufbauend auf Laserstrahltechnologie. Seit 1984 ist dieses System bei Kunden im Einsatz.

Die Weiterentwicklung führte nun zum ersten Laserstrahlbelichter der Welt zur Ausgabe von Vier-Farb-Sätzen auf Film - des DIGISET LS 210. Die ersten Anlagen wurden Ende 1986 ausgeliefert.

Somit beginnt nun die Ablösung der CRT-Technik durch laserstrahlgesteuerte Lichtsatzanlagen.

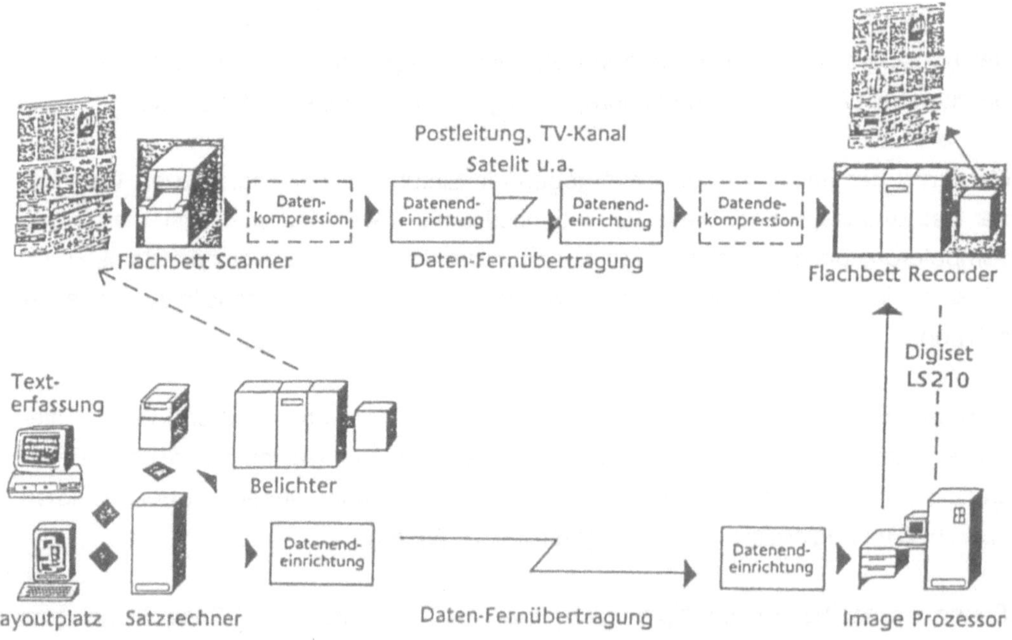

Abbildung 1: Aufbau des Pressfaxsystems unter Einbeziehung des Laserbelichters DIGISET LS 210

In dem Pressfax-System mit dem Flachbett-Recordern können Text und Bild getrennt von einem Satz- und Bildsystem kommen. Die fertige Seite kann noch geklebt sein. Sie wird in einem Flachbett-Scanner abgetastet und digitalisiert. Die Abtastweise und Aufzeichnungsweisen sind identisch, nach Faksimiliart, linienweise von links nach rechts über Text und Bild. Dieses linienweise Aufzeichnen der Daten und die Funktionen des Image-Prozessors IP 100 sollen im folgenden für DIGISET LS 210 erklärt werden. Wichtig beim Pressfax-System ist die Lösung des Problems der Datenkompression, denn ohne eine Datenkompression ist ein schneller Datentransfer überhaupt nicht möglich. Zusätzlich zur Texterfassung wird als nächster Schritt der elektronischen Publikationskette ein Gestaltungsplatz eingefügt.

Aufgabe des DIGISET LS 210 ist es, fertig umbrochene Seiten auszugeben, und zwar, wenn erforderlich, auch über größere Entfernungen.

Das bedeutet, daß in diesem Fall eine maximale Datenkompression bei der Datenübertragung im Gegensatz zur Bildpunktübertragung notwendig wird. Das Problem wurde schon beim Pressfax gelöst.

Flachbett-Recorder + Image-Prozessor ergeben den DIGISET LS 210.

Zur Realisierung der Ganzseitenausgabe wird selbstverständlich auch ein Bildscanner benötigt. Der Satzrechner liefert die Daten für Text und Bild an den Image-Prozessor.

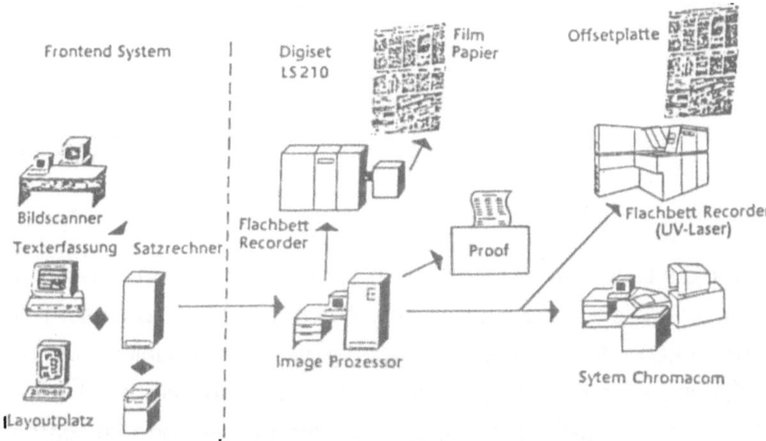

Abbildung 2: Ganzseitenausgabe über die DIGISET LS 210

Noch wird in der Mehrzahl aller Fälle auf Film oder Fotopapier belichtet, hiervon muß dann die Offsetplatte für den Druck erstellt werden. Jedoch gibt es auch die Möglichkeit der Offsetplattenbelichtung mittels eines UV-Lasers.

Der LS 210 ist standardmäßig zur Erreichung der geforderten Bildqualität mit einem Argon-Laser ausgestattet. Bei einer Offsetplattenbelichtung ist jedoch zu bedenken, daß sich dieses Verfahren nur zum Druck kleinerer Auflagen eignet. Außerdem benötigt ein UV-Laser Wasserkühlung und verursacht höhere Energiekosten. Trotz allem liegt die - fernere - Zukunft in der direkten Belichtung einer Druckplatte.

Zur Realisierung der Farbseiten wird ein Farbsystem angeschlossen, hier das Chromacom von Hell. Der Proof, der Prüfdruck über einen Laserdrucker, ist bei einem solchen System eine zwingende Notwendigkeit.

Ohne einen Image-Prozessor ist eine Laserstrahlanlage nicht denkbar. Dieser Rechner hat die Aufgabe, die vom Front-End-System kommenden Daten in Scannlinien umzurechnen.

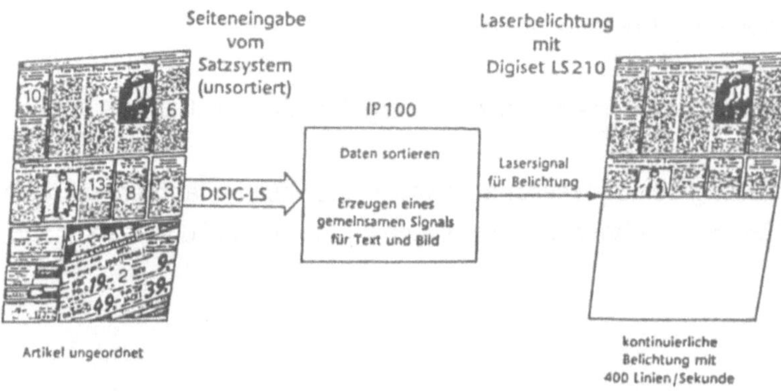

Abbildung 3:   Aufgaben des Image Prozessors IP 100 der DIGISET LS 210

Der IP 100 bereitet die Daten auf. Er "sortiert" in der Form, daß er zum Belichten einer Linie (rechts) nur die Zeilen und Bilder berücksichtigt, die auch zu diesem Zeitpunkt wichtig sind. Nur so kann die enorme Geschwindigkeit von 400 Linien/sec. unabhängig von der Auflösung - die max. 800 Linien beträgt - erreicht werden. Übrigens verwendet der IP keinen ganzseitigen Pixelspeicher, denn es würden im Extremfall 1,9 Milliarden Bit benötigt. Die Speicherkosten wären viel zu hoch, deshalb wird das Videosignal erst während der Belichtung errechnet!

Die unsortierten Daten werden im IP 100 aufbereitet. Der IP 100 unterscheidet zwischen Text und Strichbild einerseits sowie Rasterbild und Tonfläche andererseits. Diese Daten werden in unterschiedlichen "Scheiben" für Strich und Raster berechnet. Alle Scheiben arbeiten simultan. Der Mixer des IP 100 wird mit zusätzlichen Steuersignalen parametrisiert.

Dadurch werden Gestaltungen möglich, die bisher nur für viel Geld in Reproanstalten realisierbar waren.

Welche Möglichkeiten u.a. gegeben sind, zeigt nachfolgende Abbildung.

Abbildung 4: Belichtungsbeispiel aus der DIGISET LS 210

Die Zukunft des Lichtsatzes wird also getragen von der Ablösung der kathodenstrahlgesteuerten zu laserstrahlgesteuerten Anlagen, die voll eingebunden sind in Netzwerke zur weitgehend elektronisch hergestellten Publikation.

Nicht von ungefähr hat die Fa. Hell hohe Entwicklungskosten in die LS 210 investiert, um eine Maschine für höchste Anforderungen in Qualität und Leistung auf den Markt zu bringen. Denn eines ist sicher. Der Laserdrucker stellt in Zukunft - und zwar in naher Zukunft - eine ernstzunehmende Konkurrenz zum Lichtsatz dar. Drucksachen minderer Qualität und kleinerer Auflage - wobei minderer Qualität nicht abwertend gemeint ist - werden zukünftig nicht mehr über teure Lichtsatz- und Druckmaschinen gedruckt werden. Mit der Laserdruckergeneration, die Papier, wie bei einer teuren Druckmaschine üblich, von der Rolle bedrucken, an die Nachbearbeitungsmaschinen, z.B. zum Falzen und Beschneiden sowie Heften, anschließbar sind, wird der Druck auf Abruf zwischen einem, und hunderten von Exemplaren realisierbar. Ein Vergleich zwischen dem Offset- und dem Laserdruck findet sich in nachfolgender Tabelle.

Offsetdruck	Laserdruck

Imprimatur

Zusammenstellen der Druckvorlagen	
Ausschießen der Druckbögen	kann entfallen
Druckplatten herstellen	
Drucker einrichten	

Vorgegebene Menge drucken

falzen	
zusammentragen	vereinzeln

binden

Druckergebnis nach Anweisung	
adressieren	bereits beim Druck

versenden

Druckplatten ablegen	Satz elektronisch archivieren
Lagerhaltung	
Nachträge/Ergänzungen	Restbestand vernichten

Noch gibt es eine ganze Reihe ungelöster Problemfelder von noch viel zu körnigem Toner und dem damit im Zusammenhang stehenden Problem der geforderten hohen Auflösung einer typografischen Schrift bei hoher Druckgeschwindigkeit.

Nur durch den Laserdrucker wird eine durchgängige elektronische Produktionskette der Publikationen wie Handbücher, Preislisten, Ersatzteilkataloge, wissenschaftliche Berichte, einfache Zeitschriften und ähnlich gelagerte Publikationen möglich.

Die Frage nach dem Standort einer derartigen Laserdruckmaschine (z.B. Druckerei oder Verlag), ist heute noch nicht zu beantworten. Die Druckindustrie wird gut daran tun, auch diese Dienstleistung anzubieten. Denn, so einfach wie es vielleicht klingen mag, ist der Umgang mit dem Papier, den Vor- und Nachbearbeitungsmaschinen nun doch wieder nicht. Gar nicht zu sprechen von den notwendigen Investitionen.

Die Frage, bis zu welcher Auflagenhöhe sich der Laserdruck lohnt, ist nur schwer zu beantworten. Die Grenze liegt bei max. 1000 Exemplaren.

Laserdrucker werden sich in den nächsten Jahren zu einer ernsten Konkurrenz für den Offsetdruck mausern. Dazu beitragen werden die Entwicklungstrends:
-    Schrift-Auflösung 600 dpi und höher,
-    verbesserte Halbtonbilderzeugung,
-    Farbdruck.

Die typografischen Möglichkeiten, wie
- Drehen und Positionieren,
- den Druck mehrerer logischer Seiten auf einer physikalischen Seite,
- Blocksatz, Spaltensatz,
- Möglichkeit des Bedruckens verschiedenster Bedruckstoffe,
- eigene Zeichengenerierung und damit Zeichenvielfalt

sind gegeben.

Solche Off-Line-Zwillingssysteme sind keine besseren Schnelldrucker mehr, sondern ausgereifte Druckmaschinen - noch einmal und ganz deutlich - nur für den Kleinauflagendruck. Auf längere Sicht sind die schnellen Offsetdruckmaschinen nicht durch den Laserdrucker ablösbar.

Trends und Perspektiven in den USA und Europa

Dr. - Ing. Lutz Kredel, TU Berlin

1.   Der Status Quo

Zweifelsfrei war die Seybold Conference on Desktop Publishing (DTP) 1986 die Geburtsstunde einer neuen Generation von Publikationssystemen. Das DTP-Fieber überkam Europa dann plötzlich im Frühjahr 1987. Während sich DTP-Anwendungen in der Bundesrepublik Deutschland und Westeuropa allmählich immer mehr durchsetzen (so kann man fast täglich ein Seminar oder einen Kongreß zu diesem Thema besuchen), zeichnet sich in den USA eine weitere dramatische Entwicklung ab. So ist nicht nur das PC-basierte DTP groß im kommen, vielmehr nähern sich CAP-High-End-Systeme und DTP-Low-End-Systeme in ihrem Leistungsvermögen zunehmend aneinander an.

Die Standardisierungsdiskussion hat sowohl in den USA als auch in Westeuropa durch DTP eine neue Stimulanz erfahren. Immer mehr Anwender erkennen, daß nur durch die Forderung nach Standards eine reibungslose Kommunikation möglich ist.

2.   Trends und Perspektiven

Nachfolgend sollen die wichtigsten Entwicklungen stichpunktartig referiert werden:

PostScript

Als ein neues standardisiertes **Imaging Model** garantiert **Display-PostScript** als interaktive grafische Benutzeroberfläche ein echtes WYSIWIG am Bildschirm und ermöglicht sogar Vierfarbauszüge.

Bislang war nur die Ausgabe über einen Laser-Drucker mittels PostScript (ebenfalls ein Produkt von Adobe) standardisiert. Zwischen der Anzeige am Bildschirm und dem anschließenden Laserausdruck kam es häufig zu Unterschieden, die zwar oft nur im Millimeterbereich lagen, aber dennoch nicht dem WYSIWYG-Paradigma entsprachen. Das Problem lag an den unterschiedlichen **Imaging Models,** die im Drucker und am Bildschirm verwendet wurden.

Durch die Verwendung eines einheitlichen Imaging Models löst sich das Problem. Mit einer eigenen Window-Technik, Dialogboxen, Outline-Fonts, Randausgleich, Rotationen und farbigen Bildschirmdarstellungen bietet **Display PostScript** eine mit GEM oder WINDOWS vergleichbare Benutzeroberfläche bei gesteigerter Funktionalität.

Display PostScript wird voraussichtlich in der heutigen MS-DOS-Welt aufgrund der begrenzten Leistungsfähigkeit keine Rolle mehr spielen. Erst unter OS/2 und UNIX könnte Display-PostScript seine hervorragenden Eigenschaften nutzen und einen neuen Standard darstellen.

Workstations

Der 16 bit-PC ist tot. Der 32 bit-Workstation gehört zweifelsohne die Zukunft bei echten kommerziellen Publikationsanwendungen. Die Arbeitsspeicherkapazitäten sind nicht mehr limitiert und für die externe Speicherung werden bereits sehr schnelle und große Plattensysteme (sowohl optisch als auch magnetisch) offeriert.

Durch den Einsatz spezieller Grafikprozessoren ist es auch möglich geworden, hochauflösende Farbgrafikanwendungen auf diesen Systemen zu implementieren. Die Leistungsfähigkeit der modernen Workstations wird sich in den nächsten Jahren jeweils jährlich nochmals verdoppeln.

UNIX

Zweifelsfrei ist UNIX sein Durchbruch als Betriebssystem gelungen. In den USA und in westeuropäischen Ländern (mit Ausnahme der Bundesrepublik Deutschland) werden zunehmend UNIX-Anwendungen angeboten. Im nächsten Jahr werden auch CAP-Anwendungen unter UNIX verfügbar sein. Einen ersten Anfang machte bereits Interleaf.

UNIX wird sich wahrscheinlich als universelles Workstation-Betriebssystem durchsetzen. Ob es überhaupt je im PC-Markt eine bedeutende Rolle spielen wird, ist eher fraglich, zumal dem MS-DOS-Nachfolger OS/2 aufgrund der sehr hohen Installationsbasis wesentlich bessere Chancen gegenüber UNIX zugestanden werden müssen.

Ethernet

Für die Realisierung von verbundenen Anwendungen wird in den USA verstärkt das Ethernet eingesetzt. Selbst IBM bietet offiziell Schnittstellen an. Für die im Publikationswesen erforderlichen Anwendungen ist das Ethernet gegenüber dem Token-Ring auch besser geeignet. Langfristig werden sich jedoch Glaserfaser-Netze mit Übertragungsraten von 140Mbit/s und mehr durchsetzen. Im öffentlichen Netz werden diese Breitband-Netze bereits erprobt.

Farbe

Im Bereich der Farbbildschirme sind heute bereits hervorragende Systeme am Markt; auch bieten eine Vielzahl von Software-Systemen vielfältige Anwendungsmöglichkeiten (von der Präsentationsgrafik bis hin zur Bewegtbildanimation). Nicht nur Vierfarb, sondern bereits auch Achtfarbauszüge, sind heute quasi als Abfallprodukt von hochwertigen CAP-Systemen erhältlich.

Laser-Drucker

Bei Laser-Druckern sind auch zukünftig noch höhere Auflösungen zu erwarten. Während heute 400 dpi schon als Standard angesehen werden müssen, werden schon morgen für hochwertige Ausgaben 480 dpi- und 600 dpi-Laser-Drucker Verwendung finden. Die Fa. Printware kündigte bereits einen Laser-Drucker mit einer Auflösung von 1200/600 dpi an. Nächster Engpaß der Ausgabe ist dann die Papieroberflächenbeschaffenheit. Während die heutigen Laser-Drucker noch meist mit dem Format DIN A 4 arbeiten, werden im Jahr 1988 auch DIN A 3 Laser-Drucker sich am Markt etablieren können. Gerade kommerzielle Anwendungen, z. B. für den Ausdruck der Passer-Marken, erfordern größere Ausgabeformate.

Im Jahr 1988 werden auch die ersten Farb-Laser-Drucker am Markt erscheinen. Die Preise werden aller Wahrscheinlichkeit noch bei über 30.000 DM liegen, aber ein erster Anfang wäre gemacht.

Netzwerkfähige Produkte

Waren bislang die Stand-alone PCs noch vorherrschend, so werden zukünftig Netzwerk-basierte Anwendungen von den Kunden nachgefragt werden. Bislang sind nur wenige DTP-Produkte wirklich netzwerkfähig. Eine rühmliche Ausnahme macht hier noch der Xerox Ventura Publisher. Aber die anderen Produkte werden 1988/89 auch neue Netzwerkfunktionalitäten erhalten.

Fax-Modems

Sowohl für den Apple Macintosh als auch für IBM-kompatible Systeme werden sogenannte Fax-Karten oder Fax-Modems angeboten. Diese ermöglichen es, aus dem Arbeitsspeicher des PCs heraus Dokumente über das weltweite Telefonnetz zu Telefax-Geräten der Gruppe 2 und 3 zu übertragen. Auch können Dokumente auf diesem Weg zu anderen PCs übertragen werden. Die CCITT-Norm sieht für die Gruppe 4 (ISDN) zukünftig eine Auflösung von 400 dpi vor. So könnte dies auch der kommende Standard sowohl für Laser-Drucker als auch Scanner werden. Diese Steckkarten bzw. Zusatzgeräte kosten zwischen 800 bis 2.000 DM, werden aber in der Bundesrepublik Deutschland bislang aufgrund des innovationsfeindlichen Monopols der Deutschen Bundespost nur schleppend zugelassen. Als weitere Ergänzung zu diesen Fax-Modem-Karten wird Scanner-Software dazu eingesetzt werden, die übermittelten Texte zu erkennen, so daß eine Weiterverarbeitung in der Textverarbeitung möglich wird.

Schulung

Durch die schlechten Erfahrungen von DTP-Erprobern aufgeschreckt, ist es vielen Verantwortlichen inzwischen klar geworden, daß neue Technologien auch eine Bildungsinnovation benötigen. In den USA sind bereits die Anbieterfirmen dazu übergegangen in Kooperation mit Schulungsunternehmen spezielle DTP-Kurse anzubieten. Auch haben einige Fachhändler das neue Geschäftsfeld erkannt und sind durch das Komplettangebot von Beratungsleistungen, Schulungen, Hard- und Software wesentlich erfolgreicher, als nur durch das alleinige "Durchreichen" von Hardwarekomponenten. Der Trend zum Komplettsystem ist unverkennbar.

Desktop Communication (DTC)

Unter DTC werden neue Electronic Mail-Anwendungen verstanden, bei denen es vorwiegend um den elektronischen Dokumentenversand geht. In DTC-Applikationen werden auch verstärkt Mailbox-Systeme eingebunden. Die bislang in Deutschland geltenden Telekommunikationsordnungen erschweren jedoch solche flexiblen Dienstleistungsangebote. Im Rahmen der DTC-Diskussionen wird auch verstärkt darauf hingewiesen, daß einheitliche Dokumentenaustauschformate notwendig sind.

Desk Top Presentation

Das Jahr 1988 dürfte sektoral auch von einem neuen Schlagwort geprägt werden:

Desk Top Presentation

Frequent Presenter, Personen die häufig präsentieren müssen (wie Dozenten, Lehrer, Unternehmensberater, Marketingberater usw.), erhalten mit Desk Top Presentation-Anwendungen die Möglichkeit, hochwertige, farbige Präsentationsunterlagen schnell und preisgünstig auf dem persönlichen Arbeitssystem zu erstellen. Hier zeichnet sich ein neues, schnell wachsendes Geschäftsfeld ab.

IBM

Im Bereich des Mainframe Centralized Publishing wird IBM 1988 voraussichtlich mit weiteren neuen Produkten aufwarten, die auch die professionelle Erstellung von Publikationen in der 370er-Welt unterstützen. Alle Mainframe-Anbieter werden zukünftig auch leistungsfähige Publikationssoftware-Systeme offerieren müssen.

3. Zusammenfassung

Zusammenfassend kann festgehalten werden, daß durch die neuen Publikationsmedien, die fast überall eine sehr hohe Akzeptanz erfahren, insbesondere auch die DTP-Software, das gesamte grafische Gewerbe einschließlich der Verlage "aufgewacht" ist. Zunehmend wird Bewegung in den Publikationsmarkt kommen.

Die sich immer dynamischer verändernden Märkte werden zukünftig einen noch höheren Technikeinsatz zur Erstellung von Publikationen bedingen, so daß das Themengebiet **Elektronisch Publizieren** mindestens noch fünf Jahre hochaktuell bleiben wird. Aus Firmenkooperationen (z. B. DEC und Apple) und Firmenzusammenschlüssen werden ebenfalls neue Produkte für das Anwendungsgebiet enstehen. Das Gebiet wird also noch mit einer Vielzahl von interessanten Innovationen in der Zukunft aufwarten!